〈日本の政党政治は，なぜ戦前において短期間で崩壊し，
戦後においてやはり短期間で復活したのか?〉この問題は，今日，多くの試練に直面している
わが国の政党にとって重要な意味をもつ。本書は立憲民政党政治家の自己改革を検討し，
戦前二大政党制の崩壊過程に 1955 年体制の起源をみる。

The Minsei Party and Improvement of political party

Collapse of two-party system before the Pacific War

北海道大学大学院文学研究科
研究叢書

立憲民政党と政党改良

戦前二大政党制の崩壊

井上敬介

北海道大学出版会

研究叢書刊行にあたって

北海道大学大学院文学研究科は、その組織の中でおこなわれている、極めて多岐にわたる研究の成果を、より広範囲に公表することを義務と判断し、ここに研究叢書を刊行することとした。

平成十四年三月

目次

序　論

本書の課題

本書は、立憲民政党政治家の政治思想と動向を対外態度と関連させながら検討することで、民政党が近代日本の政党政治の発展にはたした役割と限界の一端を体系的に明らかにすることを目的としている。

戦後において政治史学の思想史化を推しすすめた丸山真男氏は『現代政治の思想と行動』の中で「上からのファシズム論」を定式化し、大正デモクラシーの民主化の不徹底を強調した。(1)これに対して、政治過程論的方法によって多元的な諸政治主体間の競合関係を分析した「明治憲法体制崩壊論」(2)は、酒井哲哉氏が「一九三〇年代の日本政治」の中で指摘したように、体制の遠心化状況や国家意思の機能不全など、新たな日本近代史像を提示する一方で、政治史学の「脱思想史化」をもたらした。(3)「脱思想史化」は伊藤隆氏がファシズムにかわる概念として提唱した「革新派論」(4)にもみられる。(5)酒井氏は政治史研究者の「構造論的思考」・思想史研究者の「過程論的思考」の欠如を指摘した上で政治史研究と思想史研究との距離の縮小・政治思想史の領域に再度着目する必要性を強調するとともに、[6]「国際政治と国内政治の相互規定性」の重要性を課題として提示している。[7]

本書は酒井氏の問題提起を踏まえ、民政党政治家の政治思想を縦軸、対外態度を横軸に政治過程論的分析手法を用いる。

近代日本政治史研究には、二大政党制確立過程において元老西園寺公望の役割を重視する立場と憲政会系政党の役割を重視する立場が存在する。前者については、升味準之輔氏が『日本政党史論』第五巻の中で西園寺を「人格化されたルール」と評し、二大政党間のみにおける政権交代は不可能であったと主張している。[8]近年では、村井良太氏や小山俊樹氏が二大政党制の確立過程における元老・西園寺の役割を評価している。[9]後者について、坂野潤治氏は『近代日本の国家構想』の中で、一九二四年五月の護憲三派の大勝から一九三一年一二月の第二次若槻礼次郎内閣までの七年半の政治史的特徴を「憲政会＝民政党の時代」として捉えている。[10]坂野氏は、第一次加藤高明護憲三派内閣から一九三六年の二・二六事件による岡田啓介内閣の崩壊までの約一二年間の政治史を「民政党善玉」史観から描き出すことで、[11]当該期の日本政治を「イギリス・モデルの議会政治」として捉える視角を提示した。[12]近年、五百旗頭薫氏の『大隈重信と政党政治』、[13]奈良岡聰智氏の『加藤高明と政党政治』[14]のように、政友会への対抗政党（憲政会系政党）に関する優れた研究が登場してきた。また、川田稔氏は、加藤高明の後継者である民政党初代総裁の浜口雄幸について詳細な分析をおこなった。[15]この結果、憲政会系政党が「イギリス・モデルの議会政治」を追求したことは日本政治史の通説となった。

両者の見解を総合させると、元老・西園寺、加藤や浜口という政党指導者らの努力によって、近代日本の政党政治が二大政党制という優れたハードを構築した反面、ハードを運用するソフトである政党の発達が置き去りにされてきたことがわかる。進んだハードと遅れたソフトとの不均衡こそが近代日本の政党政治が抱える宿痾であった。元老・西園寺の期待を担う憲政会系政党の最終型である民政党は、日本の政党政治をイギリスの議会政治にまで発展させ、立憲政治を完成に導くという政治的使命を帯びていたから、ソフトの改良、すなわち「政党改良」は、民政党政治家にとっての命題であった。本書が着目する政党改良(後述)とは、ハードとソフトの不均衡を解消させる手段である。だが、完成したばかりの日本の二大政党制は、重要な成立条件の一つであった第一次世界大戦後の国際秩序、ここでは中国不干渉・対英米協調を基軸とする九カ国条約体制を揺るがす「対外危機」に直面していた。ゆえに、民政党政治家は度々、当面の対外危機への対処を政党改良に優先させざるを得ない状況に立たされることになった。右のことを前提に、本書は三つの課題を提示する。

第一に、近年になって急速に進捗した近代日本の二大政党史研究の多くが確立過程(明治・大正期)を対象としたものであり[16]、崩壊過程(昭和戦前・戦中期)を対象としたものが少なく[17]、特に民政党の全体史を通観した体系的研究がまだないことである[18]。有馬学氏は『帝国の昭和』の中で「民政党の創立によって、日本の政界はようやく二大政党時代に入った。われわれは、戦前日本の政党内閣制というと、何となく二大政党間の政権授受を想定してしまう。しかし実際には、政友、民政二大政党間の政権交代は二回しかない」、「政党内閣時代イコール二大政党時代というのは、ややミスリーディングな表現であろう。しかし他方で、衆議院における勢力という観点から見れば、政友会と民政党は既成政党批判を繰り広げる新興勢力の挑戦を退けて、長期にわたって多数を占め続けた。そのような意味での二大政党時代そのものは短くはないのである」と述べている[19]。政党内閣崩壊以降も衆議院において二大政党時代が継続していたことに着目すると、民政党の全体史の検討は重要性を増す。政権陥落以後も民政党は政友会のように分裂することなく、日本に無党時代をもたらす一九四〇年八月の解党まで政党としての一体性を保ったからである。

第二に、浜口以後の民政党政治家の政治思想・動向と対外態度との関連に着目した研究が遅れていることである。このことは、浜口狙撃事件以後の民政党が政権から陥落し、結果的に政権に返り咲くことなく、解党に至ったことと関係しているように思われる。しかし、坂野潤治氏が『日本政治「失敗」の研究』の中で主張しているように、日本政治の「失敗に学ぶ」という視角を導入すれば、「民政党に学ぶ」ことは今日的にも重要な意味がある。[20]戦前の政党内閣崩壊の観点に立脚した場合、浜口以後の民政党政治家は「負け組」に属するが、彼らの試みは当該期の日本政治が選択する可能性をもっていた進路を照射し、戦前の二大政党時代がなぜ終焉をむかえたのかという大問題を解決する手がかりの一部分を提示するであろう。「可能性においてとらえるということ」は、かつて丸山真男氏が提唱した思想史的方法でもある。[21]また、対外危機が内政に及ぼした影響についてはすでに先行研究が存在する。酒井哲哉氏は『大正デモクラシー体制の崩壊』[22]の中で、満州事変という関東軍が調達した対外危機が政党政治の崩壊に大きな影響を与えたことを指摘している。しかし、近代日本が初めて経験した国家総力戦である日中戦争と政党政治家との関係については、多くの課題が残されている。日中戦争の長期化にともなう対英米関係の破綻は、国家レベルでの対外危機の到来を意味しており、日中戦争の内政への影響を考察することは重要である。

第三に、浜口以後の民政党政治家の政治思想が戦後政治においていかなる意義をもつのかということである。有馬学氏が「「大正デモクラシー」の再検討と新たな射程」の中で、「「大正デモクラシー」を三〇年代の逸脱から区別する指標ではなく、三〇年代への連続を導く契機と考えるべきである」と提起しているように、大正政治史研究において、一九三〇年代の再評価がはじまっている。[23]また、中北浩爾氏が『一九五五年体制の成立』の中で、「一九五五年体制の成立過程は、代替選択肢が消滅する過程としてのみならず、新たな政治的枠組みが形成される過程として、積極的に捉えられなければならない」と主張しているように、[24]戦後政治史研究において一九五五年体制の再解釈がはじまっている。公職追放解除後の戦前政党政治家は、戦後において一九五五年体制の構築過程において主導的役割をはたした。ゆえに、一九五五年体制の淵源を探るためには、彼らが積極的に行動していた一九三〇年代の日本政治まで遡る必要がある。自由民主党初代総裁の鳩山一郎(戦前は政友会領袖)に象徴されるように、戦後の政党復権という観点に立脚すれば、一九三〇年代の政党政治家は一転して「勝ち組」に属する。しかし、戦前政党政治家が戦後政治にはたした役割を考察した研究は少なく、[25]今日まで残された課題は多い。本書では、戦前の二大政党制と戦後の一九五五年体制を架橋する存在として、浜口以後の民政党政治家に視点をあてる。

井上寿一氏が『政友会と民政党』の中で提起しているように、日本は二大政党制の経験を戦前にしかもっておらず、戦前二大政党制の今日の日本政治への教訓はすくなくない。[26]民政党は戦前二大政党制を象徴する存在であり、危機の時代において同党政治家がいかに自己改革に取り組んだのかという本書の問題関心は、多くの試練に直面する今日の日本の政党政治において重要な意義をもつと考える。

本書の視角

本書は、民政党の全体史を分析する際に、民政党政治家の「政党改良」を考察の基軸とする。本書の政党改良は官僚主導・国民を無視した政権本位の軍隊的政党(権力の主体としての資格を欠く政党)から、多数の衆議院議員主導・国民に立脚した政策本位の「立憲政党」(権力の主体としての政党)に改良することを意味する。

日本初の本格的政党内閣である原敬政友会内閣の登場以来、イギリスは日本の政党政治の到達すべき目標であった。[27]浜口雄幸(民政党初代総裁)はイギリスの政党政治を模範とし、吉野作造の政治的民本主義を信条とした[28]政党指導者であった。[29]本書が着目したい史料は、一九二七年一一月二二日の民政党関西大会における浜口の演説である。浜口は左のように述べている。[30]

然るに最近に到り、二大政党対立の勢成り、政党内閣交立の原則も、略々確定を致し、国民は茲《ここ》に始めて、公明なる政治の実現を期待し、漸く憲政有終の美を、翹望《ぎょうぼう》するに至つたのであります。政党内閣制運用の始に於て、若し政府当局の態度と、施設宜しきを得ず、其の誠意と能力を疑はるるに至つたならば、議会政治の信用を失墜し、国民は失望の結果、如何なる事態を発生するに至るやも測り難いのであります。実に今日は我国民の能力が、果して政党内閣制の運用に堪ゆるや、否やの試験を受けつつある、最も大切なる場合でありまして、政治家の責任、極めて重大なりと謂はなければなりません。

浜口は二大政党制が制度として完成したとみなす一方で、二大政党制の「運用」の段階に入ったと認識していた。浜口は、二大政党制を「運用」する主体が政党政治家であると考えていた。「憲政有終の美」、立憲政治の完成こそが浜口の終局の目的であった。一九二八年一月二〇日の民政党第一回大会においても、浜口総裁は「制度の運用は固より人にあるのであります。今日は我国民の能力が果して、政党内閣制の運用に堪ゆるや否やの試験を受けつつある最も大切なる場合であります。随つて政党政治家の責任は極めて重大なりと謂はなければなりません」と、同様の主旨の演説をおこなっている(31)。二大政党制確立期における政党指導者の浜口は、制度を運用する政党政治家の責任に着目していた。浜口は二大政党制確立以降の長期的視野に立ち、国民の政党不信が生じる可能性にも言及していた。

本書が着目したい点は、「二大政党対立の勢成り」という浜口の言である。「勢」は日本初の本格的政党内閣を率いた原敬の信念でもあった。三谷太一郎氏の『日本政党政治の形成』(増補)によると、「原においては「自然の趨勢」とは、維新革命を遂行させ、民権運動を勃興させ、政党内閣制を促進した抗いがたい歴史的必然性を意味した。しかも、それは原の生きた同時代を世界的規模において貫徹するものであった」という(32)。二大政党制の確立を「勢」と捉える浜口の認識は原と通じるものがある。[33]

政権を獲得する以前の一九一六年一一月一一日、原(政友会総裁)は元老山県有朋に対して左のように語っている。[34]

余は徒らに多数の党員を率て功名を貪らんとするが如き野心などは毛頭之なし、只伊藤公已来の趣旨により政党の改良をなす事必要と思ふ、夫れには大多数を要す、余には二百十余名を得たる経験はあれども実は二百五十名もあらんには政党の改良始めて強硬に行はるべし、僅に過半数なりと云ふ位にて五人か十人を失へば過半数を失ふと云ふが如き数にては十分の改良行はれず、政党の改良は政党自身の力に依るの外に道なし、故に其改良の為めに多数を要するなり

よく知られていることであるが、原の政党改良の要点は、衆議院二五〇議席という圧倒的多数を獲得すること、政党自身の力によって改良をおこなうことにあった。三谷太一郎氏は『日本政党政治の形成』(増補)の中で、「政党発達」と「憲政の進歩」を不可分のものとして捉えていた「原にとっては、「立憲政治」の確立とはとりもなおさず政治の政党化の貫徹にほかならなかった。そして原によれば政党化の貫徹のためには何よりも政党自身が権力の主体として真の自立能力を具えるべく「改良」されなければならなかった」ことを指摘した。[35] 立憲政治即政党政治が原の理念であり、浜口も同様であった。

近代日本の政党は軍隊のように組織され、外敵に対する排他的攻撃性を特徴としていた。[36] 衆議院の形式的地位の上昇、[37] 官僚出身者の党務からの排除、[38] 政党自らによる人材養成などの原の政党改良は未完に終わり、[39] 政党勢力は政策中心の政権競争を前提に政党間合意に基づく政権交替をおこなう段階まで発達を遂げる以前に普通選挙制

と二大政党制を確立させた。第一次若槻礼次郎憲政会内閣における二大政党の曝露合戦や田中義一政友会内閣における鈴木喜三郎内相の選挙干渉にみられるように、二大政党は原の理念に逆行していった。藩閥勢力の退場以降、軍隊的政党の排他的攻撃対象は相手政党に集中したのである。

右の状況に強い危機感をもっていた政党指導者が浜口だった。戦前最強の政党内閣を率いていた一九二九年一二月一六日、浜口首相は民政党関東大会において「我国に於て政党内閣制が確立せられたのは、僅かに最近の事であるに拘わらず、国民は政党の美点を認識する前に、先づ政党の欠点を見せつけられた感がある。斯くては政党政治に対する国民の信用を繋ぐ所以ではないのである」と主張し、左のように続ける。[40]

若し国民が政党政治を信ぜぬと云ふことになれば、折角発達の緒に就きかけたる我国の憲政は、再度び逆転ぜざるを得ないのである。今日の如き社会状態の下に於て、又今日の如き思想の混乱したる時代に於て憲政の逆転を繰返すことになつたならば、其結果は真に恐るべきものがあるであろうと思ふのである。

立憲政治即政党政治の立場から浜口は、国民の政党不信・政治家不信が「憲政の逆転」をもたらすことを憂慮していた。前年の第一回普通選挙における田中政友会内閣による選挙干渉は、吉野作造を「憲政逆転」と嘆かせたが[41]、吉野の信奉者の浜口もまた、同様の危機意識をもっていた。「憲政の危機今日に在り」という浜口は「此時に当つて政党の品位を昂め、国家の為善良なる政策を行ひ、政党政治の信用を恢復して、以て憲政有終の美を済すは実に我党の重大な責任である」と主張している[42]。浜口によれは、政党政治の信頼を取り戻し、立憲政治を完成させることが民政党の責務であった。

浜口の政党改良の特色は「衆議院優位」と「政策重視」であり、吉野の政治的民本主義を基礎としていた[43]。現実主義者の原が衆議院優先による立憲政治の完成よりも両院協調を優先させたことに対して、浜口は「内閣の組織はどこまでも衆議院に基礎を置くことが憲法の本義なり」と明言していた。[44] イギリスの議会政治こそが浜口が理想とした政治体制であり、民政党の政綱(政党綱領)第一項には「国民の総意を帝国議会に反映し、天皇統治の下議会中心政治を徹底せしむべし」と明記された。[45] また、政党の政策が党勢拡張の手段にすぎなかった原[46]と異なり、普通選挙制下の政党指導者の浜口は膨大な新有権者の支持を獲得するため、政党の政策の重要性を認識していた。ゆえに、浜口は、民政党と政友会が政権本位ではなく、国民本位の政策競争をおこなうことで二大政党制を円滑に運用していくことを理想としていた。首相としての浜口は、十大政綱を掲げて翌年の衆議院総選挙をたたかい、普通選挙下において初の絶対多数を獲得した。浜口内閣はロンドン海軍軍縮条約締結に成功する一方で、もう一つの看板政策であった金解禁政策は昭和恐慌によって破綻し、社会政策についてもほとんど成果をみせなかった。浜口をして民政党の改良は未完であったが、「衆議院優位」と「政策重視」の理念は浜口の後継者たちへと継承されていく。

政党内閣制の確立に対して近代日本の政党が未発達であり、立憲政党という段階に到達していないことを自覚していた原と浜口は、衆議院総選挙において圧倒的多数(原の政友会は二七八議席、浜口の民政党は二七三議席)を獲得しながら、政党内閣の首相として政党改良の途上において、東京駅でテロに倒れたという共通点をもっている。本書は、原と浜口の遺した課題である軍隊的政党から立憲政党への改良に対して、二大政党制崩壊期の民政党政治家がいかに取り組んでいったかを考察する。

政党改良とともに、本書は民政党政治家の対外態度に着目する。浜口の対外態度が国際協調、特に対英米協調にあったことは、川田稔氏の優れた浜口研究が明らかにした通りである。[47] その中で、本書は一九三〇年六月のロンドン海軍軍縮条約問題時における浜口首相の言に改めて着目する。浜口は左のように述べる。[48]

世界平和の維持増進、文化の発達は今日においても然るがごとく、将来においては、いっそう日英米三国の共同の力によりて、これに当らざるべからず。もし非常緊急の理由なくして日本がことさらに三国協調のリングを離れて孤立の地位に立つのみならず、日本自身の働きによりて英米との国際関係を悪化せしむるときは、わが国は将来種々の関係において国際上いうべからざる窮境に立つべし。

浜口は日本が日英米の三国協調のリングから離れた時、日本が国際的に窮境に立たされるだろうと警告していた。国際協調主義に基づく対英米協調路線(49)は浜口の同志である幣原喜重郎外相、「国際信義」の重要性を強調していた井上準之助蔵相(50)によって支えられ、浜口の死後は若槻礼次郎・川崎卓吉・富田幸次郎・町田忠治らに継承されていく。こうした民政党の外交政策のイメージは一般に定着している。

他方で民政党の外交政策には、浜口の国際協調主義と相反する側面が結党時から存在した。民政党宣言に「立憲民政党は、外交に於て国際正義を高調する。国際正義は、通商、経済、土地、資源に関する国際的原則の上に之を具体化し、以て世界平和の基礎とせねばならぬ」、政綱第三項に「国際正義を国交の上に貫徹し、人種平等資源公開の原則を拡充すべし」と明記されたことに象徴されるように(51)、民政党の外交方針は、起草委員の中野正剛や永井柳太郎の主張が反映された内容となっている。有馬学氏が「反復の構造」の中で指摘しているように、中野と永井は、国際連盟や平和諸条約の理念ではなく、その適用が公平ではないことを批判し、不公平を是正するための理念として「国際正義」を用いていた(52)。民政党の政綱第三項は、英米主導のワシントン体制下における国際的な不公平感を是正しようという挑戦的な内容だった。政界における反ワシントン体制の旗手であった中野と永井(53)によって決定された民政党の外交方針は各局面において、同党の指導者たちの国際協調主義に基づく外交政策の脅威となる。

本書では、民政党外交のヤヌス的性格（浜口・幣原・町田らの国際協調主義と中野・永井の反英米主義）という視角から、民政党政治家の対外態度に着目する。[54]

民政党の全時代を考察対象とする本書は、民政党が絶頂から政権陥落に至る時代（一九二七年六月～一九三一年一二月）を第一章、民政党内閣の復活の可能性が残されていた時代（一九三一年一二月～一九三六年二月）を第二章、民政党が解党にむかう時代（一九三六年二月～一九四〇年八月）を第三章と区分する。その上で、中野正剛（第一章）・富田幸次郎（第二章）・町田忠治（第三章）を中心に、各時代における政党改良と対外態度との連環を考察するとともに、民政党の全体像の把握に努める。[55]

右の考察の結果、民政党政治家の政党改良が結果として二大政党時代の終焉を促進させた側面とともに、原・浜口の理念を継承・発展させ、戦後以降の日本政治の土台を形成した側面も明らかとなろう。

（1）丸山真男『現代政治の思想と行動』（新装版）未来社、二〇〇六年（初版は一九六四年）。
（2）三谷太一郎『日本政党政治の形成』（増補）東京大学出版会、一九九五年、酒井哲哉『大正デモクラシー体制の崩壊』東京大学出版会、一九九二年。
（3）酒井哲哉「一九三〇年代の日本政治」近代日本研究会編『近代日本研究の検討と課題』山川出版社、一九八八年、二三七頁。
（4）伊藤隆『昭和十年代史断章』東京大学出版会、一九八一年、『昭和期の政治』山川出版社、一九八三年、『近衛新体制』中央公論社、一九八三年、『昭和期の政治』（続）山川出版社、一九九三年。
（5）前掲・酒井「一九三〇年代の日本政治」二四〇頁。
（6）同右、二四二、二四四頁。
（7）同右、二四一頁。

（8）升味準之輔『日本政党史論』（第五巻）東京大学出版会、一九七九年。
（9）村井良太『政党内閣制の成立一九一八〜二七年』有斐閣、二〇〇五年、小山俊樹『憲政常道と政党政治』思文閣出版、二〇一二年。
（10）坂野潤治『近代日本の国家構想』岩波書店、二〇〇九年（初版は一九九六年）二一五頁。
（11）同右、二一二、二一三頁。
（12）同右、二七八、二七九頁。
（13）五百旗頭薫『大隈重信と政党政治』東京大学出版会、二〇〇三年。
（14）奈良岡聰智『加藤高明と政党政治』山川出版社、二〇〇六年。
（15）川田稔『激動昭和と浜口雄幸』吉川弘文館、二〇〇四年、『浜口雄幸』ミネルヴァ書房、二〇〇七年、『浜口雄幸と永田鉄山』講談社、二〇〇九年、『戦前日本の安全保障』講談社、二〇一三年、浜口に関する基礎的研究として波多野勝『浜口雄幸』中央公論社、一九九三年。
（16）近年における二大政党制研究の成果として、前掲・五百旗頭『大隈重信と政党政治』、前掲・村井『政党内閣制の成立一九一八〜二七年』、前掲・奈良岡『加藤高明と政党政治』、清水唯一朗『政党と官僚の近代』藤原書店、二〇〇七年、安在邦夫・真辺将之・荒船俊太郎編『近代日本の政党と社会』日本経済評論社、二〇〇九年が挙げられる。
（17）昭和期における政友会の党内派閥の静態分析をおこなった奥健太郎『昭和戦前期立憲政友会の研究』慶應義塾大学出版会、二〇〇四年、戦中期の政党勢力の動向を検討した古川隆久『戦時議会』吉川弘文館、二〇〇一年、『昭和戦中期の議会と行政』吉川弘文館、二〇〇五年が挙げられる。
（18）民政党の全体的研究として、立憲民政党史研究会『総史立憲民政党』（理論編）櫻田会、一九八九年、町田忠治伝記研究会『町田忠治』（伝記編）櫻田会、一九九六年、大麻唯男伝記研究会『大麻唯男』（論文編）櫻田会、一九九六年、木村時夫編『松村謙三』（伝記編・上、下巻）櫻田会、一九九九年が挙げられる。また、近年の民政党研究の成果として、奈良岡聰智「立憲民政党の創立」『法学論叢』（一六〇―五・六）二〇〇七年、菅谷幸浩「戦前二大政党時代における立憲民政党の支持基盤とその地方的展開」『学習院大学大学院政治学研究科政治学論集』（二四）二〇一一年、加藤祐介「立憲民政党と金解禁政策」『史学雑誌』（一二一―一一）二〇一二年が挙げられる。また、陸軍と民政党内閣との関係を検討した研究として、小林道彦『政党内閣の崩壊と満州事変』ミネルヴァ書房、二〇一〇年、川田稔『満州事変と政党政治』講談社、二〇一〇年が挙げられる。

さらに、政友会と民政党の概説書、筒井清忠『昭和戦前期の政党政治』筑摩書房、二〇一二年、井上寿一『政友会と民政党』中央公論新社、二〇一二年が登場した。

(19) 有馬学『帝国の昭和』講談社、二〇一〇年（初版は二〇〇二年）、七〇頁。

(20) 坂野潤治『日本政治「失敗」の研究』講談社、二〇一〇年（初版は二〇〇〇年）。筒井清忠氏も民政党研究の重要性を指摘している（前掲・筒井『昭和戦前期の政党政治』一三頁）。

(21) 丸山真男『日本の思想』岩波書店、一九六一年、一八七、一八八頁、丸山真男「思想史の考え方について」『忠誠と反逆』筑摩書房、一九九八年、四六二、四六三頁。

(22) 前掲・酒井『大正デモクラシー体制の崩壊』。

(23) 有馬学「「大正デモクラシー」の再検討と新たな射程」和田春樹編『東アジア近現代通史』（四）岩波書店、二〇一一年。

(24) 中北浩爾『一九五五年体制の成立』東京大学出版会、二〇〇二年、九頁。

(25) 戦前政党政治家の戦後政治にはたした役割に着目した研究として、伊藤隆「「自由主義者」鳩山一郎」近代日本研究会編『年報近代日本研究』（四）山川出版社、一九八二年、前掲『大麻唯男』（論文編）、楠精一郎『昭和の代議士』朝日新聞社、二〇〇六年が挙げられる。

(26) 前掲・井上『政友会と民政党』二三七頁。

(27) 三谷太一郎『大正デモクラシー論』（新版）東京大学出版会、一九九五年、一一二頁。

(28) 三谷太一郎氏によると、吉野の「政治的民本主義」とは「政策決定過程に多数者が参加し、多数者の意思が最終的に政策を決定するということ」を意味する（同右、一四六頁）。

(29) 憲政会総務時代から、浜口はいちはやく民本主義の重要性を主張していた（同右、九七頁）。

(30) 浜口雄幸「政党内閣試練の時代」（一九二七年一月二二日）川田稔編『浜口雄幸集』（論述・講演編）未来社、二〇〇〇年、四二頁。

(31) 浜口雄幸「民政党第一回大会での総裁挨拶」（一九二七年一一月二二日）前掲『浜口雄幸集』（論述・講演編）五三頁。

(32) 前掲・三谷『日本政党政治の形成』（増補版）六七頁。

(33) 丸山真男氏は「歴史的割期的においては、いつも「初発」の「いきほひ」が未来への行動のエネルギー源となる傾向が見られる」と指摘しているが（丸山真男「歴史意識の「古層」」『忠誠と反逆』三九四頁）、浜口の「勢」にも同様のことが言えよう。

(34) 原奎一郎編『原敬日記』(第四巻)福村出版、一九六五年(一九一六年一一月一七日)二三六頁。
(35) 前掲・三谷『日本政党政治の形成』(増補版)六七頁。
(36) 山田央子『明治政党論史』創文社、一九九九年、四一頁。
(37) 前掲・三谷『日本政党政治の形成』(増補版)一〇四頁。
(38) 前掲・清水『政党と官僚の近代』二〇二頁。
(39) 同右、二〇八頁。
(40) 浜口雄幸「当面の国情と金解禁後の対策」『民政』(四―一)一九二九年、一〇頁。
(41) 粟屋憲太郎『昭和の政党』岩波書店、二〇〇七年(初版は一九八三年)四五頁。
(42) 前掲・浜口「当面の国情と金解禁後の対策」一〇頁。
(43) 前掲・三谷『大正デモクラシー論』(新版)一四六、一五三頁。
(44) 浜口雄幸「清浦内閣の四大罪悪」(一九二四年三月一六日)前掲『浜口雄幸集』(論述・講演編)四五四頁。
(45) 「立憲民政党の宣言及び政綱」『民政』(一―一)一九二七年、六七頁。
(46) 前掲・粟屋『昭和の政党』一〇〇頁。
(47) 前掲・川田『激動昭和と浜口雄幸』、『浜口雄幸』、『浜口雄幸と永田鉄山』。
(48) 浜口雄幸「回訓案決定の件説明原稿」(一九三〇年六月一八日)前掲『浜口雄幸集』(論述・講演編)二五四頁。この演説については川田氏も重視している(前掲・川田『浜口雄幸と永田鉄山』五五頁)。
(49) 浜口は原の国際協調主義(前掲・三谷『日本政党政治の形成』(増補)三五三頁)を継承した。
(50) 杉山伸也「金解禁論争」杉山伸也編『「帝国」日本の学知』(第二巻)岩波書店、二〇〇六年、一五一、一五二頁。
(51) 前掲「立憲民政党の宣言及び政綱」六六、六七頁。
(52) 有馬学「反復の構造」有馬学・三谷博編『近代日本の政治構造』吉川弘文館、一九九三年、三一〇、三一一頁。
(53) 細谷千博『両大戦間の日本外交』岩波書店、一九八八年、四頁。
(54) このような民政党外交の性格は大正デモクラシー運動の二面性(前掲・三谷『大正デモクラシー論』(新版)二七頁)に思想的淵源をもつ。

（55）第一章は拙稿「党外人と立憲民政党の結党」『北海道大学大学院文学研究科研究論集』（八）二〇〇九年と「政権担当期における立憲民政党」『日本歴史』（七二六）二〇〇八年をあわせて加筆修正をおこなったものである。補論は「立憲民政党内閣と満州」『道歴研年報』（九）二〇〇八年を加筆修正したものである。第二章は「挙国一致内閣期における立憲民政党」『史学雑誌』（一一七―六）二〇〇八年と「「党外人」伊沢多喜男と政権陥落後の立憲民政党」『北大史学』（四八）二〇〇八年をあわせて大幅に加筆修正をおこなったものである。第三章は前掲「「党外人」伊沢多喜男と政権陥落後の立憲民政党」と「立憲民政党の解党」『ヒストリア』（二一五）二〇〇九年をあわせて大幅に加筆修正をおこなったものである。

第一章　中野正剛と党外人

政治指導者の行為は官吏とはまったく別の、それこそ正反対の責任の原則の下に立っている。官吏にとっては、自分の上級官庁が、――自分の意見具申にもかかわらず――自分には間違っていると思われる命令に固執する場合、それを、命令者の責任において誠実かつ正確に――あたかもそれが彼自身の信念に合致しているかのように――執行できることが名誉である。このような最高の意味における倫理的規律と自己否定がなければ、全機構が崩壊してしまうであろう。これに反して、政治指導者、したがって国政指導者の名誉は、自分の行為の責任を自分一人で負うところにあり、この責任を拒否したり転嫁したりすることはできないし、また許されない。官吏として倫理的にきわめて優れた人間は、政治家に向かない人間、とくに政治的な意味で無責任な人間であり、この政治的無責任という意味では、道徳的に劣った政治家である。

マックス・ヴェーバー『職業としての政治』岩波書店、一九八〇年、四一、四二頁。

本章では、一九二七年六月の結党から一九三一年一二月の政権陥落までの立憲民政党を分析対象とする。

当該期における民政党研究は、松尾尊兊氏の「政友会と民政党」[1]、升味準之輔氏の『日本政党史論』(第五巻)[2]、粟屋憲太郎氏の『昭和の政党』[3]、伊藤之雄氏の『大正デモクラシーと政党政治』[4]、『昭和天皇と立憲君主制の崩壊』[5]、増田知子氏の『天皇制と国家』[6]、小林道彦氏の『政党内閣崩壊と満州事変』[7]、井上寿一氏の『政友会と民政党』[8]に代表されるように、政友会研究と同時並行ですすめられてきた。

民政党を中心とした先駆的な政治史研究として、ロンドン海軍軍縮条約と浜口雄幸内閣を分析した伊藤隆氏の『昭和初期政治史研究』が挙げられる。[9] また、坂野潤治氏の『近代日本の国家構想』は、一九二四年五月の護憲三派の大勝から一九三一年一二月の第二次若槻礼次郎内閣の総辞職までの時期を「憲政会＝民政党の時代」とみなした。[10] 近年の民政党研究は奈良岡聰智氏の「立憲民政党の創立」[11]、川田稔氏の『浜口雄幸』[12]、『満州事変と政党政治』[13]、さらには金解禁政策を逸脱しない限りで失業救済事業に取り組んでいた安達謙蔵内相の役割に着目した加藤祐介氏の「立憲民政党と金解禁政策」[14]が登場し、活況を呈している。しかし、浜口・安達を除く民政党政治家についてはさらなる検討の余地がある。

本書は、これまで政治的役割を重視されてこなかった中野正剛(党人派の総帥の安達内相に最も近い民政党幹部)を中心に党人派の動向に着目し、彼らの政治的役割を再評価する。一九三〇年の第一七回総選挙(第二回普通選挙)において、民政党は衆議院の圧倒的多数(二七〇議席)を獲得した。このことは憲政会時代にもなかった成果であり、衆議院二七〇議席は原敬総裁時代の政友会の第一四回総選挙時に獲得した二七八議席に次ぐ議席数であった。[15] 原時代の第一四回総選挙が制限選挙であったことに対して、民政党の圧倒的多数は普通選挙の結果として獲得したものだった。衆議院議員で構成される党人派は憲政史上、最も多くの国民から選出されてきたという意識が高かったように思われる。本書は、第一七回総選挙によって「数の力」を手に入れたことで、安達内相を推す党人派が政治的存在感を増大させていったという視角を導入する。加藤祐介氏が指摘するように、民政党代議士は地方の公共事業要求に積極的に対応しようとしており、安達はこうした党の要求と民政党内閣の緊縮財政との関係を調整していた[16]。第一七回総選挙の勝利による党人派の強大化と昭和恐慌にともなう金解禁政策の行き詰まりは、必然的に党と内閣の衝突をもたらす。中野は党の要求の先頭に立っていた。

他方、浜口総裁周辺の官僚の代弁者たち(伊沢多喜男[17]、幣原喜重郎[18]、井上準之助[19])に着目する。坂野潤治氏の『近代日本の国家構想』は当該期の民政党を「憲政会＝民政党は、二〇世紀初頭のイギリスの新自由主義に近い政治体制をめざしたもの」として描いている[20]。本書は坂野氏が着目した民政党の自由主義政党としての側面を否定するものではないが、坂野氏が検討の対象としなかった民政党の「官僚的な体質[21]」にあえて着目する。民政党の政権喪失過程を検討するためには、民政党の負の側面である党構造の問題に着目する必要があると考えるからである。

民政党は、北岡伸一氏が「政党政治確立過程における立憲同志会・憲政会」(下)の中で指摘した憲政会の「官僚的な体質」を継承し[22]、党籍の有無(党員か否かの区別)さえも厳格なものではなく、党籍(党員資格)をもたない伊沢や幣原が強い発言力をもっていた。本書は、「寡頭制の鉄則」を定義したロベルト・ミヘルスが分析対象としたドイツの社会民主党的[23]なイメージで民政党を捉える。

本書は、民政党が構造問題を露呈させた決定的な出来事として、一九三一年の協力内閣運動を再検討する。協力内閣運動に関する代表的な研究として、初めて協力内閣運動に積極的な評価を与えた坂野潤治氏の「「憲政の常道」と「協力内閣[24]」」、元老西園寺公望の協力内閣への対応に着目した小山俊樹氏の「「協力内閣」構想と元老西園寺公望[25]」、近年では安達と南次郎陸相の一体性に着目した小林道彦氏の『政党内閣の崩壊と満州事変[26]』が挙げられる。本書は、金解禁問題や満州事変との関連という従来の視角からの分析も当然重要なことであるが、これまで着目されてこなかった協力内閣運動と民政党の構造問題との関係を分析することも不可欠であると考える。

右の立場から、本書は協力内閣運動の主導者として安達の腹心の中野に着目する。戦後、『東京朝日新聞』の緒方竹虎(中野の親友)は、「安達に協力内閣を考えさせ、党を割ってもそれを主張させようとした裏面には、中野君がいた筈である。ただいたばかりでなく、この頃が中野君の政治家として一番脂の乗った時だったと思ふ」と回想している。[27] 桜内幸雄(第二次若槻礼次郎内閣の商相)もまた、協力内閣運動期における安達が「中野の傀儡になっていた」と回想している。[28] 本書は中野の同時代人の評価に従って協力内閣運動時における中野の役割を重視する一方で、従来の協力内閣運動研究と異なり、民政党と宇垣一成(朝鮮総督)とを切り離して考える。[29]

中野に関する先駆的研究として木坂順一郎氏の「中野正剛論」(一)、(二)、[30] 永井和氏の「東方会の成立」が挙げられる。[31] 民政党時代の中野について、松尾尊兊氏は「政友会と民政党」の中で官僚派の圧倒的有利を主張する一方で、党人派の中核部分をなす中野と少壮派(本書では「中野派」と定義する)[32]について「得票獲得のための「マネキン」の役割を与えられたにすぎなかった」と評し、[33] 永井氏も同様の見解を示している。[34] また、有馬学氏の「反復の構造」、[35] 室潔氏の「中野正剛のナチス観」、[36] 住友陽文氏の「大正デモクラシー期「議会主義」の隘路」[37]のように、中野の思想については詳細な分析がなされているが、民政党時代の中野の動向については依然として不透明な箇所が多い。本書は、一九三〇年の第二回普通選挙において党人派が衆議院二七〇議席という力の背景を手に入れたという視角から、中野の力を再評価する。また、有馬学氏は「反復の構造」の中で、中野派は「第一次世界大戦後の新外交、新秩序理念の逆説的な継承者であった」と述べている。[38] 対外態度において、中野派は幣原外交と相容れない存在だった。

協力内閣運動と中野の関係に着目した先駆的研究として永井和氏の「東方会の成立」が挙げられる。[39] 永井氏は中野を「政党ファッショ化の嚆矢となった協力内閣運動の積極的推進者」と評し、中野らの「任務は妥協的な政党幹部を突きあげて、軍部・官僚勢力にたいする議会の優位を確立する闘いを進めることにあった。しかし彼等の力はイデオロギー的にも現実的にも限られており、右の闘いを有効に進めうるほどのものではなかったうえ、大恐慌下に彼等を捉えた強い非常時意識が彼等の関心をその方面からひきはなしてしまったのである」[40]、「「満州事変」という軍事的大成功を契機に、一夜にして彼等は軍部の側へ移行してしまった」と主張している。永井氏は満州事変を機に中野が変節したと捉えているが、住友陽文氏が「大正デモクラシー期「議会主義」の隘路」の中で「中野の国民国家構想は、議会が輿論を直接反映することによって一元化された国論を創出し、それを背景として国際政治に参入するものであった」と述べているように[41]、中野の場合、満州事変という対外危機は議院内閣制論と矛盾しないどころか、衆議院の地位向上をはかる好機であった。

満州事変期の中野の議院内閣制論者としての側面に着目する本書は、永井氏がいう中野の「軍部・官僚勢力にたいする議会の優位を確立する闘い[42]」の延長線上に協力内閣運動を位置づけるとともに、多数の党員の意思を民政党の政策決定に反映させようという政党改良として再評価する。反面、中野の政党改良は第一次世界大戦後の英米中心の国際秩序を打破するという外枠に規定されており、民政党の外交方針の基軸であった国際協調路線との対決だけではなく、政党政治の危機をも招来させることになる。

第一節　中野正剛の政党改良と浜口民政党

本節は、中野正剛に関する二つの史料(一九三一年一月八日の浜口雄幸宛中野書簡、一九三二年の中野の『転換日本の動向』)の考察を通して、本章における対立軸を設定し、次節以降への導入とする。

まず、民政党初代総裁である浜口雄幸に着目する。浜口を対象とした数多くの先行研究は、民政党総裁としての政治指導に高い評価を与えている。[43] 本書の基本的立場も同様であるが、新たに着目する点は浜口総裁の「調整力」である。[44]

浜口の首相時代、対外政策と財政政策の両面において困難な課題(ロンドン海軍軍縮条約、金解禁)を解決するためには官僚の協力が不可欠であった。浜口自身が手本としていた加藤高明[45]が政権を担当していた時代に比して、政策決定過程における官僚の役割はより重要なものとなっていた。浜口の民政党と加藤の憲政会との決定的な差異は、党人派が普通選挙制の下で当選してきたこと、民政党政権の下で実施された一九三〇年の第一七回総選挙を機に党人派の数が大幅に増大した(衆議院二七〇議席)ことである。加藤が党人派の統制を安達謙蔵に一任することができた要因として、[46] 第一に制限選挙の時代だったこと、第二に憲政会の野党時代が長かったこと、第三に憲政会が衆議院で少数議席しか獲得できなかった(党人派も少数だった)ことが挙げられる。

これに対して、浜口は普通選挙で選出されてきたという自意識をもつ圧倒的多数の党人派を統制しなくてはならなかった。浜口が加藤と同様の方法で党人派を統制することは不可能であり、浜口自身が党人派との信頼関係を構築しなければならなかった。最終的に、浜口は官僚との協調と党人派の統制を両立させることに成功した。だが、浜口は後継者となる調整型の党指導者を育成できないまま、一九三〇年一一月一四日に右翼青年の佐郷屋留雄によって狙撃され、政界の第一線から退く。

本書が第一に着目したい史料は、浜口狙撃事件直後の一九三一年一月八日、半月前に逓信政務次官を辞職したばかりの党幹部の中野正剛[47]が入院中の浜口総裁に宛てた書簡である。同書簡がおさめられた一九三二年の中野の『転換日本の動向』は一部人名が伏せられているが、[48] 戦後に公刊された『中野正剛の生涯』[49]には全人名が明らかになっており、本書では後者を引用する。中野は、左のような主張を展開する。

党外の伊沢氏が党の重要事を党に諮らず、密かに親交学友の間に私議して暗討的に決定を急ぎしが如きは小生の取らざる所、余計なことに手を下したるが党中の人心を腐らしたる第一歩と存候。小生は幣原氏の人物力量を論ぜず、総裁との私交の親疎を問はず、唯党員に非ず且つ党人たることを恥づと明言する一外交官をして堂々たる民政党内閣を代表せしむること甚だしき時代錯誤なりと存候。

衆議院議員の中野にとって、党籍をもたない伊沢多喜男が絶対多数の与党に無断で党籍をもたない幣原喜重郎を首相代理に擁立し、党の代表として議会に臨ませることは承服できない行為であった。特に中野は、民政党結党時の遊説部長(政策文書の立案と広報の責任者)である。井上寿一氏が『政友会と民政党』の中でいうように「有権者に伝わる党の声は中野の声である」時期もあった(50)。

しかし、中野の書簡は病床の浜口の下に届けられたかどうかも判然としない。結果的に、中野の直訴は民政党に容れられず、伊沢が推薦した幣原が民政党内閣の首相代理として第五九議会に臨むことになった。すなわち、当該期の民政党は党籍をもたない伊沢の意思(党籍をもたない幣原を首相代理に擁立すること)が党幹部の中野の意思よりも優先される政党であった。

ここで着目したい点は、中野が浜口宛書簡の中で浜口と伊沢・幣原との個人的関係に言及していることである。三者には明治二八年に東京帝国大学を卒業したという共通の経歴があった。季武嘉也氏が『大正期の政治構造』の中で指摘しているように、三者は同志とともに「二八会」という同窓会をつくった。季武氏は、第一に「彼らは、日本で最初の近代的制度による官僚ということになろう。おそらく、そのような自負も強かったものと思われる」、第二に「彼らの主流派は同志会—憲政会—民政党との関係が深い」、「二八会は、親睦的同窓会から政治的ネットワークへと転換していった」と述べている(51)。

憲政会政権下において南満州鉄道株式会社副社長だった大平駒槌は、第一次若槻礼次郎内閣崩壊直後の一九二七年五月一〇日の伊沢宛書簡の中で「臨時議会も無事終了政府万歳に御座候。我党余程シツカリするに非らざれば又々苦節十年に候。其間如何に国運発展を防止せらるること真に憂惧に不耐候。老台は固より浜口幣原氏アタリの非常なる御奮発切望に不堪候」と述べている。[52]大平は、政権陥落を余儀なくさせられていた憲政会が復権をはたすため、浜口と伊沢・幣原が緊密に連携する必要がある、そうしなければ、憲政会は再度の「苦節十年」に陥るだろうと警告していた。

一九三一年一月段階における中野の批判の力点は大平と対照的に、浜口総裁と伊沢・幣原との個人的関係にあった。中野の批判は伊沢と幣原が浜口と民政党に対する支援をおしまなかったことの証左と言える。伊藤之雄氏が『昭和天皇と立憲君主制の崩壊』の中で明らかにしているように、浜口内閣成立直後、浜口と幣原は伊沢を朝鮮総督に推そうとして枢密院側の反感を買った。[53]このことは、三者が緊密な関係にあったことを示している。

他方で、中野の批判は民政党幹部として正当な主張だった。党籍のない人々が総裁を通して重要決定に介入する民政党は立憲政党として未発達だからである。浜口狙撃事件の際、政治評論家の馬場恒吾は『政界人物風景』の中で「浜口を失ひかけた丈けで、民政党はかな目を失った扇の如くバラバラにならんとする。それは浜口の主要性が如何に増大しているかと云ふ事の証拠になると共に、党首に変事があると、直ちに統制が乱れるやうな日本の政党はまた、立憲政党としてまだ充分に発達していないと云ふ証拠にもなる」と評している。[54]

右のことを踏まえ、改めて、一九三一年一月八日の浜口宛中野書簡に着目する。中野は浜口に対して左のように主張する。[55]

総裁御遭難後の民政党には中心なし、中心たり得べき人物なきに非ざるも立党の精神に則り中心たるべき人を中心に据うべき党規の運用を欠くのみ、昭和二年六月一日総裁就任の辞今猶耳底にあり、憲政の運用の原則を移して党務の運用に資せんか不測の難に遇ふも何ぞ周章狼狽するを要せんや、然るに其の代理的中心人物を決定せんとすれば筍安者流口を捉へて曰く、総裁の病中簒奪を企つる嫌なきを得るかと、小生等の総裁に対するや情意共に傾倒し尽せり、然れども政党は公事なり、総裁傷かるれば一事其代理者を決定して寸時も停滞なく国政を運転せざる可らず

浜口が総裁就任挨拶において幹部専制をしりぞけ、党内民主主義の必要性を主張したことは広く知られている。[56]無所属倶楽部時代から既成政党の非民主的体質を批判していた中野[57]は、浜口の挨拶を引用することで、党人派が安達を総裁代理に擁立することの正統性を強調した。[58]中野は「党規の運用」、すなわち、総裁代理選出過程において民政党の党則に定められた公選という手段を用いることで、安達擁立と同時に民政党の「立憲政党」としての体裁を整えようとしたのである。「憲政の運用」の手段としての総裁代理公選という中野の主張は、平時の浜口の主張と合致する正論であったが、浜口不在の民政党に総裁代理が置かれることはなかった。[59]

一九三一年一二月、協力内閣の失敗にともなう民政党政権の崩壊によって、中野は民政党の脱党を余儀なくさせられる。本書が第二に着目したい史料は、中野が脱党直後に著した『転換日本の動向』の一部である。中野は左のように述べる。[60]

民政党は立党の精神を失念して、幣原外交と井上財政との委任統治下に置かれて居た。幣原男は思慮周密なる紳士的外交家であるが、自ら党人たるを屑《いさぎよ》しとせずと声明した人である。井上氏は民政党の結成、在野時代の悪戦苦闘には、何等参劃する所なく、何等体験する所なき外来人である。而して代議士二百七十名を擁

する民政党は、此等党外人の委任統治に支配せられたものである。

第一に本書が着目したい点は、中野が幣原外相と井上準之助蔵相を「党外人」とみなしていることである。本書では、民政党の党籍をもたないにもかかわらず、党に影響力を行使する非政党人(伊沢・幣原・井上)を党外人と定義する。なお、井上には民政党の党籍があるが、本書では党外人とみなす。井上は若槻礼次郎・江木翼ら他の官僚派と比べて党歴が浅いだけではなく、中野が党外人と認識しているからである。また、関東庁検察官長の安岡一郎は、浜口内閣発足直後の一九二九年七月二八日の児玉秀雄(朝鮮総督府政務長官)宛書簡の中で「内には宇垣、井上の如き異分子の閣僚を抱擁して恰かも爆弾を抱いて起てる観あり」と評している。(61) 井上が軍部大臣(陸相)の宇垣一成と同様の評価をうけていたことがわかる。(62)

第二に着目したい点は、中野がいう「委任統治」である。「委任統治」という概念については、有馬学氏の『「国際化」の中の帝国日本』に詳しい。同書によると、「委任統治」とは、第一次世界大戦以後にウッドロー・ウィルソンが持ち出した新たな概念で、「旧ドイツ領植民地については、旧来の戦後処理のような戦勝国による併合という方法をとらず、国際連盟から委任された国が統治を行うというもの」であった。(63) 有馬氏は「委任統治」に関する国際連盟規約について、「委任統治領とはいまだ「自立し得ざる」人民の居住地域であり、受任国は「文明の神聖なる使命」を果たすためにそれらの地域を統治するのである。そして受任国は連盟に代わってこれら「自立し得ざる」人民を「後見」するとされている」と指摘している。(64) 中野は、委任統治領を民政党、「自立し得ざる人民」を民政党の党員、受任国を党外人、国際連盟を官僚に例えていた。一九三二年の中野は民政党の党員が外交と財政という内閣の重要政策を外務官僚と大蔵官僚の代弁者である幣原外相と井上蔵相に委任していたことを批判したのである。特に井上蔵相は、大蔵省で緊縮予算の概算を作成し、それを閣議におしつけるという強引な手法をとっていた。

第三に着目したい点は、中野が党外人の「委任統治」と対置させた「立党の精神」である。民政党の宣言には「立憲民政党は、内部の組織に於て、役員公選の原則を確立し、役員は党員の信頼を受け、責任を明白にして党務を執行する、斯くて立憲民政党は、政界積年の弊実を打破し、党員の総意により公明の発動に出づべき体系を完備する」という主張が掲げられている(65)。一九二八年二月、中野は「我党の高調する国家整調主義」の中で、「立憲民政党は政党の組織に於て、浜口総裁の言の如く個々人の自由を尊重し、意見を暢展せしめ、各地方議員の主張を基礎として党の態度を決定せんとするものである。而して各機関の組合わせが完備し、訓練が行き届けば党員(民衆)の意向は完全に代表せられ、敏速に決定せられて、偉大なる力と能力とを発揮するであらう」と主張している(66)。前引の一九三一年一月八日の浜口宛書簡からもわかるように、中野がいう「立党の精神」は民政党員の総意を党の意思決定に反映させることを意味していた。

これまで検討してきたように、中野は、党外人――官僚の代弁者である少数――によって衆議院二七〇議席を有する党員――民衆の代弁者である多数――が支配されており、民政党の現状が立党の精神である党内民主主義の貫徹を妨げていると批判していた。浜口内閣成立直前の一九二九年五月三日、党人派の斎藤隆夫は安達に対して「党内に官僚勢力の侵入を拒ぐこと、来るべき我党内閣には貴族院の分子を排斥すること」、を主張しており(67)、中野の党外人批判は党内に潜在していた党人派の官僚批判を代弁するものであったと考えられる。

ところで、党外人はなぜ、長く政権与党の座にあった立憲政友会ではなく、野党時代が長かった憲政会を支持したのだろうか。

右のことを考察する前提として、民政党初代総裁の浜口に着目する。衆議院解散となった一九二八年一月二一日、浜口総裁は「内閣不信任案説明演説原稿」の中で、田中内閣が「地方長官以下空前の大更迭」によって「甚しく政務と事務との区別を混同し、政党政治の弊害を極端に暴露したるものであります」、「斯くの如くにして已まずんば、吏風の頽廃底止する所を知らず、遂に天下幾十万の官吏をして、陛下の官吏たるの身分を忘れて、政党の爪牙たるに甘んずるの悪風を馴致せしむるに至つたならば、国家の秩序と社会の治安とは、抑も何に依て維持することが出来るのでありませうか」と主張している。(68)

本書が着目する浜口の言は、「政務と事務との区別」と「陛下の官吏」である。浜口の言は、浜口と同じ土佐出身で、民政党の源流である改進党の小野梓の政治思想と通じるものがある。山田央子氏は『明治政党論史』の中で、小野が「立法と行政の分離」を前提に、行政における首長として君主(天皇)を位置づけた上で行政権と司法権に対する立法権(天皇と国会からなる)の優位を主張していたことを指摘した。(69)小野ら改進党系のイギリス政体理解が浜口の思想の根底にあったのではないか。なお、中野は小野が創設に尽力した早稲田大学出身であり、小野の影響をうけていたように思われる。浜口が政治行動の規範とした憲政会の指導者の加藤高明もイギリスの政党政治を理想としていた。奈良岡聰智氏は『加藤高明と政党政治』の中で、加藤の政党政治運営のモデルが「政務と事務の区別および前者の後者に対する優位」であったことを指摘している。(70)また、清水唯一朗氏は『政党と官僚の近代』の中で「政務・事務の区別を明確にすることで官僚組織ひいては行政の安定を図り、政党と行政の間に内閣と政務官を入れてその峻別を図るという憲政会モデル」と定義し、「この政党と官僚が協調して国政を運営するモデルが、憲政会そのものの歴史と記憶を反映したものでもあったことはいうまでもない」と主張している。(71)伊沢は国内統治機構としての内務省の自律性を確保しようとしていたし、(72)幣原は外務省を政党の影響力から擁護しようとしていた。(73)すなわち、「憲政会モデル」は、伊沢と幣原の意図と合致するものであった。

他方、伊沢と幣原は、政友会を敵視していた。伊沢は、原敬総裁時代から政友会が内務省の公正な人事を邪魔していると認識しており、(74)田中義一政友会内閣の下で鈴木喜三郎内相・山岡万之助内務次官が就任したことによって内務省に排他的な党派性が持ち込まれたと考えていた[75]。伊沢は選挙監視委員会を組織して鈴木内相の選挙干渉に抵抗した[76]。武断的な田中外交に危機感をもっていた幣原にとっても、政友会の影響力排除は急務であった。伊沢や幣原と異なり、井上は、浜口内閣の蔵相に就任するまで政友会に近い人物とみなされていた[77]。井上は、なぜ民政党支持に転じたのだろうか。松浦正孝氏は『財界の政治経済史』の中で、「金融システムの安定と経済界の整理とを求める井上が「銀行の政党化」を進める田中政友会と衝突したことが、井上の日銀総裁辞任の一つの原因であった」と述べている[78]。小林道彦氏の『政党内閣の崩壊と満州事変』によると、井上は田中政友会の不安定な中国政策に不満をもっていたという[79]。反政友会という立場は伊沢・幣原・井上に共通する要素であった。

ところで、民政党内閣は井上蔵相をなぜ必要としたのか。浜口・若槻両総裁は大蔵省の出身であり、次官まで経験していた。浜口首相が蔵相を兼任するか、若槻や他の党員を蔵相に就任させる手段もあったはずである。なお、後に民政党第三代総裁となる町田忠治は、蔵相就任を熱望していた[80]。民政党内閣は金解禁の断行のために財界の支持を取り付ける必要があり[81]、そのためには「財界世話業」の井上の説得が必要であった。安達と親しい小泉策太郎は、一九二九年七月三日の安達宛書簡の中で「鮮かなる御手際敬服、殊に蔵相の井上にて財界の信用を繋ぎたる事は大成功」と述べている[82]。井上は大蔵省だけではなく、財界と民政党内閣とを結びつける役割を担っていたのである[83]。

本章においてこれまで検討してきた中野に関する二つの史料から、当該期の民政党を考察するためには官僚派と党人派だけではなく、党外人の存在が重要であることがわかる。浜口首相が内務省・外務省・財界の支持を得るためには、党外人(伊沢・幣原・井上)の助力が不可欠であった。浜口総裁は自らが大蔵官僚出身であるだけではなく、二八会という独自の人脈をもっていた。浜口総裁が官僚の意見を代弁する党外人と協調することは、民政党と官僚との良好な関係に直結した。

他方で浜口は、その特殊な経歴から党人派の信頼を集める存在であった。憲政会時代の浜口は寺内正毅内閣下の第一三回総選挙(一九一七年四月)において落選したが、落選後も政党事務員として議会に通い、二年後の一九一九年三月の衆議院高知市補欠選挙で再選した。浜口は「憲政会の苦節一〇年」の象徴であった。貴族院議員の加藤や若槻と異なり、終生、衆議院に議席を置いた浜口は、衆議院に強いこだわりをもっていた(84)。民政党総裁就任後の浜口は党員と頻繁に接触し、意思疎通をはかっていたという(85)。

また、浜口は、明治憲法下においてイギリス型の議院内閣制を追求しようとしていた(86)。一九二四年三月一六日、清浦奎吾内閣に対する批判として、憲政会時代の浜口は「内閣の組織はどこまでも衆議院に基礎を置くことが憲法の本義なり」、「衆議院は国民の輿論の府でありまして自然の勢いとして政党ができ、それによって政府が組織せられるのであります」と議院内閣制論を主張している(87)。だが、後年の浜口内閣は貴族院議員が四名(幣原・井上・江木翼・渡辺千冬・この他、軍部大臣の宇垣と財部彪)を占めており(88)、浜口が理想とする純粋な衆議院中心内閣とはならなかった。

本書が着目する点は、中野と浜口が政治思想を共有していたことである。住友陽文氏は「大正デモクラシー期『議会主義』の隘路」の中で、中野の代議政治論・議院内閣制論を明らかにしている(89)。中野の浜口に対する心酔は浜口が代議政治論者であり、議院内閣制論者であったためである。ただ、中野は政権交代を前提とする政党内閣制に固執しておらず(90)、この点は二大政党制論者の浜口と明確に異なる。「議会中心主義」の主張として著名な民政党の政綱第一項には「国民の総意を帝国議会に反映し、天皇統治の下議会中心政治を徹底せしむべし」とあるが(91)、作成の中心となった人物は中野だった(92)。中野は政綱第一項の説明について枢密院の「専横」抑止、貴族院の権限「縮小」を主張しているが(93)、これは革新倶楽部以来の持論であった(94)。民政党の政綱第一項について、中野派の加藤鯛一は「立憲民政党の本領」の中で、「帝国憲法は、貴衆両院は対等の立場に置いてあるから、その何れを中心とするのかなどと野次られては本意でないから、国民総意の文字を使って、明らかに衆議院中心たることを示したのである。衆議院中心政治は、真に、貴族院及び枢密院の権限調整を意味する」と説明している。[95]浜口の秘書官の中島弥団次も、「衆議院中心主義で行けという意味なんだ」と回想している。[96]三者の言説から、民政党の議会中心主義が議院内閣制論と同義語であったことがわかる。浜口の遺志である議院内閣制論に忠実な中野は、一九三一年の満州事変勃発以降に協力内閣運動を推進していく。

本書は、浜口周辺の党外人が民政党の政権獲得・政権運営に寄与する一方で、浜口総裁の存在と彼の議院内閣制論が中野ら党人派を統制していたという視角を導入する。浜口も加藤高明と同じように「政務事務の区別」、官僚に対する政党の優越(それとともに党内民主主義の貫徹)をめざしていたが、民政党の現状は政党に対する官僚の優越であり、一九三〇年暮れの浜口狙撃事件を機にこの問題が表面化する。

本節において検討した中野に関する二つの史料は、右の状況に対する民政党幹部による党内民主主義貫徹の要求であるとともに、「政党の反官僚化」を象徴するものであった。かつて三谷太一郎氏は「政党内閣の条件」の中で、政党内閣崩壊の一因として「官僚の反政党化」を挙げた。[97]本書は三谷氏の見解を踏まえた上で、新たに「政党の反官僚化」の側面に着目したい。

本節における考察を前提に、第二節では民政党の結党、政権獲得過程において党外人が重要な役割をはたしたこと、第三節では議院内閣制論に忠実な中野らの協力内閣運動が党外人排撃と一体の関係にあったことを明らかにする。

第二節　党外人と民政党の結党

本節は、党外人の伊沢多喜男と幣原喜重郎が立憲民政党の結党と同党の政権政党化にはたした役割を考察することを目的としている。

一般的に、床次竹二郎率いる政友本党は政治的に迷走し、憲政会に吸収されていったという否定的評価が定着している。

これに対して、本書が第一に着目したい点は、伊沢に対する近衛文麿(貴族院会派研究会の相談役)の言である。伊沢によると、一九二七年二月の憲本連盟の際に、近衛は「目下、本党少壮派の活動なるものは、本憲連盟に存ずるものの如く、これにては心細し、須らく一歩を進めて新政党組織に邁進すべし。これ本憲両派にとり、唯一の生き残る途なり」、「而して床次がその党首たる事を条件とせば本党に異議のあるべき筈なく憲政会の内情を見るに、寧ろ床次を容れて本憲を打って一丸とせる新党組織を応諾するを智とすべく、浜口氏はここまで了解すべしとの消息もあり」と語ったという。伊沢が「要するに現状の儘に推移して内閣瓦解せば勿論田中内閣の出現必然なり。本憲の連盟成立するとせば略ほ五分五分新党樹立出来れば床次内閣は必然的に出現すべしとの見解に有之候」と述べた理由は[98]、近衛が憲政会次期総裁最有力候補の浜口ではなく、政友本党総裁の床次を新党の総裁に推していたからだろう。第一次若槻礼次郎改造内閣の内相に床次を起用しようという案が出た際に浜口が反対するなど、床次と浜口は反目し合っていた[99]。近衛の期待の背景として、床次が近衛の研究会入会時(一九二二年九月)から近衛に接近し、信頼関係を構築していたことが挙げられる[100]。今津敏晃氏は「第一次若槻内閣下の研究会」の中で、政友本党が貴族院最大会派である研究会の支持をうけることで、衆議院の議席以上の力を発揮したことを指摘している。[101]本書が着目したい点は、近衛が政友本党を主体とした床次新党を本気で考えていたことである。憲本連盟成立以前には、憲政会が政友本党に吸収される可能性も皆無ではなかった。憲政会が弱体ではなかった政友本党を結果的に容易な形で吸収することができた背景を考察することが本節の第一の課題である。

第二に着目したい点が、政治秘書の松本剛吉[102]に対する元老西園寺公望の発言である。一九二八年三月、西園寺は松本に対して「一昨年憲本連盟の節に誰かに連盟ではと言ふことを履き違へて合同せよとの謎と解釈したとかいふ事で一足飛びに合同したといふが、憲政系と本党系とは到底一致して今後円満に行く事はむつかしからう」と語っていた。[103]西園寺は、民政党結党以降も憲政会出身者(本書では「憲政系」と定義する)と政友本党出身者(本書では「本党系」と定義する)が相容れないだろうとみていた。民政党が結党して以降も床次の「本党系」は政界の不安定要因であった。床次脱党が逆に党の結束を高める結果となった背景を考察することが本節の第二の課題である。

右の二つの課題を解決するため、本節では「党外人」(民政党に党籍をもたないにもかかわらず、同党に影響力を行使する非政党人)の伊沢と幣原の動向に着目する。

ところで、なぜ伊沢と幣原は浜口総裁を支援しながら、憲政会・民政党に入党しようとしなかったのだろうか。伊沢は「今日の政党は、とても腐敗して居てどうにもならぬ。自分がその中に飛び込んだら、それに染つて、溺死してしまふ様に思はれる。日本の将来は、堅実な政党の発達がなくてはならない。自分としては、党外に立つて、必要な援助を与へて、完全な発展に寄与することが出来る」と語り、[104]幣原は「外務大臣というものは政党に関係があってはいかんというイデオロギーを持って」いたと語っている。[105]伊沢は日本の政党が未熟であるために自らが入党できる状態にはないと述べ、幣原は外相が政党と関係してはならないと語っていた。伊沢と幣原の共通点は、政党の現状に対する否定的評価と官僚としての自意識の高さである。

本書が着目する点は、伊沢が憲政会・民政党を完全な政党へと「発達」させるために党外から積極的に支援すると主張していることである。序章でみたように、浜口は日本の政党が「発達」の緒についたばかりであると認識していた。浜口は民政党を「発達」させるため、伊沢と幣原の支援を必要としたのである。浜口にとって、党外人は二大政党制を安定して運用することが可能な段階に到達するまでの暫定的な存在であったと考えられる。本章では、伊沢と幣原という党外人が近代日本の二大政党制の確立にはたした側面を明らかにする。

第一項　憲政会から民政党へ

本項は、憲政会が政友本党を取り込むことができた理由を伊沢多喜男・幣原喜重郎という党外人の視点から考察する。

憲政会総裁の加藤高明は、二大政党制論の立場から、憲本合同(憲政会による政友本党吸収)に積極的であった[106]。だが、一九二六年一月二八日に加藤は急死し、若槻礼次郎が憲政会内閣を継いだ。台湾総督だった伊沢は、加藤の死を聞いて急遽上京した。体調を崩していた伊沢は浜口と幣原に説得されて辞職を思いとどまった経緯があったため、浜口と幣原は伊沢を台湾に帰さず、軽井沢で静養させた[107]。浜口・伊沢・幣原の三者が強い結びつきをもっていたことがわかる。

この直後の一九二六年七月に伊沢は台湾総督を辞任し、東京市長に就任するものの、三か月で辞任する[108]。以後の伊沢は公職を離れ、政治的に自由な立場から憲政会内閣を支援していく。台湾在住の評論家の橋本白水は、伊沢が「何分党籍ヲ有セサル」、「依テイサ入閣トナルト党人カラ種々ノ反対ヤ妨害カ出テ中々面倒ノモノタソウテアル」とみていた[109]。伊沢は党外人であるがゆえに党人派からの反対を恐れ、憲政会政権への入閣を断念したと考えられる。

伊沢が第一次若槻内閣の下で着手したことは、床次竹二郎率いる政友本党との提携である。丸山幹治の手記によると、伊沢は、床次に対して「政友会の濁つた分子と一緒になつてゐるよりは、清潔な人物同志、行動を共にすべきではないか」と語っていたという[110]。伊沢は三菱と関係が深かった仙石貢鉄相とともに山本達雄に接触し、政友本党の協力を取り付けた[111]。一九二四年一月の政友会分裂の際、床次は山本を引き留めに行ったが、逆に山本に脱党を確約させられた[112]。山本が床次に脱党を主張した背景には、高橋是清総裁との確執があった[113]。一九二五年一二月、床次は政本合同（政友会による政友本党吸収）を進めていた中橋徳五郎にいわせると「表面丈け山本と密着し」[114]、最終的には中橋を追放した。自ら率先して憲政会に接近していった山本と異なり、床次には政友会への未練があったようである。

政友会非改革派のリーダーだった野田卯太郎は松本剛吉に対して「此頃又々誰かを頼んで加藤に取入り居る様子だが、加藤は山本を能く知り居り、嘗て自分に山本は陰険な奴ぢやと云ひしことあり、此先は山本の思ふ様には問屋は卸さぬと思ふ」と語っていたが[115]、この直後に加藤が病死し、山本の憲政会接近を阻むものは存在しなくなった。一九二六年一月二八日、『時事新報』の小山完吾は牧野伸顕内大臣に宛てた書簡の中で「寧ろ政友本党は政友会の政策よりも憲政会の政見に近きものあるが如し」と述べるとともに、若槻・床次両総裁では憲本両党を指導していくことは難しいとみていた。小山は憲本両党が「将来は此両者一致合一互に相扶助して政局の安定を維持する事国家の為に利害あると云ふ時代は余り遠き事にはあらざるべきかと愚考罷在候」と述べる一方で、憲本両党の懸案は若槻と床次の何れかを首相にするのかということだと主張する。その対策として、小山は「若槻氏の抑譲により一と先ヅ山本達雄男を総理と成し同氏を中心に此政局を切り抜け将来は憲、本両者融合帰一を目標と進み、若槻床次両者は西園寺公の下に原、松田の両者の如き関係にて当分政局の安定を担保する事最も可然るかと存上候」と主張する[116]。小山は憲本合同が政本合同よりも容易に実現するだろうという立場から、憲本合同を目標とした山本内閣――山本を若槻・床次が補佐する――を主張していた。小山は、山本に対して憲本提携、すすんで憲本合同を実現させる役割を期待していた。なお、山本と憲政会との媒介役が伊沢であった。

一九二七年二月中旬から安達謙蔵逓相は憲本連盟工作を進めていったが、伊沢もこの工作に関与していた。これに対して、本節の冒頭で紹介した伊沢の書簡から明らかなように、近衛文麿は政友本党を主体とした新党樹立を主張していた。近衛は伊沢に対して「若槻首相が引退に就いて言質を与へさりし事は確実なり。しかも必ず辞職すべし」、「後継内閣に関し加藤氏逝去の後若槻大命を拝したるが如く若槻引退後浜口大命を拝すと言ふか如きは仮りに本党との連盟成るとするも絶対に見込なし」、「故に後継内閣が本憲両派の勢力を基礎として組織せらるるものとすれば勿論浜口に非ずして床次なるべし」と述べ、床次新党を主張した。[117] 近衛の談話は、一九二七年一月に若槻が研究会幹部(青木信光・水野直ら)の仲介の下で田中義一政友会総裁・床次政友本党総裁と三党首会談をおこなったことで、憲政会政権延命の可能性がなくなっていたことを示している。近衛は床次新党が樹立されれば、政権が田中ではなく床次に行くだろうと語っていた。伊沢は、近衛の意見について「右は勿論園公の意向と云ふ程には無之なかるへきも園公に接近せる公の意見が生等の見る処に比しかく田中内閣の出現に就て程度を異にする事は注意を要する点に有之候」と主張している。[118] 右の伊沢書簡を分析した先行研究である村井良太氏の『政党内閣制の成立一九一八～二七年』は伊沢が憲政会を含んだ政権を予想していたと解釈している。[119]

だが、近衛が憲政会政権を明確に否定していることを考慮すると、憲政会が政権に残る可能性はこの時点でかなり低下していたように思われる。ゆえに、伊沢は、政友会単独政権の誕生を覚悟していたのではないだろうか。近衛との会見の結果、伊沢は政友会に政権が行く可能性が必ずしも高くないだろうと予想し、仮に憲政会内閣が倒れても西園寺が田中を首相に指名しないのではないか、西園寺に最も近い存在である近衛がいうように、新党さえ樹立されれば新党の党首に政権が行くのではないかと考えていたように思われる。

右の場合、伊沢ら浜口の支持勢力が浜口の対立候補として警戒する人物は、近衛が推す床次となる。憲本連盟は二月二六日の憲本両党による覚書作成をもって成立をみた。注意したい点は、憲本連盟工作が床次の支持勢力である研究会幹部を無視する形で進められていたことである。松本剛吉は、「研究会員中之を知り居りたる者は、渡辺千冬、湯地幸平の両氏のみなり。近衛公は固より青木、水野、牧野の各子爵等は更に関知せず。寧ろ其意外の事に驚けり」と主張している[120]。研究会内において憲本連盟工作を事前に知らされていた勢力は、渡辺千冬ら反幹部派であった。また、松本は近衛が工作を知らなかったと述べているが、近衛はむしろ積極的に関与していた[121]。

本書が着目したい点は、一九二七年二月の近衛の意図が床次新党にあったことである。伊沢と反幹部派の意図は浜口新党であり、近衛とは同床異夢であった。

他方、憲本連盟の成立を機に研究会幹部は床次を見放し、政友会に接近した[122]。憲本連盟が予想外の出来事だったため、研究会幹部は床次が憲政会や反幹部派と内通していたと考えたのだろう。

床次と研究会幹部が分断された結果、政友本党は急速に弱体化していった。この結果、近衛の企図する本憲合同を前提とした床次新党構想は実現の可能性を断たれ[123]、伊沢の企図する憲政会主体の合同（憲本合同）を実行に移すために有利な状況となったのである。三月七日、憲政会の小島七郎は中野邦一宛書簡の中で「憲本連盟の大芝居果して見物の喝采を博するや否や、活きんとする床次［竹二郎］死して、死せんとする若槻［礼次郎］却て長生するニ非ずやと疑ハれ申候」と述べ[124]、憲本連盟が床次よりも若槻有利に作用するとみていた。

だが、この直後から憲政会政権は一転して崩壊の危機に直面する。三月一四日に片岡直温蔵相が東京渡辺銀行の破綻を告げる失言をおこない、それを契機として金融恐慌が発生したからである。

憲政会系内務官僚の清水重夫（警務課長、伊沢とは縁戚関係[125]）は、三月二一日の伊沢宛書簡の中で「若し春迄に合同を行ひ、更に総裁を造り置けば、無論大命は此団体に下る可きものなる」、「現内閣の辞職を収拾す可き首領は誰かと云ふ事が次の問題と存候。仮に連盟体に大命降下するものとして之が首班たるものは浜口か床次かと云ふ事に可成、小生共政局支持必要上、首相として床次氏を擬するも我党の有力者が多数入閣して主義政策を実行し、実権を握り得れば床次氏を首班とするも別に異存は無之候も、我党総裁として之を戴く事は困難の事と致候」と述べている[126]。清水は、憲政会と政友本党が連立内閣を組織する場合に床次を首班に据えることに同意していたが、床次の新党総裁については明確に反対していた。浜口が新党総裁に就任する際、最大の対立候補が床次であったことがわかる。

伊沢宛清水書簡を分析した村井良太氏は、憲本連盟時における憲政会の思惑が政権崩壊後に連立内閣をつくることにあったと捉えているが[127]、本書は憲政会が政友本党に対する優位を確立させることこそが憲本連盟の真意であったと捉える。貴族院最大勢力の研究会を背景にもつ政友本党は憲政会にとって提携相手である以前に脅威を与える存在であったし、床次は浜口に比肩する新党の党首候補であった。すなわち、床次新党の可能性も低くはなかった。伊沢は同成会(民政党系貴族院会派)の指導者であり、各会派の反政友系勅選議員とも密接な関係にあった。伊沢が憲本連盟工作を研究会幹部に無断で進めた背景には、政友本党を弱体化させ、近衛の床次新党構想を破綻させる狙いがあったのだろう。

また、政友本党の小坂順造が「憲政会単独内閣の末期、山本は四囲の情勢に鑑み、仙石貢と共に憲本合同を促進した。本党の立場が、今や政界昏迷の一要素たるを観取したからである」と述べているように[128]、山本は政友本党を解党させる方向で動いていた。西園寺が幣原外交を支持していたことを考慮すると、清水がいうように第一次若槻内閣の下で三月・四月段階において憲政会を主体とした浜口新党が樹立されれば、浜口が後継首班に推される可能性は高かったであろう。

しかし、憲本合同が成立するまで第一次若槻内閣の寿命はもたなかった。若槻首相は経営危機に陥った台湾銀行を救済するための緊急勅令案を枢密院に諮詢することを奉請し、枢密院の硬化を招いた。

伊沢の誤算は、枢密院の反対に直面した時、若槻が反対上奏などの対抗手段に訴えることなく、内閣を投げ出したことだった。後年、伊沢は浜口に宛てた書簡の中で、三党首会談を憲政会の「致命傷」、若槻を「再び起つべからざる大失敗を重ねたる政治家」と評している(129)。伊沢の厳しい評価は、三月か四月までに浜口新党をつくり、政権の受け皿にしようという思惑を崩されたからであろう。

若槻首相の突然の辞意は憲政会に衝撃を与えた。憲政会の斎藤隆夫は一九二七年四月一八日の日記に「政友会内閣実現せば我党に取りて大打撃なるべし(130)」、一九日には「田中総裁に大命降下、政友会歓喜勇躍し、我党及本党失望万腔《ママ》」と記している(131)。また、神田純一関東庁内務局長は一九二七年四月の児玉秀雄宛電報の中で研究会幹部の小笠原長幹の政局観として、「若槻ノ総裁ニテハ決シテ納マラス。総辞職モ若槻ニ闘志ナク、辞職ノ好機ヲ探シ当タト思ハルル節アリ。戦闘力ナキ総裁ハ駄目タトノ反若槻派有力ナリ」と述べている(132)。憲政会内の反若槻派は枢密院との対決ではなく、総辞職を選択したことで、若槻に新党総裁の資格がなくなったとみなしていた。だが、反若槻勢力が「戦闘力ナキ総裁」と評した若槻は、浜口狙撃事件以後に民政党の第二代総裁に就任し、政権陥落後の同党の動向を規定していくことになる。

結局、第一次若槻内閣の総辞職と田中義一内閣の成立によって、憲政会は政権陥落を余儀なくされた。田中内閣の成立直後から、伊沢は山本とともに、憲本合同・浜口新党工作を裏面から推進した(133)。山本は、憲本合同に消極的な床次を無視して工作を進めていった(134)。憲本合同交渉をおこなった安達は、「交渉が両党の合同にまで進む時は、総裁には浜口を推すべく、若槻は引退するが当然なりとし、此点は浜口にだけは明瞭に予の所信を断言して、彼に安心を為さしめた」、「当時の予の考案にては、憲政会の大政党を解党して合同するには、其の首脳者たる総裁を自党より出すにあらざれば党議の纏らざること明白なれば、交渉開始の最初より其の腹をきめて着手したのである」と回想している。(135) 安達ら憲政会側が浜口を全面に出す一方で、政友本党側の代表だった小橋一太は、憲本両党幹部の間で新党樹立が決定した後で、床次総裁を説得した。(136) 憲本連盟によって研究会という強力な後ろ盾を失って以降、政友本党には浜口新党工作に対して組織的抵抗をみせるだけの余力がなかったと考えられる。

だが、小林絹治が四月二四日の児玉秀雄宛電報の中で「憲本新三派合同運動急速ニ回転シツツアルモ、例ノ如ク党首ノ問題ニテ行脳《ママ》ミノ解決未タツカス」と述べているように、(137) 床次には民政党総裁の可能性が残されていた。また、斎藤隆夫が「新党樹立に干し、憲本両党内に多少の動揺あり」(138)、「新党組織に干し党員種々の意見を交換す。不平分子多し」と日記に記している。(139) 民政党の結党に至るまでには混乱があり、浜口は民政党内の反対派を抑えなくてはならなかった。

浜口が民政党の総裁に就任する際、伊沢と幣原は反対派を抑えるために一計を案じた。丸山幹治は左のように記している。(140)

> いよいよ最後の会議が本郷の三菱別邸に開かれ、若槻男初め、安達、町田、その他三四人来た。浜口氏は居なかった。伊沢氏、例のごとく、浜口は貧乏であるが、どうしても総裁にするなら君等全部で党費をつくるかといつて、散々ごねた。つまり浜口君のために代弁をつとめたのだ。幣原氏も伊沢氏と同様のことを言つた。

伊沢と幣原は、浜口が総裁に就任して以降、党幹部が背くことのないように資金援助の確約を取り付けた。本書が着目したい点は、伊沢と幣原が浜口の代理人としてふるまっていることである。党外人は、結党時から民政党の重要決定に関与していた。

このことは、浜口総裁の衆議院議員としての当選回数と関係しているのではないか。左の表は結党直後の民政党幹部である。

民政党結党直後、党執行部の役職が憲政系と本党系との間で均等に配分されていることがわかる。すなわち、床次の支持勢力の本党系は浜口総裁の脅威であった。浜口は衆議院議員としての当選回数が四回であり、これは顧問の床次の五回に及ばないだけではなく、六回の榊田と松田や五回の八木といった本党系の総務にさえも及ばない。憲政系の富田や小泉も浜口を上回る当選回数（五回と六回）を誇っており、安達に至っては九回と圧倒している。これに加えて、床次は浜口よりも二歳年長であり、町田に至っては七歳年長である。

総裁就任時において浜口が伊沢と幣原の助力を必要とした背景には、床次を中心とする本党系だけではなく、安達ら憲政系に対する優越を確立させる必要があったためであった。憲政系の総務の斎藤は「一時より上野精養軒に於て立憲民政党結党式を挙行。来会者幾千人、予想外の盛況なり」、「民政党の前途栄光あれ」と、民政党結党式がおこなわれた六月一日の日記に記している。(141) 伊沢と幣原の助力の結果、浜口は最大の対立候補の床次を抑えて民政党の初代総裁となった。

他方、陸軍近衛師団長の津野一輔が六月二二日の宇垣宛書簡の中で「民政党方面も近頃はどうやら最初の気勢程にもなく、しつくりと両党員の結合行き兼ね、近頃は旧憲政側にては一部

表 1-1

	出身政党	当選回数	役職
若槻礼次郎	憲政会	貴族院	顧問
床次竹二郎	政友本党	五回	顧問
山本達雄	政友本党	貴族院	顧問
武富時敏	憲政会	貴族院	顧問
原修次郎	憲政会	四回	総務
富田幸次郎	憲政会	五回	総務
八木逸郎	政友本党	五回	総務
町田忠治	憲政会	四回	総務
松田源治	政友本党	六回	総務
小泉又次郎	憲政会	六回	総務
小橋一太	政友本党	二回	総務
安達謙蔵	憲政会	九回	総務
榊田清兵衛	政友本党	六回	総務
斎藤隆夫	憲政会	四回	総務
桜内幸雄	政友本党	二回	幹事長

出典）「立憲民政党々報」『民政』(1-2) 1927年，71頁，宮川隆義編『歴代国会議員経歴要覧』政治広報センター，1990年から作成。

の新人以外は合同の今更軽挙を悔む様の模様ありとの事」と述べているように[142]、憲政系の中には政友本党との合同を後悔するものもいた。床次を中心とする本党系が民政党の主導権を握る危険性も存在していたのである。

民政党結党直後、浜口総裁の党内権力基盤は脆弱なものであった。そしてこのことは、床次を中心とする本党系の存在に基因していた。さらなる問題は、政友本党の外交方針が憲政会の幣原外交の枠組みにとどまらない「東洋政策の確立」であったことである。例えば、政友本党の柏田忠一は一九二六年五月の「議会に映じたる支那問題」の中で、張作霖の満州支配が動揺した結果、「一時は、対満蒙政策の根本に変革を来さんとする形勢となつたり、或は又我が特殊地位も危殆に頻せんも図り難き情勢になつた」と述べ、幣原外相の外交演説について「新時代の新味ある外相としては誠に物足らぬ感があつた」と述べていた[143]。また、同年の全亜細亜民族会議第一回長崎大会において、則元由庸・森肇・長峰與一の政友本党所属代議士は、二一箇条問題をめぐって中国側と応酬し、秘密会の段階で脱会した[144]。なお、森は床次とともに脱党するが、則元と長峰は民政党に残留している。民政党結党以前における床次政友本党は、浜口・幣原と相容れない対中国認識を示していた。

民政党結党直後における国際協調の浜口と対外強硬の床次による二頭政治は、民政党外交のヤヌス的側面を体現していたと言える。

第二項　床次竹二郎脱党問題

一九二八年八月、民政党は、次期総裁有力候補の床次竹二郎の脱党によって分裂の危機に直面する。床次脱党問題を扱った先行研究として、土川信男氏の「政党内閣期における床次竹二郎の政権戦略」、内川正夫氏の「少壮政治家時代の大麻唯男」が挙げられる[145]。床次や政友本党出身者の視角から床次脱党の政治過程を検討した両氏の研究を踏まえた上で、本書は党外から浜口を支援した伊沢と幣原の視角から、民政党の対外政策をめぐる相克として床次脱党問題を考察する。

床次脱党は多くの党員に無断で実行にうつされた。例えば、斎藤隆夫は「床次竹二郎氏突如民政党を脱し、新党樹立を宣言す。何人も予想せざる青天の霹靂にして、民政党の大打撃なり。午後本部に至る。憲政系は憤慨し、本党系は去就に迷ふ。政界の将来我党に不利ならん」と八月一日の日記に記している。[146] 床次脱党が結党から日が浅い民政党に与えた衝撃は大きかった。

床次脱党の背景を考察する上で重要な点は、浜口総裁と幣原との関係である。浜口は総裁を引き受ける条件として幣原副総裁を考えていた。幣原は「後になっても、浜口は病気の時など、しばしばあの時君が副総裁を受けてくれればよかった、と愚痴を漏らしていた」と語っている。[147] 浜口の幣原副総裁構想は、幣原本人の意思とは関係なく、党幹部から絶えず総裁候補とみなされることを意味していた。

幣原がいう浜口が病気の時とは、一九二八年二月のことである。第一六回総選挙の最中から浜口総裁は体調を崩し、三月ごろには癌や肺結核などの重病説まで流れていた。[148] 三月七日には、浜口総裁の病気引退、幣原の後継総裁就任が新聞紙上でとりあげられた。[149] 浜口の病状を心配していた上山満之進（台湾総督・二八会メンバー）は同日の伊沢宛書簡の中で、浜口を二八会の「白眉」と評している。[150] 幣原もまた二八会の一員だったことを考慮すると、浜口の病状が重い場合は、上山ら党外の親浜口勢力が幣原を後継総裁に推す可能性が高かっただろう。

幣原の台頭を最も警戒した人物は、民政党結党時から総裁の座を狙っていた床次だった。[151] 一九二八年二月二八日、松本剛吉の協力者の横山雄偉が「忍ぶべくんば忍ぶべしとするも、忍ぶべからざる事は、浜口総裁隠退の後、先生が其後任である順序としても、旧憲政系は必ず幣原男を推すであらう。先生はそれでも黙って居られますか」と述べた際、床次は「不愉快な面地で」、「その時は脱党する。吾輩が脱党したなら、本党系の随従者を一団として、憲政系、政友系からも傘下に集まる者を纏めて、其の時こそ新政党を組織するが、今は其の時期でない」と述べたという。[152] ここで着目したい点は、横山が浜口から幣原への禅譲の可能性に言及した時、床次が動揺し、幣原が総裁に推された場合には民政党を脱党して新党を樹立すると述べていることである。

民政党結党直後には次期総裁の最有力候補と評されていた床次であるが、[153] 次第にその立場は悪化していった。例えば、西園寺側近の中川小十郎は、一月九日の小川平吉鉄相宛書簡の中で「床次において多少焦慮の気味あるは其の立場を得ざる之苦心の結果たるべく、今日の現場に於いては弱者の位置に居り候へども、此際政府に於いて多少の雅量を示し、対床次問題を一決することは緊要と存候」と述べている。[154] また、陸軍の宇垣一成は、床次が民政党を脱党した八月一日、「彼の低級なる名利欲と、民政党内に於ける旧憲政系の仕向け要を得ざると、旧配下が漸次憲政系に同化併合せられんとするに焦燥したる結果に外ならざるべし」という感想を日記に記している。[155]

本党系において憲政系との同化を志向した勢力は、床次を無視して新党工作を推進した山本達雄の一派であった。七月一二日、元老西園寺は、本党系の「連名を繰り返し見て、山本[達雄]派と床次派と分けて見たら大抵同数であろうが山本は陰険性があるから種々手を廻していざと云ふ場合に喰留策を講ずるだろうから油断はできないよ」と松本に注意している。[156] 西園寺は床次が民政党を脱党した場合、山本が床次の追随者に留党工作を試みるだろうとみていた。なお、西園寺は、床次派と山本派の数がほぼ互角とみなしていた。民政党結党以後、山本派が憲政系と提携した結果、床次派は劣勢に立たされたのだろう。床次が最も恐れていたことは、憲政系と山本派が党外から幣原を総裁に迎え入れる事態だった。幣原が総裁になれば、当然のごとく政友本党以来の対満州強硬路線が覆されることになる。対外態度こそが床次と幣原との対立軸であった。

右の観点から本書が着目する点は、床次が脱党した一九二八年八月という時期である。六月四日、関東軍は満州占領という目的から国民党の仕業にして奉天軍閥の張作霖を爆殺した。七、八月ごろには元老西園寺が小川平吉鉄相から事件の真相をきいており[157]、床次脱党の時期と重なる。床次脱党問題が解決してからしばらく後の一九二九年一月三日、山本達雄側近の一宮房治郎と会談した牧野伸顕内大臣の日記によると、脱党時の床次は、一一月の即位の大礼までに田中内閣が倒れるだろうと予想していたという[158]。右のことを考慮すると、張作霖爆殺事件を機に、床次が民政党脱党を決意したことは確かであろう。

床次の脱党理由の第一は幣原外交批判であった。床次は、脱党声明書の冒頭において「支那問題に対する民政党の対策は、『濫りに内政不干渉の美名に泥み、姑息、退嬰、徒に一日の安を偸むは、真に維新の皇謨を軽視し、大和民族自然の発展を防止するに庶幾し』と断じ」ている[159]。床次は国際協調を基軸とする幣原外交への対抗理念として第一次世界大戦以前における対外膨張論を持ち出していた。

ここで、床次に従って民政党を脱党した東郷実の回想録である『伯林の月』に着目したい。札幌農学校出身の東郷は同郷(薩摩)[160]の床次の斡旋で台湾総督府官吏から政友本党代議士に転じた床次の腹心であり、対外膨張論者として著名である。東郷によると、民政党脱党の際に床次は左のように語ったという[161]。

更に先生は新党樹立の目的を説明して『今日の行詰つた対支問題を速かに解決することが東洋の平和を確立し、我国の経済的発展を遺憾ならしむる所以だ。然るに田中内閣は船を暗礁に乗り上げてしまつている。故に田中総理一人の手ではこの難破船は到底救済は出来ない。それかといつて民政党の幣原外交は既に昨年の南京事件で試験済みだ。故に支那問題を真に解決し得るものは前科なき者の手を以てするより外に途はない。而して熟慮の結果自分自らその事に当るの決意をした。而もそれを断行するには民政党を去って新しく自由の天地に一党を樹立するより外に途がない。これが今回の企画を敢てする所以だ』といはれた。

第一に床次が張作霖爆殺事件を機に田中外交が行き詰ったと捉えていたこと、第二に「民政党の幣原外交」と認識していたこと、第三に幣原外相が穏健な対応をとるよう英米に提議した南京事件を例に出して幣原外交を否定していたことがわかる。当該期の幣原は、自身の対中国不干渉方針についての論考を発表し、対中国政策に関する民政党声明の作成にも参画していた(162)。幣原外交は民政党の外交政策となり、元老西園寺もこれを支持した。

だが、「民政党の幣原外交」に反対する勢力も民政党内には存在した。八月四日、中野正剛は幣原に対して「床次氏の新党組織の声明中にも「内政不干渉の美名に隠れ」うんぬんの文句あり、世間の誤解を招き易い。この場合、民政党は必ずしも幣原外交をことごとく踏襲するものではないといふ事を知らしめたがよい」と述べた上で、「満蒙の権利、利益の擁護に対しては強硬な態度を取ること」を主張した(163)。アジア・モンロー主義者の中野が床次に共鳴していることは明らかだろう。ここに、実際としての幣原外交、党理念としての対外強硬という民政党外交のヤヌス的側面がみられる。

しかし、対満強硬路線で床次と一致した中野さえ、床次に合流することはなかった。その理由は、中野ら対外硬派が満州問題の解決よりも、浜口がめざす立憲政治の確立という政治目的を優先させたからである。床次に同調することは、確立したばかりの二大政党制を破壊し、立憲政治を退行させることと同義語であった。すなわち、浜口民政党において立憲政治即政党政治と国際協調は、共存可能であった。

ここで、床次脱党に対する民政党側の対策についてみてみよう。一九二八年八月の床次脱党時において、伊沢は山本とともに床次の支持者への留党工作を推し進めた。浜口内閣成立直前の一九二九年七月一日、伊沢は浜口宛書簡の中で「田中隆三氏優遇之事は御考慮中のことと存候。山本男が是に就いて相当熱心なるは察するに余ありと存候。床次脱党之際、軽井沢にて山本男と共に田中引留に多少関係したること有之特に申述候」と述べている(164)。山本が留党工作に出るだろうという西園寺の読みはあたっていたのである。伊沢は、組閣準備中の浜口に対して、田中隆三を優遇するように進言していた。右のことは、床次脱党時において、伊沢と山本が閣僚の地位を条件に田中を引き留めていたことを窺知させる。後年、田中は小橋一太（本党系）の後任として浜口内閣の文相に就任するが、山本の後押しがあったといわれる[165]。また、民政党の中島弥団次によると、去就に迷ったことで知られる桜内幸雄は[166]、「浜口内閣ができたら大臣にするという言葉を取りたかったんです。どうしてもその言葉を取らなければ脱党する、その線を触れておられた」という[167]。桜内が留党の条件として閣僚の地位を要求していたことがわかる。斎藤は「床次脱党に困る旧本党系の去就略ぼ判明す。脱党者少数なるべし」と八月一〇日の日記に記している[168]。伊沢と山本の留党工作の結果、民政党から八〇名近くが新党に合流するという床次の見通しに反し[169]、脱党者は二五名にとどまった。

また、民政党の川崎卓吉（一九二七年五月、内務省から憲政会に入党）は床次脱党問題が鎮静化してきた九月一三日、伊沢に左のような書簡をおくっている[170]。

> 民政党内之紛擾に対する遠慮旁差扣居候。御滞在中出懸之事或は六ヶ敷乎と存じ候。党内之脱退者一応喰止めし事と存候も今後大々的活動必要と存候。独とり党員自体のみならず党外之気分を一新する要あり。夫には相当之金力を要すること勿論に付幹部連に進説中に候。此等之点よりせば速やかなる御帰京願はしく候。浜口総裁は来十八日、西行之筈、病気は全然回復之由に候。新聞記事之件一二度話題となりたる事有之候も格別御懸念之事無之乎と存じ、ナニシテモ政党うるさきものに候。総裁にも誠に御気之毒に不堪候。

第一に、川崎は民政党の党員だけではなく党外勢力に対する金銭工作に奔走しており、伊沢の助力を必要としていた。すなわち、党外人の伊沢は、留党工作だけではなく、党外の勢力への調整役をも担当していた。当該期に伊沢が交渉にあたった一人として、研究会反幹部派の渡辺千冬が考えられる。馬場恒吾は「憲本連盟から民政党に行く迄には渡辺は裏面に働いていた。床次の為には蔭になり、日向になって其の立場をよくせんとした。ところが、民政党が出来て一年ばかりの後、床次氏は再び脱線して、新党を作り後には政友会と合流した。此民政党脱党と共に渡辺と床次の縁は切れた」と述べている。[171] 前項でみたように、渡辺は憲本連盟を事前に知らされるほど、伊沢と緊密な関係にあった。一九二九年の水野錬太郎文相優諚問題において、渡辺ら研究会反幹部派は伊沢と提携した。[172] 同年七月の浜口内閣組閣の際に伊沢は、浜口宛書簡の中で「渡辺千冬氏に対しては大臣、もしくは是に順ずる地位を与へらるること必要にして又利益かと存候」と述べている。[173] 民政党が渡辺ら研究会を支持勢力としたことは、浜口が伊沢を介して床次の政治資産を奪取することに成功した一事例だろう。

第二に、川崎は浜口総裁の体調が完全に回復したと述べている。浜口の日記によると、九月三日に「食事中毒に依る急性胃腸カタル」のために「横臥の儘」、安達謙蔵・江木翼ら党幹部と面会した。[174] だが、一〇日には、民政党議員総会において「三十分に渉る激励演説」をおこなうまで回復していた。[175] 右の記述から、川崎が伊沢に対して浜口の健康状態を正確に報告していたことがわかる。党外人の伊沢は、川崎を介して民政党の極秘事項である総裁の健康状態まで把握していたのである。

ここで着目したい点は、伊沢が内務官僚から民政党の政治家に転じた川崎と密接な関係にあったことである。浜口内閣成立直後の一九二九年九月二五日、香川熊太郎（民政党政権の下で松山市長に就任）は伊沢宛書簡の中で、「民政党入党之件ニ付てハ其節御高訓之次第も有之」と述べている。[176] また、第一九回総選挙直前の一九三六年一月、伊沢は宛先不明の書簡の中で「今回之衆議院議員総選挙ニ当り立候補せられたる木下信君は老生三十年来之相識にして其人格識見閲歴声望等真ニ申分無之全国弐百之候補者中断然群を抜く者と確信致候。現下内外多事国歩艱難の事局に際し同君の如き卓越優秀之緯材を議政の府ニ送るは国家社会に対する多大の貢献たると同時に吾等郷党の誇と存候。就ては是非共貴下之御援助と御尽力とにより其当選の栄を得せしめ度只管切望致候」と述べている。[177]木下信は川崎と同じく内務省出身であり、台湾総督府総務長官の経歴をもつ民政党政治家である。伊沢が資金援助をおこなった結果、木下は第一九回総選挙において当選している。伊沢は、自らの影響下にある内務官僚や自身と親交のある人物が憲政会(民政党)に入党する際に仲介役となり、選挙の際には支援をおこなうことで党に対する影響力を拡大させていったのであろう。

床次脱党問題の解決以後、憲政系と本党系との同化は急速に進んだ。留党した本党系は、民政党の機関誌である『民政』の中で、床次批判の論陣を張った。[178]このことは、伊沢と山本の留党工作の成果であった。戦後、民政党の松村謙三は「山本達雄、桜内幸雄、田中隆三、小橋一太、小川郷太郎、大麻唯男、原夫次郎などの領袖は床次氏とたもとをわかち、その後まったく民政党内に同化してしまった」と評している。[179]床次の脱党は、民政党の分裂を招くどころか、憲政系と本党系の同化、党の結束力強化をもたらす結果になった。さらに、伊沢や川崎の工作の結果、床次の支持勢力だった渡辺派までもが民政党支持に転じた。

床次の敗北は、幣原外交と一体の関係にあった浜口総裁への権力集中をもたらした。このことは、民政党の外交が国際協調の方向に大きくシフトしたことを意味していた。憲政系と本党系の一体化は不可能であると考えていた西園寺の見通しを覆し、民政党は最初の試練を乗り切った。

しかし、二大政党制の安定を優先させるあまり、脱党者を抑えすぎたことは幣原外交の不安材料となった。床次の残党(対外硬の本党系)[180]と中野ら対外硬の憲政系が結びついたことは、満州事変期において民政党の国際協調路線を脅かすことになる。

ここで重要なことは、国際協調のために外交政策を党外人幣原に委任し、床次脱党問題の処理に党外人伊沢の助力を借りすぎたことが民政党の立憲政党としての発展を妨げる結果になったことである。立憲政治を確立させる使命をもった民政党は党外人への依存性という矛盾を抱えており、ここに政党改良の必要が生じた。第三節では対外強硬論者である中野の政党改良について検討する。

第三節　政権担当期における民政党

本節は、政党改良を企図した協力内閣運動が民政党政権の崩壊をもたらした逆説を明らかにすることを目的とする。

第一節で検討したように、党外人排斥による党内民主化の達成という中野の主張は、浜口狙撃事件直後の一九三一年一月から協力内閣に失敗した同年一二月まで一貫していた。

第二節で検討したように、党外人の伊沢多喜男と幣原喜重郎は、民政党の結党・同党の政権政党化に寄与していた。本章では、伊沢と幣原だけではなく、井上準之助の動向にも着目する。党外人は、民政党が政権を担当していく過程において欠くことのできない存在であり、第一次世界大戦後の国際協調システムにも適応した。その反面、党外人による民政党の重要決定への介入は党人派の主体的な行動を妨げただけではなく、民政党の立憲政党としての発達を妨げることになった。他方、浜口から政党改良を継承した中野は、対外政策の面で浜口の国際協調の理念に逆行していく。

国際協調を志向する党外人と政党改良を企図する中野派との相克は、浜口狙撃事件と満州事変期における協力内閣運動の際に決定的となる。本章では、結党時から構造問題を抱え、立憲政党として未成熟な民政党の政権運営とその帰結を検討する。

第一項　浜口狙撃事件と民政党

本項では一九二九年七月の浜口内閣成立から一九三一年四月の第二次若槻内閣成立までの民政党に着目し、党外人と中野派の相克について検討する。

浜口内閣の発足以後、党人派は党外人への従属を余儀なくさせられていた。党内における党人派の力は、衆議院の議席数に比例するからである。一九二九年一二月二三日に召集された第五七議会の時点において、民政党は政友会の二三九議席に対して一七二議席を有するにすぎなかった。

当然、浜口内閣は巨大野党である政友会の倒閣攻勢にさらされた。一九二九年九月、浜口内閣は地方財政の緊縮をはかるために実行予算を編成したことで、政友会から議会への事後報告を要求された。このことについて、松尾尊兊氏は「政友会と民政党」の中で、「民政党の標榜する議会中心主義の立場からすれば、臨時議会を開き承認を求むべきものであった」と述べている[181]。

この見解に対して、本書は民政党の対応が適切なものであったことを指摘する。大日本帝国憲法下において予算を減らす場合については臨時議会を開かなくともよく[182]、逆に、解散を前提に臨時議会を開くことは憲法に抵触する危険性があった[183]。それにもかかわらず、九月一二日、政友会は政府の処置が「平生議会中心主義を高唱する民政党の外面粉飾の剝落」だとする声明を発表した[184]。すなわち、浜口内閣が臨時議会を開かなかったことはむしろ憲法上適切な対応であり、このことの政治問題化は政友会の党略の産物であった。浜口民政党内閣は少数与党であったがゆえに、巨大野党だった政友会の横暴なふるまいをゆるす結果となったのである。

右のような逆境を打開するためには、総選挙によって政友会を打倒するしかなかった。だが、民政党では与党でありながら、総選挙に有利な見通しをもっていなかった。一九二九年七月二八日、関東庁検察官長の安岡一郎は児玉秀雄宛書簡の中で「第一　新内閣の緊縮方針は早くも民意に飽かれ、内閣の寿命は極めて短命ならん」と述べた上で「浜口総理の健康は現に毎晩二時内外しか安眠出来ず辛ふして世間体には元気の如く装ふも、今後政治季節に入りそろそろ寒気強くならんか、蓋し首相の健康そのものが今冬を越すは中々の困難ならんとの一般観測には民政党にても反駁の言葉なく内々ひくつき居り候」、「第二　解散に伴ふ総選挙の結果如何」と述べた上で「仮りに十歩百歩を譲りて総理の健康か冬に持こたへ、いよいよ来春一月の休会明けに解散となり総選挙か行はれんか、其結果は如何と申すに現に二百卅対百七十の朝野の分野を如何に選挙の神様と自惚れる安達でも、「民政党はたしかに五十殖へる」と空振りしても蓋し不可能の事なるへきか」と述べている[185]。また、右翼の小山田剣南は八月二一日の児玉宛書簡の中で「一、政、民両党にも解散の必致を予期して今より選挙の準備対策に全力を傾注致たし居候。安達氏は必ず五十名を殖やすへき自信ある旨声言しおり、政友会にては民政党如何に奮闘するも三十名以上を増加すること困難なりと観測しおり候」と述べている[186]。安達内相は民政党の五〇議席増加が確実だろうとみていた。「選挙の神様」の安達でさえも二二〇議席獲得が限界だろうという厳しい選挙戦を予想していたのである。

　総選挙における民政党不利の見通しの背景には、浜口総裁の健康問題があった。安岡は七月二八日の児玉宛書簡の中で左のように述べている[187]。

　現に対選挙準備として老獪な仙石貢は昨年宇垣氏に「浜口も今は元気だが追ていそかしくなり寒くなると健康か気遣はれる。解散後の選挙は先づ有利としても肝心要の浜口の健康か洵に心元ない。就てはその際は何んとしても陸相に一はたぬいてもらはんにやならん。旁た陸相の手で今から十人《ママ》で廿人でも手足を作つておく必要かあろうと老婆心から陸相の前途を思ふて御注意申す」と誠しやかに一新会を切崩して政府党に引張り込まんといたし居り候由。

浜口に最も近い存在であり、資金援助者の仙石貢（満鉄総裁）は、浜口の健康を危ぶみ、万一の場合に宇垣を後継総裁に就任させようとしていた。後年、浜口側近の中島弥団次は、「ここだけの話だが、浜口さんが倒れる前に、浜口さんは俺の後任に宇垣さんを推薦し、副総裁をやらんかと頻りに奨めておつたが、宇垣さんは当時まだ現役に未練があつたので、辞退したという経緯がある」と回想している。[188]浜口もまた宇垣に対して期待を寄せていたことがわかる。

次期総裁候補として宇垣と対抗関係にあった人物が安達である。田中内閣時代の一月一七日、宇垣に近い内務官僚の松本学は「次田が浜口氏訪ひ、宇垣氏を民政党に迎へるやうに勧誘したところ中々煮へ切らず、安達に気がねしてしておるやうだと云ふ。今日宇垣氏に後藤文夫君と二人で会ったそうだ。大将は大に民政党をこきおろしておった」と日記に記している。[189]

民政党内の宇垣の支持勢力として、仙石と同じ土佐出身の民政党幹部、富田幸次郎が挙げられる。九月一日の児玉秀雄宛西原亀三書簡によると、宇垣は児玉の更迭をおこなわないように富田を介して民政党にはたらきかけていたという。[190]浜口は第一次若槻内閣の内相時代、病気のために一年近く不調であり、民政党総裁に就任する際も健康問題が浮上していた。[191]第二節において検討したように、床次脱党の直前においても、浜口は体調を崩していた。浜口総裁の健康問題は、宇垣と民政党とを接近させることになった。

しかし、総裁の健康問題は民政党ではなく、政友会に生じた。政友会の資金源であった田中義一総裁が急死したのである。結果として戦前の予想に反し、一九三〇年一月の第一七回総選挙において民政党は政友会に大勝し、安達の見通しをはるかに上回る二七三議席を獲得した。選挙戦を指揮した安達内相が民政党の候補者の乱立を抑えて候補者間の得票をうまく調整し、最大の当選者を出すように選挙戦を戦ったことはよく知られている。[192] 不利な見通しだった総選挙を大勝に導いたことで、当然の結果として、閣内における安達内相の発言権は飛躍的に増大した。

ここで着目したい点は、民政党が普通選挙下において初めて衆議院絶対多数を獲得した政党だったことである。少し前の一九二八年七月、中野は「立憲民政党の本領」の中で普選導入について「従来三百萬人の意思を以て行はれた政治は、今後一千三百萬人の意思によりて運用せらるるのであります。我が同胞は富めるも貧しきも、二十五歳以上の男子であれば、原則として選挙権を有するのでありますから、此の制度を善用すれば、各々立場を異にする全国民の意思は、普通のレンズを通じて是に綜合せられ融和せられ、結んで解けざる一個の国民的総意となりて、表現せらるる次第であります」と主張している。[193] 第一七回総選挙直後、富田幹事長は「吾等は今回の選挙に於て普選の大精神を甦生せしめて、一旦汚されたる選挙を普選本来の常軌に復へす処に重大意義が認めたのである」と誇っている。[194] 戦前の予想を覆した普通選挙の大勝の結果、党人派は「国民意思」の代弁者という自意識を高めることになったと考えられる。[195] イギリスの議会政治を理想とする党人派は、政党政治の発展に忠実であった。

浜口民政党において、議会主義と国際協調主義は矛盾しないどころか、補完関係にあった。民政党の衆議院二七〇議席がロンドン海軍軍縮条約締結の際に浜口首相の後押しをしたことは広く知られている。[196] 他方で浜口は、三月一〇日の衆議院総選挙民政党当選議員総会において「多数党の一番の悩み、即ち受難の原因は、外にあらず、内にあるといふことであります。内部の結束の緩みが一番の悩みである」と演説し、[197] 党人派の肥大化が民政党の統制を緩めることに警鐘を鳴らしていた。

浜口の憂慮は、浜口自身の負傷によって現実のものとなる。第一次世界大戦後の国際協調体制の到達点であったロンドン条約締結によって、浜口は日本の国際的評価を高めることに成功したが、国内では統帥権干犯問題に直面し、一一月一四日に狙撃されるに至った。浜口狙撃事件は民政党に衝撃を与えた。斎藤隆夫は「生命に別条なしとのことなり。併し安心ならず。党員深憂の色あり」と同日の日記に記している。(198) 浜口という大黒柱を失った民政党が動揺する中、党外人の伊沢は党外人の幣原外相に対して臨時首相代理就任を要請し、(199) 一六日には幣原首相代理が実現した。伊沢は「幣原氏臨時首相トナル、予の力ナリ」と同日の手記に記している。(200) 民政党の危機に際して、党外人の政治的役割の比重が増大していることがわかる。

当初の幣原は、議会開催までという条件で首相代理を引き受けた。(201) だが、伊沢は、仙石貢・若槻礼次郎・山本達雄の三長老を東京に召集し、議会開催後も幣原を続投させることについて諒承をもとめた。(202) 河井弥八侍従次長は「伊沢多喜男氏来訪す。(1)政界に不羈の立場を得たしとの希望、(2)浜口首相遭難に対する緊急処置、(3)幣原外相を首相臨時代理に運びたる真相、(4)宇垣、安達、江木［翼・鉄相］等の心境、(5)若槻［礼次郎・元首相］、山本［達雄・元農商務相］、仙石［貢・元鉄相・満鉄総裁］、諸志呼寄と将来の計画等に付内話あり」と一一月一八日の日記に記している。(203)「不羈」とは「制御に従わぬこと」「束縛されないこと」の意であり、(204) 幣原の首相代理就任を機に、政界に独自の地位を得ようという伊沢の意欲がわかる。病床の浜口は、一二月二日に仙石に辞表をわたしていた。(205) 三長老は浜口の辞意を撤回させ、党外人の幣原首相代理の下で第五九議会に臨むことを決定した。(206)

右のように、幣原擁立・続投の中心人物は党外人の伊沢であり、三長老も積極的な支持を与えていた。民政党結党以前からの同志だった山本は、ここでも伊沢に協力している。牧野伸顕内大臣が原田熊雄からの情報として「幣原に対しては種々世評はあるも、同人は今日の処居据る事は全く考へ居らず、飽まで一時事務的に引受け居るに過ぎずと固く決心を洩らし居るとの事なり」と一一月二三日の日記に記している。(207) 伊沢と三長老の狙いは、政治的に中立な幣原を首相代理に据えることで、浜口が政治の第一線に復帰するまで内閣と党の安定を保持することにあったのだろう。

だが、幣原続投については議院内閣制論者の美濃部達吉が「首相代理問題」の中で「政党を基礎とする内閣が、一時政党以外の者によつて統率せらるるという変態」、「政党内閣制の確立を生命として来た民政党の歴史からいつても甚だ遺憾と云はねばならぬ」と批判していた[208]。政党政治を憲法理論面から支えた美濃部の批判は、幣原続投が二大政党制の崩壊の端緒になることを暗示しているように思われる。

ここで着目したいことは、幣原擁立・続投に最も積極的であった伊沢が議院内閣制論に否定的な見解を示していることである。後年の回想であるが、伊沢は「穂積八束さんの憲法の講釈を聞いたので、あれが誠に我々には分り易かつたのです。それで御承知の通り穂積さんの憲法と云ふものは何と云ふか独乙のラバントなどを引っ張り出して来て。イギリス流の憲法論とは違ひます。あれに私の頭は相当支配されて居ったのです。それで政党と云ふものはなければならぬと思いますが、どうも「イギリス」流の政党内閣と云ふものは良いものぢゃないのだ、斯う云ふ考は私は最初から持つて居りました」と語っている[209]。イギリス型の議院内閣制論を掲げる浜口民政党の強力な支援者であった伊沢は、皮肉なことに、最も強硬に議院内閣制論を排撃していた穂積八束(若き日の美濃部が挑戦した相手でもあった)の憲法理論[210]に依拠していた。また、穂積に影響を与えたラーバントの「非政治性の政治性[211]」は、伊沢の行動基準であった。

伊沢が浜口を欠く民政党内閣を主導する一方で、衆議院絶対多数をもつ与党は、幣原擁立・続投過程から排除されていた。第一節でみたように、中野は安達を総裁代理に擁立しようとしていた。粟屋憲太郎氏は『昭和の政党[212]』の中で、安達総裁代理問題について「安達派と江木を中心とする官僚派との軋轢が表面化した」と述べており[213]、この見解は今日において通説的となっている。

右の一般的見解に対して本書は、安達総裁代理案について、安達と江木との間で合意が成り立っていたことを指摘する。安達の協力者の小泉策太郎は、一九三〇年一二月八日の安達宛書簡の中で「前夜は久しぶりにて暢談、大に鬱を散じ候。御意中大体諒解に付今日江木君に逢ひ候。要するに折衝は完全に成功せり。随つて都合よく運べば、小生の所謂第一案の上策も実現可能にあらざるか」、「江木君に対しては従来の疑心と警戒とを撤去し、実行に進むべき相談相手として隔意なく折衝するやう、老兄よりも中野君に御伝へ可然と存じ候」と述べている。[214]すなわち、安達は、小泉を介して江木との提携に成功していた。江木は、中野派の安達総裁代理案を承認していたと考えられる。江木は幣原首相代理を支持したが、[215]原田熊雄に対して、幣原続投によって「若し党が治まらぬとすれば、党員を持って来る。若槻に限る」と語っていた。[216]江木は中野が党外人の幣原に反対するだろうと考え、党員の若槻を首相代理に擁立しようとしていた。また、牧野伸顕内大臣は原田からの情報として、一一月二三日の日記に「江木は自分は全く一身を顧みず党の纏めに付全力を注ぐ決心なりと」と記している。[217]江木は幣原首相代理の下で入院中の浜口総裁にかわって民政党の統制に尽力していた。第一七回総選挙の勝利によって安達の支持勢力が増大したことをみてとった江木は、安達との妥協のために若槻首相代理・安達総裁代理の線で妥協しようとした。伊沢が三長老を呼び寄せて幣原続投を企図しなければ、民政党が江木を中心に結束した可能性は高かっただろう。[218]牧野内大臣が原田からの情報として「側面の位地にある伊沢［多喜男］は相当勢力ありて、安達の支持者なりと云ふ。然して江木とは感情宜しか［ら］ずとの事なり」と記しているように、[219]江木は党外人の伊沢の関与を民政党の意思決定から排除しようという点において中野と一致していたのである。

なお、伊沢と江木の確執は田中内閣時代に遡る。民政党系内務官僚の松本学は「伊沢氏と江木氏とはしっくり行っていないやうだ」と一九二九年五月七日の日記に記している。[220]また、安岡一郎は、七月二八日に児玉秀雄に宛てた書簡の中で「組閣当時鉄相として入閣に内定し居りし伊沢を江木の主張で入閣を拒否した関係上より、江木の主張による伊沢総督説が強き理由なり」と述べている。[221] 江木は伊沢から鉄相の地位を奪ったことと引き換えに伊沢を朝鮮総督に推薦したが、軍部の反対もあり、結果的に伊沢が朝鮮総督に就任することができなかった。このことは伊沢と江木の間で遺恨となったであろう。

江木の協力を得ていた中野であったが、一二月一〇日、安達総裁代理案は宇垣擁立を企図する党人派の富田幹事長によって潰される。[222] このことは、宇垣が民政党の総裁候補としての資格を有していたことと関係している。浜口狙撃事件とともに、富田は宇垣擁立工作を開始する。富田と会見した西原亀三は、「宇垣大将を以て民政党総裁となして万一に処する方針とする事を談」じたことを一一月一五日の日記に記している。[223] 牧野は原田からの情報として「又一方において富田[幸次郎]幹事長抔は(頼母木[桂吉]、桜内[幸雄]等)、首相は(浜口の病気長が引き議会に起てた[ざ]る時)必ずしも党籍に在るを条件とす可からず、一般に重望、信用ある人なれば足れり、今急に決定を要せず云々と云ひ、此等の人々は宇垣を後継者に擬し居る様子なりと」と二三日の日記に記している。[224] 富田は中野と異なり、民政党の党籍をもたない宇垣を首相に推していた。現役軍人のままで宇垣が首相に就任した場合、陸軍に強力な統制力を発揮することになる。[225] だが、前引の中島の回想から明らかなように、宇垣自身は現役に未練があった。富田は宇垣の民政党入党を断念することで、一時的に政党内閣に逆行してまで陸軍に対する民政党の主導権を確保しようとしたのだろう。

一二月一二日、民政党少壮派二〇名は「総裁全快にいたるまで、党中の中心人物を選定して総裁代理の実権を行わしめ、同時に首相代理の職責に当らしめてわが党の諸政策を推進遂行すべし」、「重大問題の決定には公然党の諸機関を動員し、党員の総意を反映せしむべし」、「党内党外の二、三子がわが党の重大事を私議するのみならず、ほしいままに暗中に妄動して世の疑惑を招くがごときは、わが党のためにこれを取らざるところなり、吾人は断乎としてこれを排撃す」という三点を決議した。[226] 安達を総裁代理兼首相代理に擁立すること、党員の総意を民政党の意思決定に反映させること、党外人の介入を排除することが少壮派の要求であり、第一章で引用した一九三一年一月八日の浜口宛中野書簡の内容と同様の主旨である。

しかし、党人派の斎藤隆夫が「此夜民政党少壮派二十余名会し間接に安達擁護の宣言決議を為す。党内に反感昂まる。予は安達氏に対し注意する所あり」と一九三〇年一二月一三日の日記に記しているように[227]、中野派の硬化は党内の反感を買う結果となった。一六日に中野派の杉浦武雄が民政党幹部の原修次郎と会見したが[228]、党幹部は少壮派の要求を黙殺した。翌一七日、中野は成立に尽力した電信電話民営案を「骨抜き」にされたことで逓信政務次官を辞職した[229]。なお、中野は、一九三一年一月八日の浜口宛書簡の中で「小生は何の顔か以て父老に見えんと嘆ぜし項羽の心事其儘を以て彼等に対するものに有之候」と述べるなど[230]、ともに法案成立に努力した逓信官僚に対する無念の心情を語っている。中野の辞職も安達擁立に不利に作用したと言える。

安達を推す中野派と宇垣を推す富田ら党幹部の対立は、幣原続投をめざす伊沢にとって好都合であった。一月一〇日、浜口総裁は幣原続投を承認し、党内には安達にかわって幣原を後継総裁に推す声が拡がった。小泉策太郎は一貫して安達と江木との提携を企図していたが[231]、この工作も水泡に帰した。

これまで検討してきたように、「党人派対官僚派」という従来の対立図式が適用できないことがわかる。党外人の伊沢の意向と別に官僚派の江木は中野ら党人派との妥協を企図し、党人派は富田に代表されるように宇垣擁立派もかなりの勢力を誇っており、安達擁立に一元化されてはいなかった。

幣原続投の結果、伊沢は浜口狙撃事件以後の政局の主導権を握ることに成功した。他方で、安達を推す中野派は幣原首相代理擁立・続投過程において伊沢に敗北し、江木と合意していた安達総裁代理案も宇垣を推す富田に潰されるという二重の敗北を喫した。このことは中野派を急進化させる結果となり、党外人の幣原首相代理は中野派という火種を抱えたまま、議会に臨まなくてはならなくなった。

だが、第五九議会は金解禁にともなう昭和恐慌の深刻化という経済問題とロンドン海軍軍縮条約締結という外交問題に直面していた民政党にとって試練の議会だった。野党政友会の攻撃は幣原首相代理に集中した。まず、一九三一年一月二二日の衆議院本会議において、鳩山一郎らは幣原首相代理が政党政治の本質に反するという決議案を提出した(232)。二七日の予算委員会総会において、政友会の秦豊助は、幣原に対して政党内閣を認めているのか、安達に対して幣原首相代理を容認するのかと質問した(233)。民政党の党籍をもつ若槻が首相代理であれば政友会の批判は生じなかったし、中野派が政友会に同調することもなかっただろう。

政友会の攻勢に拍車をかけた事件は、幣原首相代理の失言問題であった。よく知られているように、予算委員会総会の最終日の二月三日、政友会の中島知久平がロンドン条約の兵力量を問題にした際、幣原首相代理は条約が枢密院で批准されているため、国防を危うくするものではないと答弁した。これに対して、政友会の森恪らは天皇に責任をおしつける発言だと主張して幣原を攻撃し、議場を混乱に陥れた(234)。第二部で検討するが、第五九議会における政友会の政権本位の行動は一九三二年の五・一五事件以後、二大政党間の政権競争の行き過ぎを「政権争奪」とみなす議論へと発展していくこととなる。議会が混乱した責任は政友会ばかりではなく、党外人の幣原首相代理で議会に臨み、政党政治に背理し、政友会に攻撃の口実を用意した民政党にもあった。幣原を首相代理に据えた伊沢の判断は、政党内閣崩壊以後における政党不信の端緒となった。

逼塞していた中野派は、失言問題を機に幣原への攻勢を強めていく。同時期、中野は左の認識を党機関紙上に掲げている(235)。

民政党内閣の首相代理は同時に民政党を統率せねばならぬ。幣原氏堪能なりといへども、民政党の歴史情実、苦楽沈浮のうちに沈滞し、鍛錬された人でない。所謂一陣笠でも御命令通りに動く小役人とは訳が違ふ。二百七十名には二百七十名各自の国民的背景がある。卒爾として党外の外務大臣をしてこれを統督せしむることは長袖を着けて鎧武者を指揮せしむるに等しい。それでは党が動かない、従って内閣が引緊らない。

中野は、党外人の幣原が衆議院二七〇議席を有する民政党を指導することは不可能だと主張していた。普通選挙によって多くの国民に選ばれてきたという自負心をもつ中野は、党外人の幣原が首相代理に就任し、総裁をも兼ねることになったため、民政党が政党として機能不全に陥ったと認識していた。第五九議会において、労働組合法案・選挙法改正案・婦人公民権法案・小作法案といった民政党の重要法案が不成立となっており、普選運動以来、社会・経済・労働問題の政治的解決を企図していた中野は、幣原首相代理の責任を糾弾した。なお、中野の幣原攻撃は、安達が静止しきれないほど激烈であった(237)。かつて原田が牧野に語ったように(238)、中野派が安達の意思を無視するほど急進化し、安達に不利に作用するという事態となった。

幣原首相代理が続投不能となった結果、重傷の浜口は三月一〇日の衆議院本会議に出席せざるを得なくなった。浜口は「国民の選良の集合たる帝国議会の醜態は、世道人心の上に容易ならざる悪影響を及ぼすのである。こう云う状態を以てして、どうして明るく正しき政が出来ようか。余等の理想たる、政治をして国民道徳の最高標準たらしむることが出来ようか。それは全く思いも寄らぬことであるばかりでなく、国民道徳は却って政治の為に汚瀆せられ破壊せらるるばかりである」と第五九議会の混乱を嘆いていた(239)。議会の混乱が国民道徳の破壊をもたらすという危機感が「実を言えば当時に於ける余の病状は頗る不良であった」浜口の登院断行の背景にあった(240)。皮肉なことに、重傷の浜口の登院は、浜口総裁の存在なくして党外人と中野派との共生が不可能なことであることを証明した。

しかし、登院によって衰弱した浜口は、四月四日に再入院を余儀なくされる。江木と安達は、後継総裁として若槻を擁立した。[241] 幣原首相代理時代から若槻擁立を視野に入れていた江木が若槻を支持したことは当然だが、一方の安達の内心には総裁への野心が含まれていたようである。斎藤の六日の日記には「登省後官邸にて内相と会談。氏は相変らず野心を包蔵す。已れを解せざるものか」[242]、八日の日記には「官邸にて内相に面会、若槻氏と面会の事を話す。内相の野心深し」[243]、一一日の日記には「午前十時過内相官邸に至る。邸内の空気は若槻氏の総裁拒絶を熱心に期待せり。安達系の運動行はるるが、大勢は自ら動きつつあり」という記述が見られる。[244] 安達が若槻を総裁に推薦したことはあくまで表面上のことであり、若槻の総裁就任要請拒否を前提としたものであったようである。一〇日の民政党緊急幹部会において、中野は総裁代理問題の際と同様に総裁公選と衆議院議員の総裁を要求したが、若槻の総裁就任を阻むことができなかった。[245]

ここで、首相代理として第五九議会に臨んだことで党の内外からの批判に直面した幣原に着目したい。翌一一日、牧野内大臣は病床の浜口総裁と懇談した幣原と面会し、幣原の談話を左のように日記に記している。[246]

浜口は後任者推選の手順に関しては、会の方より総裁へ一任と云ふことで自分へ申出である様仕向くる事は出来まじくやとの相談ありたるが、自分(幣原)は之に対し賛成せず。夫れよりは浜口より、一任されたしと此方より進んで切出す方却て進行上好都合なるべし、今日の場合現総裁の希望に対し誰一人故障を挿むものなきは想像に難からざるところなれば、手順としては此方が適当なるべしと進言したるに、直に反省の様子はなかりしも結局は同意を得たる如く見受けたり。

幣原の談話で着目したい点は、幣原が若槻の後継総裁推薦を民政党総務会に伝えてほしいという浜口の依頼を断っていることである。幣原は、自らが若槻を推薦したことが党に知られれば、安達を推す中野派の党外人批判が再燃することを予想したのだろう。幣原は、浜口でなければ中野派を抑えることができないことを知っており、自らが「第二の伊沢」となることを避けたのである。

他方、浜口は、安達と宇垣を自らの後継総裁として評価していなかった(247)。宇垣については、三月一〇日の浜口の登院直前、民政党において擁立の機運がたかまった経緯があった。原田からの情報として、牧野内大臣は「万一の場合後任者の人選、自然大問題となるべきが、山本、若槻諸氏は宇垣を推し、殊に若槻全権出発前、首相は自分の跡には宇垣最も可然との意向を内々洩らしたる事もある由にて、最高幹部方面にては自から此説有力なりと。江木氏も、元老にして果して宇垣を支持せらるるに於ては自分も極力其方に心配する覚悟なりと断言せりと」と三月七日の日記に記している(248)。江木らは、浜口の真意が宇垣にあると見て宇垣を支持していた。浜口の宇垣に対する信頼が失墜した背景には、クーデター未遂事件＝三月事件への宇垣の関与が取りざたされていたことがあったのだろう(249)。浜口の意中は若槻であったことから宇垣総裁の可能性は当面なくなり、宇垣は朝鮮総督に就任する。伊藤之雄氏が『昭和天皇と立憲君主制の崩壊』の中で指摘しているように、再入院後の浜口は枢密院改革のため、幣原を介して伊沢を枢密顧問官に就任させようとした(250)。浜口と幣原には伊沢を党務から遠ざけ、幣原首相代理問題のような摩擦を避けようとする意図もあったように思われる。若槻もまた、伊沢の枢密院入りを働きかけていくが、枢密院側は党員の山本達雄以上に伊沢を忌避していた(251)。

若槻の民政党総裁就任によって、浜口狙撃以後の民政党の混乱はひとまず沈静化にむかったが、党外人と中野派の相克が解消されたわけではなかった。第二次若槻内閣において、幣原外交と井上財政は継続された。特に井上準之助蔵相は、新たな民政党総裁候補としての地歩を固めていた(252)。国際協調主義の観点からみると若槻総裁は適任であったが、イギリスの議会政治を追求する民政党の基本方針の観点からみると力量不足の観は否めなかった。若槻の党外人依存は、政党改良に背離していたと言える。外に国際協調を破壊し、内に政党改良を企図する中野と若槻新体制との妥協の余地はほとんどなくなっていった。中野は、五月から六月にかけて井上財政と幣原外交に対する批判を露骨に示していく。(253)第一七回総選挙時において井上財政と幣原外交を基軸に政友会と対決した中野が変節した(対外態度に関しては、本来の立場に回帰した)背景には、幣原首相代理問題と若槻の総裁就任があった。(254)右の結果、政友会と安達謙蔵内相を担ぐ中野派との政策上の距離は縮小し、協力内閣運動の下地を形成していった。すなわち、浜口民政党と異なり、若槻民政党において国際協調主義と議会主義は矛盾したのである。

党外人と中野派の関係を調整する役割は浜口から若槻に継承されることになったが、衆議院議員の浜口と異なり、貴族院議員の若槻が強引な行財政整理を主導する井上蔵相と急進化した中野派との関係を調整することは困難なことであった。(255)民政党は浜口にかわる調整者を得られぬまま、満州事変をむかえることになる。

第二項　協力内閣運動の展開

一九三一年九月一八日に関東軍が引き起こした柳条湖事件を契機に、満州事変が勃発した。一〇月末ごろから、安達は若槻首相に対して協力内閣の実現をはたらきかけはじめた。協力内閣運動に関与していた党幹部は、富田幸次郎常任顧問・頼母木桂吉筆頭総務・山道襄一幹事長・永井柳太郎総務の五名であった。

本書が着目したい点は、中野派と安達と良好な関係ではなかった富田との関係である。富田には宇垣の擁立を企図し、中野派の安達擁立工作を妨害した経緯があった。(256)対外態度の観点からみても、幣原外交擁護を公言する富田とアジア・モンロー主義者の中野とは相容れない。だが、富田と中野はともに議院内閣制論者であり、政党改良の同志であった。富田が政党改良を国際協調に優先させた時、富田が協力内閣運動に関与する契機が生じる。富田と親しい西原亀三は、一〇月二六日の宇垣宛書簡の中で左のように述べている。(257)

富田君に面談の所、安達の使なりとの意味にて中野が来り、此の際、挙国一致には賛成するが（此の前に中野君より挙国一致を富田君へ持ち出したる模様）先つ誰を首班にするかが問題にて富田君は或は宇垣君との考なるかも知れぬが、同君の立場は、陸軍の方も前日と異り殊に宮中の方が面白くない、宜しく富田君が調べて見れば判ると、申居れるが何にか心当りかないかとの小生に対する尋を受け申候。

富田に協力内閣運動への参加をすすめた人物が中野だったこと、中野が宇垣を協力内閣の首班に据えることについて明確に反対していたことがわかる。中野は富田に対して、宇垣出馬に反対する理由として、陸軍と宮中の反対を挙げている。西原によると、安達は、宇垣の進出を妨害するために、宇垣が陸相時代に三月事件の処理を曖昧にしたことが一〇月事件の遠因となったという情報を宮中に流していたという(258)。宮中勢力が安達側の情報に過敏に反応し、宇垣を忌避したことは、茶谷誠一氏が『昭和戦前期の宮中勢力と政治』の中で指摘した天皇や「牧野グループ」の「天皇親政強化路線による立憲君主制」への志向と関係しているように思われる(259)(260)。

宇垣は協力内閣をめざす安達や中野から遠ざけられており、宇垣も安達を敵として認識していた。牧野伸顕内大臣は「宇垣とは親交あり、赴任の途面会せり、其内話に自分の内地に居るは安達抔の好まざるところ、朝鮮に向けられたるは敬遠の意味もあるべし」という矢田績（宇垣と親しい実業家）の談話を九月一五日の日記に記している(261)。宇垣は朝鮮総督就任について、自らを中央政界から遠ざけようとする安達らの謀略だと捉えていた。満州事変によって第二次若槻内閣が崩壊の危機に直面したことを機に、ともに民政党総裁候補である安達と宇垣との対立は決定的となった。

中野からみれば、陸軍穏健派の宇垣は幣原外交の協力者であり、国際協調の擁護者であった。富田は対外危機管理と政党改良を同時に達成させることができる切り札として宇垣に期待していたが、中野に宇垣排除の先手をとられたことで、結果的に国際協調に逆行する協力内閣運動に加担させられることになった。もっとも、当初の協力内閣は若槻総裁が賛意を示していることからもわかるように[262]、幣原外交の枠組みから捉えられており、富田の加担も不思議なことではない。

本書は協力内閣運動の転機となった出来事として一一月二一日に安達が公表した「協力内閣声明」に着目する。「協力内閣声明」は中野派の風見章が起草したものであり[263]、中野の伝記によると、中野が安達に対して強引に発表させたものだったという[264]。声明書の冒頭には、「我党内閣は世界変革の秋に当り、国民の輿論を担ひ、外交にも財政にも最善を尽して来たが、今後も形勢に順応し、難局を打開するに就いて、確信と実力とを有して居る」とある[265]。東京帝国大学教授の蠟山正道は、この箇所について「内相がわざわざ挙げたところの外交及び財政の二大政策について、現内閣の政策活動の中心たる観ある幣原及び、井上両相の政策と異なる或る物を抱くに至っているのではなかろうか」と評している[266]。中野派は「協力内閣声明」の発表を通して、安達に対して幣原外交・井上財政と対決させる道を強引に選択させたと言える。ここに、協力内閣運動は浜口以来の国際協調路線に背離し、若槻総裁の支持を失うに至った。

だが、協力内閣派は、浜口のもうひとつの理念であった議院内閣制論に忠実であった。「協力内閣声明」には「若し、国民の信念と決意とを示す上に於いて、政党の協力を基礎とする国民内閣を必要とする場合が生じたならば、何時でも之に応ずるに決して躊躇するものではない事を言明する」とある[267]。蠟山は「国民の信念と決意とを示す方法は総選挙の断行以外には直接にその方法は存在しない」と解釈している[268]。蠟山の見解を踏まえて、協力内閣派の言説に着目してみたい。富田は若槻首相に対して「協力内閣を作ることの覚書まで出来たから、ぜひその実現に賛成してくれ」、「解散して総選挙しろ」と主張している[269]。富田は、衆議院に絶対多数を持ちながら、解散・総選挙に打って出ようとしていたのである。議院内閣制論者の富田の面目躍如であろう。一〇月、マクドナルドを首班とする「挙国一致政府」が国民に信を問うための庶民院選挙を断行しており、富田や中野はイギリスの先例に倣おうとしたのである[270]。また、安達は近親者に対して、協力内閣は「一年か半年で潰れるかも知れぬが、その際には民政党が真面目でさへあれば、議会で現在二百七十名の議員を持って居るから内閣は再び我党に帰る」と語っていたという[271]。安達は、衆議院に絶対多数をもつ政党が政権の座につくことができると考えていたのである。

右のことから、協力内閣運動の主導者たちが議院内閣制論を行動基準にしていたことがわかる。イギリスにおける「挙国一致政府」は労働党のマクドナルドを首班としていたが、実権は保守党が握っており、政友会総裁の犬養毅に首班の座を譲る一方、安達らは協力内閣の主導権を握ろうとしたのだろう。一一月一三日、安達は牧野伸顕内大臣に対して「台命降下の場合、両党総裁を御召しにて宜しく協力して政局に当る可きを御下命あらば、種々の議論も消散して必ず円満に進行するならんと確信す」と語っていた[272]。明治天皇が隈板内閣成立に重要な役割をはたした先例を踏まえ[273]、安達は昭和天皇の主導によって協力内閣を実現させようとした。このことは、天皇の政治的機能を重視する改進党系のイギリス政体理解を安達が有していたことを示唆している。協力内閣運動は浜口の理念を継承し、衆議院勢力の強化を企図したものであった。

協力内閣運動を主導した中野は、政党改良の前提として党外人の排除を企図していた。協力内閣運動の背景には、第一節で着目した幣原外交と井上財政に対する中野の本質的な批判があった。中野は、民政党が外交政策と財政政策を幣原と井上に委任した原因として「党内に澎湃たる官尊民卑の陋習」を挙げている。中野は「選挙区に於いて民衆に接触する政党員は、朧気ながら所謂軟弱外交に慊らない。併し、政党員は大体に於いて、外交に対し無研究である」、「幣原男の外交は霞ヶ関正統派の外交であり、民政党の外交は、外務省属僚の外交に堕する」と主張する。さらに中野は、「井上はオーソリティであり、井上に指導されれば間違ひないと、偶像崇拝、専門家崇拝、官僚崇拝の思想は、ここに井上氏を祭り上げて、二百七十名は其の頤使に甘んずるに至ったのである」、井上財政を「大蔵省属僚財政」だと批判する。[274] 中野は幣原と井上を外務省と大蔵省の属僚とみなし、幣原と井上によって民政党の重要政策が牛耳られていると主張していた。また、「今日の時勢から見て、最も旧套に属するものは、明治時代の官僚教育である」[275]、「井上蔵相の考へ方、それは明治二十七八年頃の大学を優等で卒業した人々の経済原理である。之に対し民間で苦労して叩きあげた安達氏の考へ方、そこには根本的の相違がある。安達氏は経済学者でない。併し二十七八年時代の帝大の頭に囚はれて居ない」[276]という主張にみられるように、中野は井上財政と安達とを明確に区別していた。[277] 実際の安達は党の要求の失業救済事業に取り組んだが、それは金解禁政策の維持を前提としており、井上と対決する意志まではなかったと考えられる。中野らの過剰な期待が安達の判断を誤らせたのだろう。

他方、協力内閣運動には政党内閣の純度を高める意図もあった。一一月二二日の『読売新聞』は「協力内閣声明」について、中野らが「何れにしても貴族院側を含まざる政党内閣主義を標榜するもので、元老、重臣方面も既に了解済みであると称している」と報じている。[278] 満州事変勃発とイギリスの金本位制停止によって幣原外交と井上財政が行き詰まった時、中野派は「伝統的属僚政治」[279]の担い手の党外人を排撃し、衆議院議員主体の内閣を実現させようとした。

民政党を党外人に依存しない立憲政党に改良することで、政党政治のさらなる発展をはかることは、浜口の遺志と一致する。問題は、こうした中野の政党改良が国際秩序の破壊と一体の関係にあったことである。中野は、浜口の国際協調主義を踏襲した若槻総裁に対して「満蒙に対し、条理立ちたる強硬政策の遂行を進言」した。その際に中野は、「我国の外交官が連盟に臨みて姑息なる弁解のみを事とし、軍部が其の弁解を蹴飛ばして、次から次に外交上の言責を破棄するの観を呈するは面白くない。須らく内閣に於いて、一定の方針を決定し、外務、軍部一致協力して、全国民の意志を徹底せしめねばならぬ」と主張している。[280] 普選運動期以来の軍部大臣現役武官制論者であった中野は、[281] 満州事変を党外人の追放に利用しようとしただけでなく、政府の意向を無視して満州における軍事行動をすすめる陸軍中央と関東軍を協力内閣の統制下に置こうとした。[282]

ここで着目したい点は、中野が日本の外交官の国際連盟への対応を問題としていることである。国際協調を基軸としてきた幣原外交こそが中野の打倒対象であった。[283] 中野は、新聞紙上において「支那こそ侵略者であり、日本こそ被侵略者である。今日連盟の論議は単に出兵の表面的事実を見て、日本を侵略者なりと見るの観あるは、許し難き誤解である」と、国際連盟批判を展開している。[284] 一一月一四日の満蒙問題国民大会において、中野は満蒙問題の根本的解決を現内閣に委せず、国民一致であたるべきだと主張していた。[285]「官僚外交」打破は改造同盟以来の中野の持論であり、[286] 第一世界大戦以降は「国民外交」確立を主張し続けていた。[287] 満州事変期における中野と幣原外交との対決は従来の中野の主張に照らし合わせれば、必然であった。

また、安達が陸軍穏健派の南次郎陸相との連携による事態の収拾を模索していたことに対して、[288] 中野は陸軍における宇垣の政敵の荒木貞夫と接触していた。[289] 荒木は満州事変の際に陸軍中央と関東軍における主要ポストを独占していた一夕会系幕僚が宇垣への対抗馬として期待をかけていた人物である。[290] 一夕会系幕僚と中野は荒木擁立による幣原外交打倒で一致していた。中野が一夕会系幕僚の満州における軍事行動拡大に同調していたことは、閣内における安達内相の立場を悪化させていった。

他方で、井上蔵相は第二次若槻内閣における発言権を増大させていた。井上は南次郎陸相と同郷(大分)で親しく、若槻首相や幣原外相は陸軍の軍事行動を抑える目的から井上に期待するようになった。[291] 本来は浜口にかわって調整役にならなければならない若槻が井上に過度に依存したことは、中野らの反感を増幅させる結果となった。[292]

なお、前年の浜口狙撃事件時に民政党の取りまとめに尽力した江木翼鉄相は一九三一年五月の官吏減俸問題(293)の際に司法省と鉄道省の批判に直面し(294)、満州事変直前に病気辞職していた。

第二次若槻内閣が関東軍のチチハル侵攻を抑えようとしていた一一月一七日、井上は木戸幸一内大臣秘書官長らに対して、協力内閣を「軍部に媚むとするもの」と攻撃する一方で、「現政府は微力なりと雖も、兎も角も今日あらゆる手段により軍部の活動を制御しつつある次第なり、従って軍部には誠に不評判なるも止むを得ざるところにして、此以上の強力なる内閣の実現は目下の処想像し得ざるなり」と主張した(295)。井上は、陸軍の軍事行動との対決姿勢(幣原外交擁護)を前面に出すことで、自らの財政政策の行き詰まりを糊塗した。

ここで、安達内相を推す中野と幣原外相と井上蔵相との対立の焦点は財政問題(金解禁か、金再禁か)から、対外問題(満州事変拡大か、不拡大か)へと移る。協力内閣派の議院内閣制論は争点として脚光を浴びず、政党改良は行き詰まりを見せた。中野の強硬な対外態度が政党改良を拘束する結果となった。協力内閣運動が中野の主導の下で国際協調主義を放棄した代償はあまりに大きかったと言えるだろう。

幣原外相と井上蔵相が南陸相や金谷範三参謀総長の協力によって関東軍の北満進出や錦州攻撃を抑えたことで(296)、中野の形勢不利は明白となっていった。安達が協力内閣声明を公表した翌日(二二日)、牧野内大臣は二八会の上山満之進から「安達及一派を除く外、声明書発表の為却って結束固く、行くところまで若槻支持、現状維持にて遂行のことに纏まり居る」という話をきいている(297)。二三日の斎藤の日記には「内相安達氏の協力内閣意思発表以来政界不安高まる。政府及与党内疑憂に蔽はる」(298)、二四日には「内相安達氏に対する信任党内外に失墜せり」という記述がみられる(299)。政府・与党とともに安達の求心力が低下していたことがわかる。

結果、協力内閣に賛成していたはずの若槻総裁は「協力内閣声明」の「但し、これは協力すべきものが、超党派的愛国心を以ってする非ざれば、仮令、必要であっても実現は至難であるから独自奉公を致すのみである」という箇所を捉え[300]、「実現性のないものであるならば、行動せぬ方が宜しいと思ふから取り消されたい」と述べ[301]、協力内閣反対の姿勢を明示した。協力内閣を放棄した若槻総裁と元老西園寺の支持は[302]、内閣における井上の主導権掌握を決定づけた[303]。

これに対して中野派は、若槻総裁に無断で協力内閣運動をすすめていった。一二月二日、宇垣が「協力内閣運動は、沙汰止みの如く表はなりて居る様であるが事実全く中止になりて居るのか」と質問したところ、若槻は「今日では安達氏等は何も為して居るとは思はぬけれども、中野派は依然と隠然遣りて居る様である」と答えている[304]。中野と連携した富田は、政友会領袖の久原房之助と協力内閣に関する「覚書」を作成した[305]。

富田が若槻に対して「覚書」を提示した一二月一〇日、斎藤隆夫は「午前内相官邸まで妻同乗、富田幸次郎氏を訪ひ、協力内閣運動に干し交談す。彼は政友会承諾せるゆへ若槻首相に提議すべきを語る。官邸にて首相に面会し、之を拒否すべき注意を為す[306]」、一三日には「代議士何れも安達一派の行動を怒らざるものなし」と日記に記している[307]。安達・富田・中野らは政友会との「覚書」という既成事実を背景に若槻首相に対して総選挙を断行させ、協力内閣実現の成否を元老ではなく国民にゆだねようとしたが、民政党が自ら衆議院絶対多数党の地位を放棄しかねない選択は、多くの党人派からも支持されるものではなかった。

翌一一日、安達から協力内閣の実現をせまられた井上はこのことを若槻に報告し、若槻は安達を除く党出身閣僚を招集して協力内閣反対の合意を取り付けた[308]。孤立を深めた安達は、自らの手で民政党内閣を葬るか、協力内閣を断念するかという最終判断をせまられることになった。結果、安達は、閣議出席拒否による倒閣を選択した。川田稔氏は『満州事変と政党政治』の中で「安達の閣議出席拒否による強引な倒閣のさい、中野らから安達にどのような働きかけがあったのかは不明である」と述べている[309]。たしかに、中野が安達に倒閣を決意させたことを裏付ける直接史料は現段階において示すことができないが、そのことを窺知させる間接史料はいくつか存在する。

まず、同日の『東京朝日新聞』によると、安達は党出身閣僚会議において自らの意思で最終決断ができずに自邸に帰り、中野たちに説得された結果、倒閣を決意したという。[310] 安達が中野らとともに「作戦」、「謀議」をおこなったことは、一二日の『読売新聞』の記事にもみられる。[311] また、丸山幹治は「伊沢氏は、安達氏邸に乗り込んだ。初めて自邸を訪問したのである。二階に通されて、苦言を呈したが、安達氏はけんもホロロだった。今にも天下が取れるつもりだったから、どうにもならない。五分か十分ばかり話したが、駄目だと思って帰った。ただ最後の忠告を試み、君のためにならぬといった」と手記に記している。[312] 協力内閣声明の発表・政友会との覚書作成というような既成事実の積み重ねや倒閣直前の中野らの強硬論は、安達から冷静な判断力を奪っていたのだろう。[313]

安達が第二次若槻内閣を総辞職に追いやったことは、協力内閣ではなく犬養毅政友会内閣の成立をもたらした。安達は、中野や富田とともに民政党脱党を余儀なくされた。中野が協力内閣を主張して党外人の排除を企図したことは、政党政治のさらなる発展をもたらすはずであったが、結果的には民政党にとって自殺行為となった。民政党脱党以後の安達と中野派は国民同盟という新党を結党するものの、政界の漂流を余儀なくされる。[314] 協力内閣運動は、民政党にとって自殺行為となったが、主導者たちにとっても同様であった。しかし、対外態度の観点からみれば、皮肉なことに、中野の対外強硬路線がその後の日本外交が辿った進路であった。また、国際協調論者の富田は中野と袂を分かち、宇垣に政党改良の期待をかけていくことになる。

最後に、民政党脱党以後の中野に着目する。『転換日本の動向』の末尾において「二百七十名の多数も、正義を上下に徹底せしめて、真に国民を率いるのでなければ、何事をもなすことが出来なかった。少数も天下の信望を繋ぎ、天下を指導するを得れば、以つて政治的強力を発揮することが出来る」と述べている。[315] 協力内閣が挫折した結果、政治的敗北を余儀なくされた中野は、衆議院二七〇議席という数の力の無力さを痛感していた。他方で、中野は、少数者による強力政治を求める方向に傾斜していた。民政党脱党直後から中野は、協力内閣運動が一国一党を実現させるための契機になるべきだと主張していく[316]。立憲政治の完成のために政党改良を企図した中野が立憲政治の破壊をもたらす一国一党論者に転向した背景には、少数の党外人によって党内民主主義の貫徹を妨げられた民政党時代の経験があったのではないだろうか。

中野と同様の感想は、東京商科大学教授の上田貞次郎の日記にもみられる。上田は「絶対多数党が閣内不統一のために倒れて、思ひ設けざる少数党内閣が出来たのだ。我国の現状では多数といふ事はあまり力がない。蓋し、政府党になりさへすれば多数を作り出すことが出来るからだろう」という注目すべき記述を残している[317]。局外者の上田もまた、当事者の中野と同様に衆議院絶対多数党の無力を痛感していた。

衆議院絶対多数の与党を有しながらの政権崩壊は、浜口総裁の指導の下で議院内閣制論を党是としてきた民政党にとって大きな挫折であった。中野の協力内閣運動は、日本の二大政党制をイギリスの議院内閣制により近づけるとともに、民政党を党外人に依存せずに、民政党員が主体的に党の意思決定をおこなうことができる立憲政党へと改良しようという試みであったが、結果的には党外人排撃という民政党の「反官僚化」につながり、政党内閣の政権運営を助ける官僚との関係を悪化させ、民政党政権の自壊をもたらした。

満州事変以降の日本が国際社会から孤立していったこと、そして翌一九三二年の五・一五事件による政党内閣崩壊によって立憲政治の逆転がはじまったことは、国際協調を基軸に立憲政治の完成をめざした浜口の路線と正反対の結果であった。政党改良を推進した中野が対外強硬を志向し、党外人が民政党の国際協調を支えていたという事実は民政党だけではなく、日本の立憲政治の不幸であったと言える。

（1）　松尾尊兊「政友会と民政党」『岩波講座日本歴史』岩波書店、一九七六年。

（2）升味準之輔『日本政党史論』（第五巻）東京大学出版会、一九七九年。
（3）粟屋憲太郎『昭和の政党』岩波書店、二〇〇七年（初版は一九八三年）。
（4）伊藤之雄『大正デモクラシーと政党政治』山川出版社、一九八七年。
（5）伊藤之雄『昭和天皇と立憲君主制の崩壊』名古屋大学出版会、二〇〇五年。
（6）増田知子『天皇制と国家』青木書店、一九九九年。
（7）小林道彦『政党内閣の崩壊と満州事変』ミネルヴァ書房、二〇一〇年。
（8）井上寿一『政友会と民政党』中央公論新社、二〇一二年。
（9）伊藤隆『昭和初期政治史研究』東京大学出版会、一九六九年。
（10）坂野潤治『近代日本の国家構想』岩波書店、二〇〇九年（初版は一九九六年）、二一五頁。
（11）奈良岡聰智「立憲民政党の創立」『法学論叢』（一六〇—五・六）二〇〇七年。
（12）川田稔『浜口雄幸』ミネルヴァ書房、二〇〇七年。
（13）川田稔『満州事変と政党政治』講談社、二〇一〇年。
（14）加藤祐介「立憲民政党と金解禁政策」『史学雑誌』（一二一—一一）二〇一二年。
（15）詳細は、川人貞史『日本の政党政治一八九〇—一九三七年』東京大学出版会、一九九二年を参照。
（16）前掲・加藤「立憲民政党と金解禁政策」『史学雑誌』七八、七九頁。
（17）伊沢に関しては大西比呂志編『伊沢多喜男と近代日本』芙蓉書房、二〇〇三年があるが、民政党との関係に関する考察は十分ではない。
（18）近年の幣原研究には、西田敏宏「ワシントン体制と幣原外交」伊藤之雄・川田稔編『二〇世紀日米関係と東アジア』風媒社、二〇〇二年、服部龍二『幣原喜重郎と二十世紀の日本』有斐閣、二〇〇六年がある。
（19）井上に関する近年の研究には、松浦正孝『財界の政治経済史』東京大学出版会、二〇〇二年、杉山伸也「金解禁論争」杉山伸也編『「帝国」日本の学知』（第二巻）岩波書店、二〇〇六年、滝口剛「民政党内閣と大阪財界」（一）『阪大法学』（五七—四）二〇〇四年、「民政党内閣と大阪財界」（二）『阪大法学』（五八—五）二〇〇九年、前掲・小林『政党内閣の崩壊と満州事変』がある。
（20）前掲・坂野『近代日本の国家構想』二一二頁。

(21) 坂野潤治『日本政治「失敗」の研究』講談社、二〇一〇年(初版は二〇〇〇年)、二五一頁。
(22) 北岡伸一「政党政治確立過程における立憲同志会・憲政会」(下)『立教法学』(二五)一九八五年、二五三頁。
(23) ミヘルス著、森博・樋口晟子訳『現代民主主義における政党の社会学』木鐸社、一九七三年。
(24) 坂野潤治「「憲政の常道」と「協力内閣」」『近代日本の外交と政治』研文出版、一九八五年。
(25) 小山俊樹『憲政常道と政党政治』思文閣出版、二〇一二年。
(26) 前掲・小林『政党内閣の崩壊と満州事変』。
(27) 緒方竹虎『人間中野正剛』鱒書房、一九五一年、一四六、一四七頁。
(28) 桜内幸雄『桜内幸雄自伝』蒼天会、一九五二年、二八〇頁(以降、『桜内自伝』と略記し、頁数のみ表示する)。
(29) 宇垣の協力内閣運動への関与を強調した研究として、前掲・坂野「「憲政の常道」と「協力内閣」」、酒井哲哉『大正デモクラシー体制の崩壊』東京大学出版会、一九九二年。後年、政友会において協力内閣運動を主導していた久原房之助は「協力内閣の時は宇垣さんとの関係はないんでございますか」という質問に対して、「全然ないです。あれはちっとも関係ないんです」と答えている(久原房之助「田中義一内閣(昭和二年四月―四年六月)と政友会」『社会科学討究』(早稲田大学)一二〇、一九九五年、二三一頁)。本書において検討するように、安達と宇垣とは次期民政党総裁候補として対立関係にあり、安達と中野は宇垣を排斥する。
(30) 木坂順一郎「中野正剛論」(一)『龍谷法学』(三―二)一九七一年、「中野正剛論」(二)『龍谷法学』(六―一)一九七三年。
(31) 前掲・松尾「政友会と民政党」一二九頁。
(32) 浜口雄幸宛中野正剛書簡(一九三一年一月八日)中野正剛『転換日本の動向』千倉書房、一九三二年。
(33) 前掲・松尾「政友会と民政党」一二九頁。
(34) 永井和「東方会の成立」『史林』(六一―四)一九七八年、一〇七頁。
(35) 有馬学「反復の構造」有馬学・三谷博編『近代日本の政治構造』吉川弘文館、一九九三年。
(36) 室潔「中野正剛のナチス観」早稲田大学教育学部『学術研究(地理学・歴史学・社会科学編)』(四一)一九九四年。
(37) 住友陽文「大正デモクラシー期「議会主義」の隘路」『日本史研究』(四二四)一九九七年。
(38) 前掲・有馬「反復の構造」三一〇、三一一頁。
(39) 前掲・永井「東方会の成立」一〇七頁。

(40) 同右、一一六頁。
(41) 前掲・住友「大正デモクラシー期「議会主義」の隘路」一二頁。
(42) 前掲・永井「東方会の成立」一〇七頁。
(43) 前掲・松尾「政友会と民政党」、前掲・粟屋『昭和の政党』、波多野勝『浜口雄幸』中央公論社、一九九三年、前掲・川田『浜口雄幸』。
(44) 加藤祐介氏も本書と同様、調整者としての浜口に着目している(前掲・加藤「立憲民政党と金解禁政策」七七頁)。
(45) 奈良岡聰智『加藤高明と政党政治』山川出版社、二〇〇六年、四一七頁。
(46) 前掲・北岡「政党政治確立過程における立憲同志会・憲政会」(下)二五〇頁。
(47) 一九二九年一月の張作霖爆殺事件の際、病床の浜口は懇切な手紙をおくるほど、中野に期待をかけていた(前掲・波多野『浜口雄幸』一〇九頁)。
(48) 前掲・有馬「反復の構造」三二一頁。
(49) 浜口雄幸宛中野正剛書簡(一九三一年一月八日)猪俣敬太郎『中野正剛の生涯』黎明書房、一九六四年、三〇二頁。
(50) 前掲・井上『政友会と民政党』三七頁。
(51) 季武嘉也『大正期の政治構造』吉川弘文館、一九九八年、一四八〜一五〇頁。
(52) 伊沢多喜男宛大平駒槌書簡(一九二七年五月一〇日)伊沢多喜男文書研究会編『伊沢多喜男関係文書』芙蓉書房、二〇〇〇年、一六〇頁(以降、『伊沢文書』と略記し、年月日と頁数のみ表示する)。
(53) 前掲・伊藤『昭和天皇と立憲君主制の崩壊』一四四頁。
(54) 馬場恒吾『政界人物風景』中央公論社、一九三一年、二〇五頁。政党内閣崩壊以後の一九三二年一〇月、民政党顧問の松田源治は「完全なる政党があつて議会政治を運用すれば、ファッショの起る道理がない、独裁政治の声の起る道理がない、斯る声の起るのは、政党其物が悪いから起るのである」と主張している(松田源治「議会政治の擁護に真剣なれ」『民政』(六―一〇)一九三二年、一四頁)。
(55) 前掲・浜口宛中野書簡(一九三一年一月八日)『中野正剛の生涯』三〇三、三〇四頁。
(56) 前掲・粟屋『昭和の政党』一八四頁。
(57) 前掲・木坂「中野正剛論」(二)五二頁。

(58) 中野は民政党結党直後においても同様の主張をおこなっている(中野正剛「立憲民政党の本領」『国民に訴ふ』平凡社、一九二九年、三四九～三五一頁)。
(59) 詳細については、本書第三章第一節において述べる。
(60) 前掲・中野『転換日本の動向』一三、一四頁。
(61) 浜口・若槻・江木の三者は、結党時から立憲同志会に参加し、同志会の後身の憲政会・民政党を支えた。他方、井上は、浜口内閣発足以後に民政党に入党した。浜口の秘書官の中島弥団次の回想によると、浜口内閣組閣時において党外大臣と党内大臣の部屋を別にした際、井上は党外大臣の部屋に入れられたという(中島弥団次「浜口雄幸内閣時代のこと」『社会科学討究』(早稲田大学)(一二〇)一九九五年、二六八頁)。民政党入党の際に、井上は、新聞記者に対して「一身をあげて総理にまかせたんだから、入れと言へば仕方がないさ」と語っていた(井上準之助論叢編纂会編『井上準之助』一九三五年、四七五頁)。右のことを踏まえ、本書では、井上と他の官僚派とを区別する。
(62) 児玉秀雄宛安岡一郎書簡(一九二九年七月二八日)尚友倶楽部児玉秀雄関係文書研究会編『児玉秀雄関係文書』(II)同成社、二〇一〇年、一〇七頁(以降、『児玉文書』と略記し、巻数・年月日・頁数のみ表示する)。
(63) 有馬学『「国際化」の中の帝国日本』中央公論新社、一九九九年、一七七頁。
(64) 同右、一七八頁。
(65) 「立憲民政党の宣言及び政綱」『民政』(一―一)一九二七年、七七頁。
(66) 中野正剛「我党の高調する国家整調主義」『民政』(二―二)一九二八年、二七頁。
(67) 伊藤隆編『斎藤隆夫日記』(上)中央公論新社、二〇〇九年(一九二九年五月三日)六一六頁(以降、『斎藤日記』と略記し、巻数・年月日・頁数のみ表示する)。
(68) 浜口雄幸「田中内閣不信任の六大理由」前掲『浜口雄幸集』(論述・講演篇)六一頁。
(69) 山田央子『明治政党論史』創文社、一九九九年、一一〇～一一二頁。
(70) 前掲・奈良岡『加藤高明と政党政治』四一三頁。
(71) 前掲・清水『政党と官僚の近代』二八〇頁。
(72) 季武嘉也「大浦兼武と伊沢多喜男」前掲『伊沢多喜男と近代日本』五三、五四頁。
(73) 前掲・服部『幣原喜重郎と二十世紀の日本』一一六、一一七頁。

(74) 前掲・季武「大浦兼武と伊沢多喜男」五三頁。
(75) 同右、五五頁。
(76) 前掲・伊藤『昭和初期政治史研究』七二頁。
(77) 同右、一九頁。
(78) 前掲・松浦『財界の政治経済史』六五頁。
(79) 前掲・小林『政党内閣の崩壊と満州事変』一三三頁。
(80) 前掲・中島「浜口雄幸内閣時代のこと」二六八頁。
(81) 前掲・伊藤『昭和初期政治史研究』一八頁。
(82) 前掲・松浦『財界の政治経済史』六二頁。
(83) 安達謙蔵宛小泉策太郎書簡(一九二九年七月三日)国立国会図書館憲政資料室所蔵「安達謙蔵関係文書」(資料番号一三一一)。以降、「安達文書」と略記し、資料番号のみ略記する。
(84) 前掲・波多野『浜口雄幸』二七頁、前掲・川田『浜口雄幸』一〇八頁。
(85) 季武嘉也「政党政治を支えたもの」『大正社会と改造の潮流』吉川弘文館、二〇〇四年、一八五頁。
(86) 前掲・川田『浜口雄幸』七四、七五頁。
(87) 浜口雄幸「清浦内閣の四大罪悪」(一九二四年三月一六日)前掲『浜口雄幸集』(論述・講演編)、四五三、四五四頁。
(88) 前掲・伊藤『昭和初期政治史研究』一八頁。
(89) 前掲・住友「大正デモクラシー期「議会主義」の隘路」。
(90) 同右、二一頁、前掲・小山『憲政常道と政党政治』二九二頁。
(91) 桜田会編『総史立憲民政党』(史料篇)一九八九年、九、一〇頁。
(92) 松村謙三『三代回顧録』東洋経済新報社、一九六四年、一三七頁。
(93) 前掲・中野「立憲民政党の本領」三五五、三五六頁。
(94) 前掲・木坂「中野正剛論」(二)六四頁。
(95) 加藤鯛一「立憲民政党の本領」『民政』(一―四)一九二七年、三三頁。
(96) 前掲・中島「浜口雄幸内閣時代のこと」二四七、二四八頁。

(97) 三谷太一郎「政党内閣期の条件」中村隆英・伊藤隆編『近代日本研究入門』東京大学出版会、一九七七年、八六頁。
(98) 宛先不明伊沢多喜男書簡(年月日不詳)前掲『伊沢文書』一〇三、一〇四頁。
(99) 有馬学『帝国の昭和』講談社、二〇一〇年(初版は二〇〇二年)、六〇頁。
(100) 水野勝邦編『貴族院の会派研究会史』(昭和篇)尚友倶楽部、一九八二年、二四、二五頁。
(101) 今津敏晃「第一次若槻内閣下の研究会」『史学雑誌』(一一二―一〇)二〇〇三年、八〇頁。
(102) 松本剛吉が床次脱党工作の主導者だったことは周知の通りである(前掲、升味『日本政党史論』(五)一六二〜一六五頁)。
(103) 岡義武・林茂校訂『大正デモクラシー期の政治――松本剛吉政治日誌』岩波書店、一九五九年(一九二八年三月一一日)五八五頁(以降、『松本日誌』と略記し、年月日と頁数のみ表示する)。
(104) 伊沢多喜男伝記編纂会編『伊沢多喜男』羽田書店、一九五一年、一七六頁。
(105) 幣原喜重郎『外交五十年』(改版)中央公論新社、二〇〇七年、一五一頁。
(106) 前掲・奈良岡『加藤高明と政党政治』四一二頁。
(107) 前掲『伊沢多喜男』一六二頁。
(108) 櫻井良樹「伊沢多喜男と東京市政」前掲『伊沢多喜男と近代日本』七三頁。
(109) 「伊沢総督市長就任説ニ付テ」(一九二六年六月二六日)国立国会図書館憲政資料室所蔵「伊沢多喜男関係文書」(資料番号四八四)。以降、「伊沢文書」と略記し、資料番号のみ表示する。
(110) 「丸山幹治手記」前掲『伊沢多喜男』一七四頁。
(111) 前掲『伊沢多喜男』一六九頁。
(112) 小川平吉「政本合同問題備志」小川平吉文書研究会編『小川平吉関係文書』(Ｉ)みすず書房、一九七三年、五九九頁(以降、『小川文書』と略記し、号数・年月日・頁数のみ表示する)。
(113) 「丸山幹治手記」前掲『伊沢多喜男』一七四頁。
(114) 前掲『松本日誌』(一九二五年一二月八日)四六九頁。
(115) 前掲『松本日誌』(一九二五年一二月七日)四六七頁。
(116) 牧野伸顕宛小山完吾書簡(一九二六年一月二八日)国立国会図書館憲政資料室所蔵「牧野伸顕関係文書」(資料番号二三〇―一)。

(117) 前掲・宛先不明伊沢書簡(年月日不詳)。
(118) 同右。
(119) 村井良太『政党内閣制の成立一九一八〜二七年』有斐閣、二〇〇五年、二六七、八頁。
(120) 前掲『松本日誌』(一九二七年二月一五日)五五九頁。
(121) 前掲・今津「第一次若槻内閣下の研究会」八四頁。
(122) 同右、七八頁。
(123) 一九二七年一〇月二九日、近衛は突如として研究会を脱会する。矢部貞治が「直接原因としては研究会の幹部派と非幹部派の抗争」と述べているように(矢部貞治『近衛文麿』読売新聞社、一九七六年、一三〇頁)、床次新党が破綻して以後、近衛は研究会内において孤立を深めていたように思われる。
(124) 中野邦一宛小島七郎書簡(一九二七年三月七日)(資料番号四五)〝新しい内務省史〟研究会編『〝新しい内務省史〟構築のための基礎的研究』二〇〇八年、二〇八頁。同史料の利用にあたっては松田好史氏のお世話になった。同氏に深く感謝する。
(125) 内政史研究会『清水重夫氏談話速記録』(一九六八年一二月二五日)四七頁。
(126) 伊沢多喜男宛清水重夫書簡(一九二七年三月二一日)前掲『伊沢文書』二八三、二八四頁。
(127) 前掲・村井『政党内閣制の成立一九一八〜二七年』二六七頁。
(128) 小坂順造『山本達雄』山本達雄先生伝記編纂会、一九五一年、四六三頁。
(129) 浜口雄幸宛伊沢多喜男書簡(一九二九年一〇月一二日)前掲『伊沢文書』八七、八八頁。
(130) 前掲『斎藤日記』(上)(一九二七年四月一八日)五二五頁。
(131) 前掲『斎藤日記』(上)(一九二七年四月一九日)五二五頁。
(132) 児玉秀雄宛神田純一電報(一九二七年・日付不明)前掲『児玉文書』(II)一〇頁。
(133) 前掲『伊沢多喜男』一七一、一七二頁。伊沢は榊田清兵衛を介して床次を憲本合同に同意させたという(『大阪朝日新聞』(一九二七年三月三日))。
(134) 前田蓮山は、「憲・本合同談は、急速度で進んだ。所が、床次氏は、頗る躊躇したのである」と述べている(前田蓮山『床次竹二郎伝』床次竹二郎伝記刊行会、一九三九年、九一四頁)。前田は「床次氏は歴史、伝統を異にせる憲政会と合同しょうなどとは、憲・本連盟の当時から、毛頭考へたことはなかった」と述べており(前掲・前田『床次竹二郎伝』九二四頁)、床次が憲本合同工作の外に置かれていたことがわかる。
(135) 安達謙蔵『安達謙蔵自叙伝』新樹社、一九六〇年、二二五頁。
(136) 前掲・前田『床次竹二郎伝』九二五頁。
(137) 児玉秀雄宛小林絹治電報(一九二七年四月二四日)前掲『児玉文書』(II)四、五頁。
(138) 前掲『斎藤日記』(上)(一九二七年五月一日)五二七頁。
(139) 前掲『斎藤日記』(上)(一九二七年五月二五日)五二九頁。
(140) 「丸山幹治手記」前掲『伊沢多喜男』一七三頁。
(141) 前掲『斎藤日記』(上)(一九二七年六月一日)五三〇頁。
(142) 宇垣一成宛津野一輔書簡(一九二七年六月二二日)宇垣一成文書研究会編『宇垣一成関係文書』芙蓉書房出版、一九九五年、二九二頁(以降、『宇垣文書』と略記し、年月日と頁数のみ表示する)。
(143) 柏田忠一「議会に映じたる支那問題」『外交時報』(五一四)一九二六年、五〇、五一頁。
(144) 松浦正孝「「島国」、そして「陸の帝国」から「海の帝国」へ」『国際政治』(一三九)二〇〇四年、一一一頁。
(145) 土川信男「政党内閣期における床次竹二郎の政権戦略」北岡伸一編『戦争・復興・発展』東京大学出版会、二〇〇〇年、内川正夫「少壮政治家時代の大麻唯男」大麻唯男伝記研究会『大麻唯男』(論文編)櫻田会、一九九六年。
(146) 前掲『斎藤日記』(上)(一九二八年八月一日)五七九頁。
(147) 前掲・幣原『外交五十年』一五〇、一五一頁。
(148) 『読売新聞』(一九二八年四月六日)。以降、『読売』と略記し、年月日のみ表示する。
(149) 『読売』(一九二八年三月七日)。
(150) 伊沢多喜男宛上山満之進書簡(一九二八年三月七日)前掲『伊沢文書』一八五頁。
(151) 「丸山幹治手記」前掲『伊沢多喜男』一七四頁。
(152) 「床次新党一件関係文書」(松本剛吉「新党樹立宣言の顚末」(一九二八年二月二八日))前掲『松本日誌』六一八頁。
(153) 『読売』(一九二七年七月一八日)。
(154) 小川平吉宛中川小十郎書簡(一九二八年一月九日)前掲『小川文書』(II)五二七頁。
(155) 宇垣一成『宇垣一成日記』(一)みすず書房、一九六八年(一九二八年八月一日)六七三頁(以降、『宇垣日記』と略記し、年月日と頁数のみ表示する）。

(156) 松本剛吉「新党樹立の顚末」上原勇作宛井戸川辰三書簡（一九二九年五月一六日）上原勇作関係文書研究会編『上原勇作関係文書』東京大学出版会、一九七六年、三二頁（以降、『上原文書』と略記し、年月日と頁数のみ表示する）。

(157) 前掲・伊藤『昭和天皇と立憲君主制の崩壊』一〇七頁。

(158) 伊藤隆他編『牧野伸顕日記』中央公論社、一九九〇年（一九二九年一月三日）三二七頁（以降、『牧野日記』と略記し、年月日と頁数のみ表示する）。

(159) 立憲民政党奉公史編纂所編『立憲民政党奉公史』一九三八年、四四九頁。

(160) マーク・ピーティー（浅野豊美訳）『植民地』読売新聞社、一九九六年、二五五頁。

(161) 北海道大学大学文書館所蔵、東郷実『伯林の月』冨山房、一九四〇年、二七一、二七二頁。

(162) 前掲・服部『幣原喜重郎と二十世紀の日本』一三二〜一三三頁。

(163) 『東京朝日新聞』（一九二八年八月七日）。以降、『東朝』と略記し、年月日のみ表示する。

(164) 浜口雄幸宛伊沢多喜男書簡（一九二九年七月一日）前掲『伊沢文書』八六、八七頁。

(165) 中外新報編集局編『政治家群像』千倉書房、一九三二年、六二頁。

(166) 前掲・升味『日本政党史論』（五）一六九頁。

(167) 前掲・中島「浜口雄幸内閣（昭和四年七月〜六年三月）時代のこと」二六〇頁。

(168) 前掲『斎藤日記』（上）（一九二八年八月一〇日）五八〇頁。

(169) 馬場恒吾『現代人物評論』中央公論社、一九三〇年、八九頁。

(170) 伊沢多喜男宛川崎卓吉書簡（一九二八年九月一三日）前掲『伊沢文書』二〇七頁。

(171) 前掲・馬場『現代人物評論』二九九頁。

(172) 前掲・伊藤『昭和初期政治史研究』二六七頁。

(173) 浜口雄幸宛伊沢多喜男書簡（一九二九年七月一日）前掲『伊沢文書』八六、八七頁。

(174) 池井優他編『浜口雄幸日記』みすず書房、一九九一年（一九二八年九月三日）七一頁（以降、『浜口日記』と略記し、年月日と頁数のみ表示する）。

(175) 前掲『浜口日記』（一九二八年九月一〇日）七三、七四頁。

(176) 伊沢多喜男宛香川熊太郎書簡(一九二九年九月二五日)前掲『伊沢文書』一七八頁。
(177) 宛先不明伊沢多喜男書簡(一九三六年一一月)前掲『伊沢文書』九九頁。
(178) 小橋一太「床次氏の脱党理由は不可解」、松田源治「矛盾せる新党樹立の意義」、中村啓次郎「大衆を裏切る政治行動」、小川郷太郎「政治の光明の裏を行くもの」、牧山耕蔵「政界刷新の使命を如何」『民政』(二―九)一九二八年。
(179) 前掲・松村『三代回顧録』一三七頁。
(180) 例えば、本党系の小橋は反米論者として知られる(前掲・井上『政友会と民政党』五七頁)。
(181) 前掲・松尾「政友会と民政党」一二四頁。
(182) 富田幸次郎幹事長は、「憲法および会計法は款項に超過するの支出を禁じているが、法令および前例のどこを探しても、節約および削減を禁ずるといふ根拠が見出し得ない」と、適切な説明をおこなっている(『東朝』(一九二九年九月一三日))
(183) 帝国憲法第四三条には、「臨時緊急の必要ある場合に於いて常会の外臨時議会を召集すべし」とある。党内から臨時議会召集の要請があった際、政府は「臨時議会なるものは臨時緊急の必要ある場合にのみ開くべきものであって、衆議院を解散するためにのみこれを召集することは憲法上疑義あり」と述べて拒否した(『東朝』(一九二九年七月一四日))。
(184) 『東朝』(一九二九年九月一三日)。
(185) 児玉秀雄宛安岡一郎書簡(一九二九年七月二八日)前掲『児玉文書』(Ⅱ)一〇七、一〇八頁。
(186) 児玉秀雄宛小山田剣南書簡(一九二九年八月二一日)前掲『児玉文書』(Ⅱ)一五九頁。
(187) 児玉秀雄宛安岡一郎書簡(一九二九年七月二八日)前掲『児玉文書』(Ⅱ)一〇七、一〇八頁。
(188) 前掲・中島「浜口雄幸内閣(昭和四年七月―六年三月)時代のこと」二七八頁。
(189) 伊藤隆・広瀬順皓編『松本学日記』山川出版社、一九九五年(一九二九年一月一七日)九頁。以降、『松本日記』と略記し、年月日と頁数のみ表示する。
(190) 児玉秀雄宛西原亀三書簡(一九二九年九月一日)前掲『児玉文書』(Ⅱ)一六四頁。
(191) 前掲・波多野『浜口雄幸』八〇、八一頁。
(192) 前掲・川人『日本の政党政治一八九〇―一九三七年』二七〇頁。
(193) 前掲・中野「立憲民政党の本領」三五四、三五五頁。
(194) 富田幸次郎「議会解散の意義完了」『民政』(四―三)一九三〇年、一〇頁。

(195) 民政党総務の原修次郎も、「前後十七回を通じて、今回の総選挙に於けるが如く、立憲的に朝野両党が、其の掲ぐる所の政策を正々堂々と国民に訴へ、而して厳正公平なる判断の下に国民の総意を議会に反映したることは未だ嘗てない所である」と主張している(原修次郎「我が憲政の一大進歩」『民政』(四―三)一九三〇年、八頁)。

(196) 前掲・坂野『日本政治「失敗」の研究』七九頁。

(197) 浜口雄幸「政党政治の美果を収めむ」(一九三〇年三月一〇日)前掲『浜口雄幸集』(論述・講演篇)二四四頁。

(198) 前掲『斎藤日記』(上)(一九三〇年一一月一四日)六八八頁。

(199) 「丸山幹治手記」前掲『伊沢多喜男』一九三、一九四頁。

(200) 「手帳(昭和五年)伊沢多喜男」(一九三〇年一一月一六日)前掲「伊沢文書」(資料番号六二五)。

(201) 前掲・松尾「政友会と民政党」一二四頁。

(202) 伊沢は一八日に山本、二〇日に仙石と会っている(「手帳(昭和五年)伊沢多喜男」(一九三〇年一一月一八日、二〇日)前掲「伊沢文書」(資料番号六二五))。

(203) 高橋紘也編『昭和初期の天皇と宮中　侍従次長河井弥八日記』(四)岩波書店、一九九四年(一九三〇年一一月一八日)一九一、一九二頁。

(204) 佐々木隆『明治人の力量』講談社、二〇一〇年(初版は二〇〇二年)九、一〇頁。

(205) 浜口は、「或る用件(首相及び民政党総裁辞任の件)を以って仙石氏に手紙を書く(厳根持参)。手紙を書くは本日を以って始めとす」と記している(前掲『浜口日記』(一九三〇年一二月二日)四一九頁)。

(206) 仙石は若槻と山本に対して浜口の辞意を伝え、三者の協議の結果、「ここで直に辞職するには及ぶまい」という結論に達した。若槻は病床の浜口を訪問し、辞意を撤回させた(広瀬順晧編『政治談話速記録(八)男爵若槻礼次郎速記』ゆまに書房、一九九九年、四〇八~一〇頁)。この時期、仙石は原田熊雄に対して、「臨時代理は、もし万一、浜口さんが議会に出られないでも、幣原でいいぢゃないか。政党出身の者でなければならぬといふが如きは、今日の政党者流が言ふ資格はない。みづから顧みるがいいではないか」と語っていた(原田熊雄『西園寺公と政局』(一)岩波書店、一九五〇年、二三二、二三三頁、以降、『西公』と略記し、巻数と頁数のみ表示する)。

(207) 前掲『牧野日記』(一九三〇年一一月二三日)四二〇頁。

(208) 美濃部達吉「首相代理問題」『民政』(五―一二)一九三一年、二二頁。

(209)「伊沢多喜男氏談話速記」（一九四一年六月一七日）前掲『伊沢文書』四七九頁。
(210)長尾龍一『日本憲法思想史』講談社、一九九六年、一九、二〇頁。
(211)同右、四二、四三、五五頁。
(212)前掲・粟屋『昭和の政党』一九〇頁。
(213)前掲・小林『政党内閣の崩壊と満州事変』、前掲・川田『満州事変と政党政治』。
(214)安達謙蔵宛小泉策太郎書簡（一九三〇年一二月八日）前掲「安達文書」（資料番号一三―四）。
(215)幣原首相代理の下で、江木は、事実上の首相としてふるまっていたという（木戸日記研究会編『木戸幸一日記』（上）東京大学出版会、一九六六年（一九三〇年一一月二三日）四七頁。以下、『木戸日記』と略記し、巻数と年月日と頁数のみ表示する）。
(216)「原田熊雄メモ」『西公』（別巻）（一九三〇年一一月二三日）。
(217)前掲『牧野日記』（一九三〇年一一月二三日）四二〇頁。
(218)前掲・伊藤『昭和天皇と立憲君主制の崩壊』一九四、一九五頁
(219)前掲『牧野日記』（一九三〇年一一月二三日）四二一頁。
(220)前掲『松本日記』（一九二九年五月七日）三八頁。
(221)児玉秀雄宛西原亀三書簡（一九二九年七月二八日）前掲『児玉文書』（Ⅱ）一〇九頁。
(222)前掲・松尾「政友会と民政党」一二五頁。
(223)山本四郎編『西原亀三日記』京都女子大学、一九八三年（一九三〇年一一月一五日）四三七頁。以降、『西原日記』と略記し、年月日と頁数のみ表示する。
(224)前掲『牧野日記』（一九三〇年一一月二三日）四二〇頁。
(225)前掲・小林『政党内閣の崩壊と満州事変』一六一頁。
(226)前掲・猪俣『中野正剛の生涯』三〇一、三〇二頁。
(227)前掲『斎藤日記』（上）（一九三〇年一一月一三日）六九二頁。
(228)「立憲民政党々報」『民政』（五―一二）一九三一年、一三三頁。
(229)前掲・猪俣『中野正剛の生涯』二九八頁。
(230)浜口雄幸宛中野正剛書簡（一九三一年一月八日）前掲『中野正剛の生涯』二九九頁。

(231) 安達謙蔵宛小泉策太郎書簡(一九三一年一月二日)前掲「安達文書」(資料番号一三一―五)。
(232) 村瀬信一『帝国議会改革論』吉川弘文館、一九九七年、九〇頁。
(233) 同右、九四頁。
(234) 同右、九四～九九頁。
(235) 中野正剛「第五九議会を顧みて」『民政』(五―五)一九三一年、一五、一六頁。
(236) 前掲・木坂「中野正剛論」(二)四一頁。
(237) 前掲「丸山幹治手記」『伊沢多喜男』二〇三、二〇四頁。
(238) 前掲『牧野日記』(一九三〇年一一月二三日)四二〇頁。
(239) 浜口雄幸『随感録』講談社、二〇一一年、一六八、一六九頁。
(240) 同右、一七五頁。
(241) 若槻の総裁擁立過程については、前掲・升味『日本政党史論』(五)一九五頁を参照。
(242) 前掲『斎藤日記』(上)(一九三一年四月六日)七一〇頁。
(243) 前掲『斎藤日記』(上)(一九三一年四月八日)七一〇頁。
(244) 前掲『斎藤日記』(上)(一九三一年四月一一日)七一〇頁。
(245) 前掲・粟屋『昭和の政党』一九三頁。
(246) 前掲『牧野日記』(一九三一年四月一一日)四四一、四四二頁。
(247) 同右。
(248) 前掲『牧野日記』(一九三一年三月七日)四三三、四三四頁。
(249) 宇垣と三月事件については、前掲・小林『政党内閣の崩壊と満州事変』一六〇頁を参照。
(250) 前掲・伊藤『昭和天皇と立憲君主制の崩壊』二五七、二五八頁。
(251) 同右、二六七、二六八頁
(252) 前掲『桜内自伝』二八〇頁。井上は、次期総裁として有力視されはじめていた(『読売』(一九三一年四月一七日))。
(253) 前掲・中野「東方会の成立」一一二、一一三頁、前掲・有馬「反復の構造」三〇〇、三〇一頁。
(254) 中野正剛「鋭角的対立」富田幸次郎『再び政友会内閣出現せば日本は何うなる』民衆社、一九三〇年。

(255) 例えば、若槻擁立を決定した四月一〇日の民政党幹部会においても、中野は強硬に反対している(「立憲民政党々報」『民政』(五―五)一九三一年、一三一頁)。
(256) 「帝国主義外交の時代」は去ったと捉える富田は、「平和主義によりて経済的発展」、「日支貿易の増進」をはかるため、幣原外交の必要性を主張していた(富田幸次郎「現内閣の内治外交政策」『民政』(五―四)一九三一年、一七、一八頁)。
(257) 宇垣一成宛西原亀三書簡(一九三一年一〇月二六日)前掲『宇垣文書』三一五頁。
(258) 同右。
(259) 同右、三一六頁。
(260) 茶谷誠一『昭和戦前期の宮中勢力と政治』吉川弘文館、二〇〇九年、三三一頁。
(261) 前掲『牧野日記』(一九三一年九月一五日)四七二頁。
(262) 前掲・小林『政党内閣の崩壊と満州事変』一九七頁。
(263) 須田禎一『風見章とその時代』みすず書房、一九六五年、八二頁。
(264) 前掲・猪俣『中野正剛の生涯』三三一頁。
(265) 『読売』(一九三一年一一月二三日)。
(266) 蠟山政道「協力内閣問題」『文藝春秋』(一〇―一)一九三二年(一九三一年一二月三日)二二一頁。
(267) 『読売』(一九三一年一一月二三日)。
(268) 前掲・蠟山「協力内閣問題」二二三頁。
(269) 前掲『西公』(二)一五二頁。
(270) 中野もマクドナルド内閣を協力内閣のモデルにしていたという(前掲・室「中野正剛のナチス観」三頁)。
(271) 加藤政之助編『立憲民政党史』(下)立憲民政党史編纂局、一九三五年、八九四、八九五頁。
(272) 前掲『牧野日記』(一九三一年一一月一三日)四八二頁。
(273) 清水唯一朗『政党と官僚の近代』藤原書店、二〇〇七年、六九頁。
(274) 前掲・中野『転換日本の動向』一四、一五頁。
(275) 同右、五五頁。
(276) 中野正剛「日本の動向」『講演』(一八七)一九三二年、五一頁。北海道大学附属図書館北方資料室所蔵「高岡・松岡旧蔵パンフレット」(資料番号五二一)。
(277) 前掲・加藤「立憲民政党と金解禁政策」七九頁。
(278) 『読売』(一九三一年一一月二二日)。
(279) 前掲・中野『転換日本の動向』一九頁。
(280) 同右、八頁。一〇月一〇日、中野らは安達と会見し、「政府の責任となるべき軍事行動を単に出先軍憲の専断に委して、諸外国から恰も帝国政府の方針なるかの如く誤解される事は外交上頗る不利益であるから、この際政府部内にあっても外交部と軍部との意見を一致せしむるやう若槻首相の裁量を煩はさねばならぬ」ことを決めた(『読売』(一九三一年一〇月一一日))。
(281) 前掲・木坂「中野正剛論」(二)三九頁。
(282) 住友陽文氏は協力内閣運動期の中野の意図が「外交と国防の統制」にあったことを指摘している(前掲・住友「大正デモクラシー「議会主義」の隘路」二三頁)。
(283) 民政党脱党後の中野は、「座談会に列し、演説会に出で、論文を草し、講演を行ひ、殆ど倦む所を知らなかった。霞ヶ関正統派の外交が自滅に帰し、随って民政党内閣が外交上に立場を失った時、天下の信望を繋いだものは自分等の主張である」と(前掲・中野『転換日本の動向』八頁)、幣原外交との差異を強調している。
(284) 中野正剛「英米の拘束から離脱すべし」『東朝』(一九三一年一〇月二九日)。
(285) 前掲・粟屋『昭和の政党』二八五、二八六頁。
(286) 前掲・木坂「中野正剛論」(一)五七頁。
(287) 前掲・住友「大正デモクラシー「議会主義」の隘路」一一頁。
(288) 前掲・小林『政党内閣の崩壊と満州事変』一八五、二二九頁。
(289) 原田熊雄は、「中野正剛の如きは、陸軍の荒木中将の所に日参をしている、といふ噂さへある」と述べている(前掲『西公』(二)一二七頁)。
(290) 前掲・川田『満州事変と政党政治』一四五、一五〇～一五二頁。
(291) 同右、一五八、一六三頁。
(292) 中野の回想ではあるが、中野が若槻に対して井上に財政政策の転換を訴えるよう内約したところ、若槻は井上に対して中野からの進言だということをそのまま語ったという(前掲・中野『転換日本の動向』三三一〜三三五頁)。
(293) 民政党内閣期の減俸問題については、前掲・伊藤『昭和天皇と立憲君主制の崩壊』二三一、二三二頁を参照。
(294) 五月二六日の閣議は、渡辺千冬法相の強硬な主張によって司法省の要求を全面的に受け入れることを決めた。この結果、司法官の減俸をすすめていた江木は、自らの面目を潰された(『読売』(一九三一年五月二七日))。さらに、鉄道省に対する江木の妥協案は鉄道省以外の各省から猛反発をうけ、江木の進退問題に発展した(『東朝』(一九三一年五月二六日))。
(295) 前掲『木戸日記』(上)(一九三一年一一月一七日)一一四頁。
(296) 前掲・川田『満州事変と政党政治』一八三頁。
(297) 前掲『牧野日記』(一九三一年一一月二二日)四八五頁。
(298) 前掲『斎藤日記』(上)(一九三一年一一月二三日)七三五頁。
(299) 前掲『斎藤日記』(上)(一九三一年一一月二四日)七三五頁。
(300) 『読売』(一九三一年一一月二二日)。
(301) 『読売』(一九三一年一一月二三日)。
(302) 前掲『西公』(二)一四五頁。
(303) 前掲『井上準之助』八一〇頁。
(304) 前掲『宇垣日記』(二)(一九三一年一二月二日)八二〇頁。
(305) 「犬養内閣出現まで」(上)『大阪朝日新聞』(一九三一年一二月一五日)。
(306) 前掲『斎藤日記』(上)(一九三一年一二月一〇日)七三六、七三七頁。
(307) 前掲『斎藤日記』(上)(一九三一年一二月一三日)七三七頁。
(308) 前掲『牧野日記』(一九三一年一二月一〇日)四九一頁。
(309) 前掲・川田『満州事変と政党政治』一九五頁。
(310) 『東朝』(一九三一年一二月一一日)。
(311) 『読売』(一九三一年一二月一二日)
(312) 前掲「丸山幹治手記」『伊沢多喜男』二〇四頁。
(313) 協力内閣運動の際、安達が中野に担がれたという認識は、『民政』の中にもみられる(幽界隠士「復党漫語」『民政』(六—

五）一九三二年、五八頁）。

（314）国民同盟結党の過程については、前掲・有馬「反復の構造」二九八頁を参照。

（315）前掲・中野『転換日本の動向』七五、七六頁。

（316）中野正剛「政変に直面して」『中央公論』（五二八）一九三二年、一六五頁。室潔氏は中野がナチスドイツに傾倒していく契機となった出来事として協力内閣を重視している（前掲・室潔「中野正剛のナチス観」四頁）。

（317）上田貞次郎『上田貞次郎日記』上田貞次郎日記刊行会、一九六三年、一六〇頁。

補論　「党外人」伊沢多喜男と満州に関する一考察

序

本論は、党外人としての伊沢多喜男の動向を検討することで、民政党政権期の満州における人的ネットワークの一端を明らかにすることを目的としている。

これまで本書において検討してきたように、伊沢は民政党と内務省とを結びつける役割を担っていた。本論では、伊沢が民政党内閣と満鉄・関東庁とを結びつける役割をも担っていたことを明らかにするとともに、伊沢と幣原外交との関係についても考察する。

伊沢と満州の関係を扱った先行研究として、加藤聖文氏の「植民地統治における官僚人事」が挙げられる。同論文の中で、加藤氏は「伊沢と満州との関係は、民政党内閣時に満鉄総裁候補となったことから始まる」と主張した。その上で、満州事変以後、「関東軍と関東庁の対立が先鋭化する中で、関東庁・拓務省と伊沢とは密接な連携を取っていた」ことを明らかにしている。(1) また、加藤氏は「幣原外交における満蒙政策の限界」の中で「幣原外交というものは満蒙政策において満鉄をコントロールできなかった段階ですでに失敗していたのであった」と主張している。(2) 伊沢と満州との関係が、第二次若槻礼次郎内閣時代(一九三一年六月)にはじまったということが加藤氏の立場であり、伊沢と幣原外交との関係については言及していない。

右の見解に対して、本論は、伊沢と満州との関係が第一次加藤高明内閣時代(一九二四年六月)にはじまっていたことを指摘する。伊沢は憲政会・民政党内閣期において、満州に自らの影響力を扶植させていた。他方、幣原喜重郎外相と親しい関係にあった伊沢は、幣原外交と満鉄との利害調整に努力していた。

本論が着目する点は、国立国会図書館憲政資料室所蔵の「伊沢多喜男関係文書」所収の意見書において明示されている伊沢の反軍姿勢である。

第一に、伊沢は「政治論覚書」の中で軍人の政治関与を糾弾する。伊沢は「政は正なり、正からさるものは政権を与ふべからず」、「軍人と政治とは、根本の方面を異にす、軍人は戦争をなす事を本職とす、敵を倒す為には詐術可なり、陥穽可なり、殺人固より可なり」と直筆で記している。(3)

第二に、伊沢は一九三四年に作成したとされる「現役軍人の行政部進出に就て」の中で、軍人の行政部進出を批判する。伊沢は「概して軍人は一般行政事務上の知識と経験とに乏しく、徒らに目的達成に急にして手段の如何を問はざる嫌あり、其の考へ方は四囲の事情に十分の注意を払わず、他の批判を排して圧制的、専断的に陥り易く、動もすれば背後の武力に依拠して其の意見を強行し勝ちにして行政の適正妥当を期し難き恨なしとせず」と主張する。(4) 伊沢の結論は左の通りである。

現役軍人が其の本然的職能の範囲を越えて政治上は固より一般行政上にも威力を強ひ其の素志を遂げんとしつつあるは現下我国の最も通歎すべき事象なり、然るに更に一歩を進めて現役軍人が統帥権並に特に認められたる軍政の境域を越えて名実共に一般行政部に進出せんとするが如きは憲法上認められたる権限の分配を紊り、国家の根本機構を改変せんとするものにして其の弊や極まる所を知らず、飽くまで其の実現を阻止せんとする所以なり。

軍人が統帥権を越えて行政機構に進出することに対して危機意識をもっていた伊沢は、内務官僚を代表する存在として対決姿勢を明示していた。

軍人の政治関与と行政進出を極度に嫌悪していた伊沢が満鉄総裁に就任していれば、外務省による満鉄の操作が実現したばかりか、満鉄と関東庁との連携も緊密となり、民政党内閣が関東軍の軍事行動に対する抑止力は強化されたであろう。伊沢を抑えて満鉄総裁に就任した内田康哉が満州事変期において関東軍に迎合していった事実を考慮すれば[5]、一九三一年六月の伊沢満鉄総裁流産は幣原外相が有力な提携相手を失ったことを意味しており、幣原外交にとって重要な意味をもっていたと言える。

第一章では、伊沢と満鉄・関東庁との関係を検討することで、伊沢が満州に自らの影響力を扶植させていく過程を明らかにする。第二章では、一九三一年六月の伊沢満鉄総裁流産に着目し、幣原外交が再編の可能性を断たれていく過程を明らかにする。

第一節　伊沢多喜男の満州人脈

第一次加藤高明内閣成立直後、憲政会系の安広伴一郎満鉄社長は、大平駒槌を副社長に起用した[6]。安広社長は、一九二四年七月三〇日の伊沢宛書簡の中で左のように述べている[7]。

小生前日来各所巡視帰来御書面拝見仕候。大平氏は急ぎ帰朝之必要無之候と奉存候間予定通欧州之視察を終へたる上、帰朝之可然と相考申候。副社長も目下之処急ぎ任命之必要も無之候。満鉄の事務は非常に広汎にして全般に渉りて悉く知悉すること不可能に御座候。且つ人物も中々具備致居社長副社長たるものは、只た将に将たるの器能あれば十分なり。一事一芸に長するは理事以下には必要なれども、社長副社長には不必要なるのみならず、反て害あるも益なきものに相考申候。小生も九月に入り帰京之予定に御座候間何れ委細は拝芝之時援々御話可申上候。

右の書簡から、大平の副社長起用(一一月一日就任)について、伊沢と安広社長との間で合意があったことがうかがえる。安広は、満鉄社長・副社長と理事とを区別する立場から、大平を早急に呼びかえす必要はないと考えていた。なお、安広の前任の川村竹治は副社長を空席とし、松岡洋右理事を事実上の副社長として実務を任せていた(8)。安広は社長・副社長の立場を強化することで、川村路線の転換を企図した。

憲政会政権時代(加藤護憲三派内閣の成立から第一次若槻礼次郎内閣の崩壊まで)、安広社長と大平副社長は満鉄経営を担っていた。大平副社長と伊沢とは、強固な結びつきをもっていた。例えば、大平は、副社長辞任直前の一九二七年五月一〇日、伊沢宛書簡の中で左のように述べている(9)。

安広社長は自ら進んで退任申出つるは求めて政変渦中に投することとなる故、其事は絶対的に回避すべきも、政府に於いて退任を希望し給へば、其の意向ある場合は何等意義を挟まず直ちに快諾すべき意思確定致候に付、老台等御召之如き最後迄当城を死守致候事は到底安広氏には期待し得ざることと存居候。小生の進退は右社長之肚裏次第にて自ら判定すべきことと存候間、是亦御承知置願上候。安広氏は予定之通六月二十日総会に出席の為、同月四日の便船にて七日帰京之心算に御座候。同氏は其留任に付幾分之希望を残し居らるる様にも、小生は断じて其事無之ものと相信候。其筋之意向相分り候はば、参考迄に御一報相煩度存居候。

第一に、伊沢は憲政会政権が崩壊して以降も、安広社長と大平副社長の体制を維持しようとしていた。伊沢は、政友会政権の下でも満鉄に対する自身の影響力を保持しようとしたのである。第二に、大平は田中義一政友会内閣(四月二〇日成立)によって、自らと安広が更迭されると考えていた。満鉄首脳部の内部事情を伊沢に伝えていることから、大平が伊沢と密接な関係にあることがわかる。後年、伊沢の朝鮮総督就任をめぐって伊沢と幣原が対立した際、大平は両者の仲介役となっている(10)。

大平の予想通り、七月一九日をもって安広と大平は更迭され、政友会の山本条太郎と松岡洋右が後任におさまった。当該期において、政党内閣の交替にともなって満鉄の社長と副社長が一新されるという慣行が成立していたことがわかる。

翌一九二九年七月に成立した浜口雄幸内閣は、右の原則に従って、山本と松岡にかわる満鉄総裁・副総裁を選考した。浜口内閣は加藤・第一次若槻内閣で鉄相を務めた仙石貢を満鉄総裁に起用し、大平を副総裁に再任させた(11)。大平が副総裁に再任するまでの経緯は、『浜口雄幸日記』に詳しい。八月一五日、浜口首相と仙石総裁は「副総裁の件に付協議の末、松田拓相十六日帰京を待ち、尚幣原外相とも相談の上決定すること」で合意した(12)。一七日、浜口・仙石・幣原外相・松田源治拓相の四者間協議によって、大平の副総裁再任を決定した。大平との交渉には幣原が赴いている(13)。

他方、伊沢は大平の再任によって満鉄の内情を知ることが可能となった。大平は、一一月二一日の伊沢宛書簡の中で左のように述べている。[14]

先日、幣原氏よりの書にては御渡支之御計画も被為在候様承及候に付、御来連之日、鶴首相俟居たる義に御座候か、最早政治季節に入り御離京六ヶ敷かと被察候か如何之御都合に御座候哉。数日間之御逗留にても当地迄御来遊如何に御座候哉。仙石氏病気に付いては一時非常に心配仕候か、来連後は当地之乾燥せる空気、同氏の病体に適し候ものにや、日増しにめきめき順快、昨今は病前に優るとも可申健体に復され、日々職務励精、持前之明晰なる頭脳にて日々事務裁量相成候。些かの疲労も無之由に御座候。昨日奉天へ張学良訪問に出向せられ、明日帰連、引き続き山積せる事務を片附けられ、来月中頃上京之予定に御座候間、是亦御安意被成下度候。

第一に、大平は伊沢が大連の満鉄本社を訪れることを心待ちにしていた。大平副総裁は就任当初から仙石総裁との連携に難があると言われており、[15]伊沢の助力を期待したのだろう。第二に、幣原は伊沢を大連に派遣しようとしていた。仙石は大連の満鉄本社へ赴任する前に脳膜炎をおこしていた。その後、奇跡的に快復したものの、再発の危険性を抱えて大連に赴任した。[16]右の経緯があっただけに、幣原は仙石の病状を気遣っていたのだろう。幣原・伊沢・大平が緊密に連携していたことがわかる。第三に、大連赴任後の仙石は、率先して奉天の張学良との交渉にあたっていた。張学良は東北交通委員会を組織し、満鉄包囲線計画を企図していた。満鉄包囲線計画とは満鉄本線の東西両側に並行して鉄道を敷設し、外貨を導入して葫蘆島に新しい貿易港を築いて、これまで大連へと流れていた満州の物産品を吸収しようというものだった。[17]

包囲線計画への対処をめぐって幣原外相と仙石総裁の連携が乱れる。佐藤元英氏が「第二次「幣原外交」における満蒙鉄道問題解決交渉」の中で明らかにしたように、幣原外相を中心とする外務省が包囲線計画の条約違反を強調していたことに対して、仙石総裁を中心とする満鉄は包囲線計画の打倒に固執せずに、将来の満鉄経営権の条約期限満了にそなえて吉長線・吉海線との連絡協定を結んでおくことを最重要視していた。仙石総裁は満鉄の経営改善を最優先させる立場から、包囲線計画に融和的になっていた(18)。世界恐慌の影響によって満鉄の二大輸出品である大豆と石炭の売れ行きが低迷し、満鉄の営業収支が悪化していたからである(19)。一九三〇年三月一八日、幣原外相は満蒙鉄道問題に関する根本方針樹立のために外務省と満鉄との合同会議を開催したが、同会議では両者の意見が衝突した(20)。大平副総裁は、二三日の伊沢宛書簡の中で左のように述べている(21)。

仙石総裁に御面会、種々御懇談の次第、委細御来示に預かり御高情千万難有奉深謝候。近頃社業も著しく不振、油断出来さる悲況相見へ候に付いては、総裁帰連之上は此成績に鑑み、更に一段深刻に改革緊縮之要を高唱実現せらるることと被察、小生に於いても此状勢にては万不得已事と被存候に付、仙石老を助け改革の実効を挙げらるる様尽力仕度決意罷在候。只重役中之重なる者は長く満鉄に在る為め、情実纏綿其連携殆んど留度もなき有様にて仙石総裁の想察以上に御座候間、厄介なる人事関係を如何に適切正当に取捌き、其目的を完全に達成せらるるや甚懸念に不堪義に御座候。昭和製鋼初め各種之懸案山積、仙石老には定めし重荷を負へるの感深かるべく被推察候。併し御来示に依れは非常之御元気之由に付、必ずや快刀乱麻を断たれ候ことと確信、国家之為め其健康を乍蔭祝福致候次第に御座候。国民正義に目醒め民政党大勝利、為に内閣之基底も牢固定めし御満悦のことと万察仕候。願わくは玉砕を期して飽迄善政主義を貫徹せらるること不堪希望候。例之件都合克く御運被下、種々御配慮に預かり候段奉拝謝候。小生当初の希望を変更すること甚だ不本意に付、一応老台に御高配相願ひ、希望達成に相努めんこと再三思惟仕候も、幣原氏之切なる御来意に対候以上彼是申出候余地無之様愚考仕候に付、乍不承諾同氏之来意に従ひ候様の次第、委細の事情は親敷御面話可申上不取敢右之事情御諒察置被下度願上候。先般御申聞之大森氏優先採用の事は此度上京致候詮衡委員木村人事課長によく申含置候に付、大なる支障起らさる限りは御希望に相副ひ得候かと想察仕候。

大平がいう「例之件」とは、鉄道交渉に関する件であろう。大平も仙石と同様、致命的競争線の建設阻止に交渉の重点を置く外務省案に反対したものの、最終的には幣原に譲歩したと考えられる。本論が着目したい点は、伊沢が仙石総裁や大平副総裁と接触し、満鉄と外務省の利害調整に努力していたことである。伊沢は満鉄の立場に配慮する一方で、外務省との妥協点を導きだそうとしていたように思われる。

また、大平は仙石の改革に対する古参社員の反抗を伊沢に告げている。加藤聖文氏の『満鉄全史』によると、「経営の悪化により仙石時代から内田時代にかけて三〇〇人近くもの社員の大量首切りが行なわれ」、「在職二〇年以上で給与の高い古参社員が主な対象となっていた」という。[22]伊沢は、大平を通じて満鉄の内部事情をかなり把握していたのである。

さらに、伊沢は大平副総裁に対して熊本県知事の大森吉五郎[23]を満鉄理事に推薦していた。大森は七月二三日に理事に就任し、伊沢は満鉄への影響力拡大に成功した。幣原は満鉄との連携強化のために外務省出身の木村鋭一を理事に送り込んでいたが、[24]伊沢もまた、大森を送り込むことで、外務省と満鉄との連携強化をはかろうとしたのだろう。

六月一三日の『東京朝日新聞』の社説が「満鉄は内憂外患並びいたり、文字通りに全面的行き詰まりの惨境にある」と評したように、[25]仙石総裁・大平副総裁は満鉄包囲線問題をめぐる外務省との意見対立、さらには人員削減に対する古参社員からの反抗という状況におかれていた。他方で伊沢は、外務省と満鉄との利害調整に尽力するとともに、満鉄の内部情勢の把握と自らの影響力の拡大に努めていた。

伊沢が民政党内閣に対する影響力を強化する契機となった事件が、一九三〇年一一月の浜口狙撃事件である。一一月一四日に浜口首相が狙撃され、一六日には幣原外相が首相代理に就任した。第一章第三節で検討したように、幣原擁立の中心となった人物が伊沢であった。仙石総裁も二一日に帰国し、幣原首相代理の続投に一役買った。幣原と仙石は政治的には緊密に連携していたが、満鉄包囲線問題に関しては激しく対立していた[26]。満鉄総裁としての仙石は当該期において幣原外交の障害となっていた。

さらに、外務省は、関東庁との間で満州政策における主導権争いを繰り広げていた。馬場明氏は『日中関係と外政機構の研究』の中で、関東庁が満鉄附属地行政を完全に満鉄から同庁に移管すべきだと主張していたこと、林久治郎奉天総領事が関東庁の主張に強硬に反対していたことを指摘している[27]。一九二九年一一月、林は満州における行政機関統一のための私案を作成している[28]。

一九三〇年一一月、浜口狙撃事件によって幣原が外相を兼任したまま首相代理に就任したことは、奉天総領事館を中心とする外務省が満鉄と関東庁に対して優位に立ったことを意味していた。

右のことを踏まえた上で本論が着目したい点は、幣原首相代理の下で決定した関東庁長官の人事である。一九三一年一月一六日、太田政弘関東庁長官の台湾総督起用が決定し、後任として塚本清治の起用が決定した[29]。この人事について中谷政一警務局長は、二月二一日の伊沢宛書簡の中で「長官の更迭、太田長官には多年親しく御高庇を受け居り、茲に御訣れ致すは非常に淋しく感じ申候も、後任塚本長官と承り、大に安堵いたし、今後色々の御指導を受け得る事を非常に喜び居り申候。御書面の趣き三浦局長にも御伝へ致し、共に魯鈍に鞭ち御仕へ致し度誓ひ居り候。過去の満州、現在の満州を能く御診断下され、適切なる御投業を得る事が最も大切なるの時、国手塚本長官を御迎へ致す事は独り満州のみの幸福に留まらずと存じ候」と述べている[30]。中谷は塚本が太田の後任として関東庁長官に就任したことを歓迎していた。太田・塚本・中谷はいずれも内務省系官僚であり、伊沢と親しい関係にあった[31]。中谷の言は伊沢が塚本の起用に関与していたことをうかがわせる。

ところで、塚本はなぜ関東庁長官に起用されたのだろうか。塚本には、第一次加藤高明内閣の法制局長官として行政調査会設置を推進し、拓殖省設置が議題となった幹事会において、幹事長を務めた経歴があった[32]。加藤聖文氏が「政党内閣確立期における植民地支配体制の模索」の中で明らかにしているように、加藤内閣は拓殖事務局を内閣拓殖局に格下げしており、同内閣が拓殖省設置を認める可能性は低かった。行政調査会内部では拓殖省設置に関する反対論や消極姿勢が目立っていた[33]。拓殖省案は田中義一内閣の下で拓務省の設置となり、浜口内閣は拓務省を植民地長官人事に活用した。だが、第二次若槻礼次郎内閣は、拓務院設置による拓務省廃止を決定した(結局、内閣総辞職によって廃止は免れた)。本来、外務省にとって拓務省は無用の存在であった。加藤内閣が拓務省の設置に否定的だったことを考慮すると、塚本もまた、拓務省廃止を志向していたのではないだろうか。塚本が関東庁長官に就任した背景には拓務省を廃止し、関東庁をも外務省の影響下に置こうという幣原首相代理の意向があったように思われる。中谷は伊沢に対して左のように続ける[34]。

昨日も安東より海岸の方に七邦里の朝鮮人部落にて渾水泡と申す処に勤務の水川巡査不逞鮮人の一団に派出を襲はれ、六、四の二児銃弾を受けて安東に連れ来り治療の有様、支那法域の治安状態の悪しきに国権回収熱を煽り、鰻の寝床と云はるる附属地外に逃げ込みし上は我力及ばず、越境逮捕は怪しからぬと云ふ様な法学理論でやられは我居住民の生命財産は非常に脅かさるる次第、矢張り自衛権の発動緊急行為は不得止事として、只無用の交渉事項を起こさぬ底の周到なる注意を致す様部下を指導致し居り候。奉天の対外交渉につきても外務満鉄当局の迷惑を出さぬ様不少配慮致し居り候。然し当地言論機関は比較的素質悪しきもの跋扈致し居り時に、つまらぬ記事が出て迷惑いたし候。昨日仙石総裁より大連新聞社長宝城に対し痛烈なる叱言を喰はし、先年山条の頃言論封鎖のために十万余円を与へ、発行権を満鉄が押へ得る様致しありたるを利用し、大分脂を取り申候。仙石総裁の身辺に付いては万一の間違いありては存《ママ》じ相当注意いたし居り申候。昨冬より安東密輸取締の事拓務、外交、朝鮮と同じ便偽《ママ》に相成候。是は御高教を受け、関東庁だけで背負い込み、間違いを惹起さぬ様に致し候結果にて一月十六日より庁令発布順調に参り居り候。然し其取り締まりには非常に困難を嘗め居り申候。土地の重なるものが繁昌策として密輸を是認いたし、且背後に関係し、新聞の如きも取り締まりに同情なきのみならず、進んで悪宣伝する有様、されど漸次軌道に入りつつ有之候間安神願上候。昨夜の鮮人の派出襲撃事件につきても其動機如何を知るため高等課長を派し、また臨時の配置もふやし、他の附属地外孤立地帯に波及せぬ様努力致居候。只今も電報あり、復県荘河の州境近くに数十名を指揮して多年凶悪の限りを尽し居り候大頭目金明双の一団と皮下窩警察官と交戦、金を射殺したるに、ピストル二挺丸二〇〇発所持致し居り候。斯かる有様にて、昨今は思想的の懸念事業の外、各種面倒なる事項頻出、随分多忙を極め居り申候。先は昨今之模様御報御無礼之御詫に替へ申候。在満各機関とは十分に密に連絡をとり居り候間、是又御含み置願上候。

第一に、中谷は派出所襲撃事件の際に、中谷がいう「不逞鮮人」が満鉄附属地の外に逃げ込んだと述べている。満州の土地商租権は張学良政権が握っており、日本は満鉄附属地以外に一指も触れることができなかった[35]。他方で、関東庁は関東軍の出兵請求権を握っていた。すなわち、中谷がいう「自衛権の発動緊急行為」とは、関東軍に対して治安維持のための出兵請求をおこなうことを意味していた。だが、中谷は関東軍出兵請求を非常手段として退け、「越境逮捕」をおこなわぬように部下を指導していた。中谷の行動の背景には、関東庁の内地延長主義が外交交渉の妨げになるという外務省の批判があった。一九二九年一一月の林総領事の私案は、国際外交関係を軽視している関東庁に対して関東州外における警察権を置いていることが外交政策の統一を害していると述べていた。[36]中谷は外務省の批判を警戒していたのであろう。

第二に、中谷は、奉天の張学良政権との交渉について、外務省と満鉄に配慮すると述べている。一九二八年秋、満鉄（山本条太郎総裁時代）は中国側と吉会線交渉を開始し、奉天総領事館は新聞や通信等によって様々な揣摩臆測に基づく記事や交渉の内容に立ち入った記事が報道流布されると、交渉を進める上で不利な影響があらわれることを考慮して、満鉄側と協議した上で関東庁に依頼し、管下の新聞に対して鉄道交渉に関する新聞記事掲載禁止の措置をとった。だが、関東庁は、満鉄と領事館に対して事前に何等の打ち合わせもなく、独断で新聞記事掲載禁止を解除してしまった。交渉の状況は直ちに日本国内や中国側にも報じられ、鉄道交渉の進捗に対して悪影響を与える結果となった。[37]中谷の書簡から、一九三一年二月の段階でも鉄道交渉に関する批判記事が頻繁に登場していたことがわかる。中谷は、仙石総裁の身辺警護に奔走していた。批判記事の乱発が関東庁の独断に基因するだけに、中谷は満鉄との関係改善に努力しなくてはならなかった。

第三に、伊沢は、中谷に対して安東における密輸取締を関東庁だけでおこなって不測の事態をおこさぬように注意していた。田中内閣時代の一九二九年二月、旧軍閥の張宗昌が再起をはかって山東へ乗り出すという報告に接した日本政府は、中国内政問題に対する厳正中立の立場から、関東庁に対して関東州が中国政客の政治的策動の根拠地とならないように厳格な訓令を与えた。関東庁が独断で張の行動を黙認したことは、日本政府の立場を悪化させる結果となった。[38]前年の新聞記事掲載禁止解除の件もあり、関東庁の独断行動には批判が強まっていた。伊沢は中谷を介して関東庁の単独行動の抑制を企図し、中谷は伊沢に「在満各機関」と緊密に連携することを約束した。

右の点から、伊沢の意図が関東庁と外務省・満鉄との協調にあったこと、中谷関東庁警務局長が伊沢の指示に従って行動していたことがわかる。伊沢は、塚本の関東庁長官起用によってこの路線を強化しようとしていたと考えられる。幣原首相代理期(一九三〇年一一月～一九三一年三月)において、幣原首相代理兼外相と伊沢の手によって、拓務省廃止と外務省を中心とした満州における行政機関の協調体制構築――幣原外交の再編成――が進められていたと考えられる。(39)

他方、関東軍では一九三一年三月の定期異勤によって新たに調査班が設けられ、班員は石原莞爾・板垣征四郎の指導をうけることになった。石原は満蒙問題解決のためには対米・対ソ・対中・対英戦争が発生することも想定していた。(40)幣原が満鉄と関東庁への対応に苦慮していたころ、関東軍は幣原外交を打倒する準備を着々と進めていたのである。

満州における行政機関の協調体制構想は、満鉄包囲線問題をめぐって外務省と対立していた仙石満鉄総裁(41)の辞任、外務省との協調を志向する伊沢の後継総裁就任によって実現するはずであった。第二節では、この構想が挫折していく過程を検討する。

第二節　伊沢満鉄総裁の流産

幣原外相は、民政党内閣の首相代理に就任して以降、満州における行政機関の協調体制構築をめざした。そのためには伊沢との連携が不可欠であった。

だが、初の文官総督を企図する浜口と幣原が推進した伊沢の朝鮮総督起用(一九二九年八月)を妨げたものは、伊沢の政党色だった。(42)幣原首相代理期においても満鉄から政党色を払拭すべきだという意見が存在した。例えば、三井銀行の尾崎敬義は一九三〇年一二月二二日の伊沢宛書簡の中で「満州問題は対支政策の根幹と相成候ものにて、今日の如き満鉄首脳者の態度にては洵に百年の悔いを残すものと奉恐察候。此点も何とか御一考相願度、所詮は其地位に適任者を得ることに有之、政党的情実を排して国家の大計を樹て候様、御配慮被成れ度願上候」と述べている。(43)満鉄首脳部の失政が党派人事に基因しているという尾崎の認識は、右派系知識人の山田武吉の「満蒙問題は難解的懸案」にもみられる。山田は、張作霖政権下において「我が既得権益を実現すべき機会が幾度かあったにも拘らず、国論の不統一と醜悪なる党派的政争のため何等の成果をも挙げ得なかった」、張学良政権が「鉄道建設と港湾建設より成る交通政策を以って我国に対抗し来るといふ有様なれば、満蒙を特殊地域とする建前による我が既得権益の実現は益々不可能となった」と主張している。(44)山田も、日本の満州政策の行き詰まりと党派人事を結びつけていた。

第一章第三節で検討したように、一九三一年二月、幣原首相代理は第五九議会において失言問題を引き起こし、民政党の内外から激しい批判をうけた。三月には幣原が首相代理を辞任し、浜口の再登場となった。四月には若槻が浜口から民政党内閣を引き継いだ。仙石満鉄総裁の辞任よりもはやく、幣原が首相代理の座から追われたことは幣原と伊沢にとって大きな誤算であっただろう。結果的に、幣原の首相代理辞任は、満州における行政機関協調体制構想の躓きの端緒となった。

他方で、伊沢は次期満鉄総裁の有力候補であり、(45)本人も総裁就任に意欲を示していた。例えば、四月一二日の『読売新聞』は「仙石満鉄総裁も当然辞任するが、其の後任としては片岡直温、伊沢多喜男両氏が数へられて居るが、伊沢多喜男氏は自身頗る満鉄入りを希望して居るとの事で、はたして何れに軍配が上げられるか一寸予断を許さないものがある」と評している。(46)伊沢は、満鉄総裁に就任することで、外務省・関東庁との関係を調整しようとしていたと考えられる。

ところが、若槻首相が満鉄総裁に選択した人物は、伊沢ではなく内田康哉だった。六月一三日に内田は満鉄総裁に就任し、伊沢の支持者たちは落胆した。一五日に柴田善三郎(大阪府知事)は、伊沢宛書簡の中で「今回満鉄総裁並朝鮮総督之異動に付いては所謂期待外れにて、小生門下生としては気抜けの感に堪へず候。当地消息通間にも満鉄に付いては必ず実現を見るべしと推断したる者多く候」と述べ[47]、中谷政一(関東庁警務局長)もまた、同日の伊沢宛書簡の中で「今度突如満鉄主脳者の更迭あり、今度に於いては御出馬の御事と全く確信いたし居り候処、其事なく意外千万に御座候。何故に御引き受け遊されざりしか、満州の昨今、蝉噪蛙鳴徒らにしげきの時、賢人に待つ最も大なるの際、其事なかりしは、かへすがへすも会得致し兼ぬる処に候」と述べている[48]。満鉄総裁就任に失敗した結果、満州に対する伊沢の影響力はきわめて限定的なものとなった。

ここで問題となる点は、若槻首相が満鉄と関東庁の内部事情に通暁した伊沢ではなく、満州の実情に疎い内田を満鉄総裁に起用したのかということである。六月二一日、塚本清治(関東庁長官)は、伊沢宛書簡の中で左のように述べている[49]。

先般来満鉄総裁愈々更迭あるべき由、専ら風聞有之候に就いては後任は必定賢台に御交渉予感有之、当然其実現を期待罷在候処、全然案外の任命を見てしばし茫然と致候。乍去当時斎藤朝鮮総督が辞任を申し出てらるるの噂漸次高く、自然賢台は此後任たらるべきに依り満鉄総裁を他人に宛てられたるものかと愚考仕り、失望の裡にも却って後日の吉報を祈り且つ楽居候処、是亦期待を裏切られ痛恨実に限りなく候。何故政府は此二の何れかに賢台の出馬を請はざりしか、遠隔に在る私共には全く其事情を知るに由なく唯々落胆終に悲嘆に暮れ申候。賢台は予て進んで地位を求めらるる方に非ず、川崎翰長幸に枢機に与るの便宜あり、極力要路に説きたることと相信じ候処、其効果を奏し得ず、洵に以って申し訳なき次第に有之候。其後政界情報社の通信に依れば、政府首脳部の談として満鉄総裁は賢台御自身の御希望の有無判然せず、且つ若槻首相の賛成なかりし結果なりと有之候。若槻首相の賢台に対する其後漸次改りたるやに存居候処、尚且通信の如くに候ひしか、呉々も遺憾千万に奉存候。

塚本は、川崎卓吉内閣書記官長を介して、伊沢を満鉄総裁に就任させるための工作をおこなっていた。伊沢が民政党内において最も信頼する人物であった川崎は、伊沢を満鉄総裁に就任させるため、各方面に働きかけていたのだろう。塚本の書簡で着目される点は、塚本が若槻と伊沢の個人的関係に言及している点である。第一章第二節でみた伊沢と若槻との不仲は、塚本のよく知るところであった。個人的に懇意にしている幣原が首相代理を辞任し、再び起つべきではないと評していた若槻が浜口の後継首相に就任したことは、伊沢が満鉄総裁に就任する際に不利に作用したであろう。

内田の満鉄総裁起用の背景には伊沢との個人的関係ばかりではなく、若槻の政治的意図があった。柴田は、前引の伊沢宛書簡の中で「噂によれば若槻首相此度は余程確き意気込みにて内田氏を推薦せりとか。それには何等かの有力なる助言に基くべしとの説多く候」と述べている(50)。右派系知識人の山田武吉は「満鉄と満蒙政策」の中で、「外交界の元老内田伯を総裁に任命したのは、政府も余程考へたものと見るべく、此の超党的人物を起用したのは、満鉄の党弊侵潤に対する世論が喧しくなり、東京有志団による満鉄重役の恒久性に関する建議などもあった故と思はるる」と述べている(51)。若槻が内田起用に固執した背景には、党派人事を嫌う人々からの圧力があった。また、馬場恒吾は左のように評している(52)。

若槻内閣が内田を満鉄の総裁に推したのは満鉄が政党の喰ひ物であると云ふ世間の疑惑を一掃せんがためで

あった。内閣が更迭する毎に、満鉄の首脳部が更迭するのでは、満鉄が国家の機関でなくして、政党の機関であるかの如く見られる。殊に支那からさう見られることは、満鉄総裁の威信に関るのみならず、何かにつけて日本の不利益になる。又近年の如く満鉄と支那との交渉が遅々として進まず、日本の権益が屢々蹂躙される場合には、満鉄総裁としては、外交的手腕のある人を欲すると、首相若槻は此見地から満鉄総裁の人選をしようと思った。其当時、総裁候補として内田と今一人外交出身の人を推薦するものだったが、若槻は言下にそれは内田の方がよいと云った。内田に外交的手腕のある事は勿論であるが、内田は第二次西園寺内閣、原内閣、高橋内閣、加藤友三郎内閣の外務大臣であって、政友会に入党してはいないけれども、殆んど政友会の党人と云っても差し支えない。此人が満鉄総裁になっているならば、仮令次に政党内閣が出来ても、満鉄総裁を更迭する必要はあるまい。さうすれば、満鉄が政党の喰ひ者であると云ふ疑惑を解く事が出来ると、これが若槻が内田に満鉄総裁になることを求めた趣旨であった。

馬場が指摘しているように、若槻は日本の満州政策の行き詰まりが党派人事に基因するという批判を避けるために、あえて政友会系外務官僚の内田を推薦したと考えられる。六月一二日、閣議の開会に先立って、若槻は首相官邸に幣原外相ら五閣僚を招いて満鉄総裁と副総裁の選考に入った。その際に「総裁には政党政派を超越した恒久性を有する一流人物で、且つ満蒙問題に理解ある外交畑出身者たる事」と「副総裁は経済事情に通暁する実業家たる事」ということに意見が一致し、内田・江口定條(三菱合資会社総理事)の総裁・副総裁起用が決定した(53)。江口の起用の背景には、危機的状況に陥っていた満鉄経営の建て直しへの期待があった(54)。大平が満鉄副総裁から更迭されたことは伊沢にとって痛手であったろう。

なお、若槻による内田の満鉄総裁起用は各方面から歓迎された。六月一三日の『読売新聞』は、「仙石総裁の後任は政党色稀薄にして対外的にも重きをなし、且つ対支対露問題に抱負経綸を有する一流の人物と云ふ注文に倣って白羽の矢を立てられたわけである」[55]、山田武吉は「満鉄と満蒙政策」の中で「政党の食指の動く満鉄総裁に超党的人物を起用したのは悪くない。超党的人物起用の結果として、党弊の満鉄侵入や利権屋の満州荒らしが防がれ、政変毎に任期附きの満鉄正副総裁を更迭すると云ふ従来の悪例が除かれるならば、至極結構な事である」と述べ、いずれも内田の総裁起用を評価していた[56]。

若槻首相は、満鉄首脳の人事――党派人事――という批判を避けるために伊沢満鉄総裁案をしりぞけ、内田の起用を決定した。だが、若槻の決定は幣原外交の再編を妨げる結果となった。池井優氏の「内田康哉――焦土外交への軌跡」によると、満鉄総裁就任当初の内田は従来から問題となっていた外務省と満鉄との間の意見相違を緩和し、密接な調和と連絡を保つことを期待されていた。だが、「幣原外交の代弁者」たろうという内田の努力は就任当初までであり、満州事変勃発以後は関東軍に同調し、幣原外相の不拡大方針と全面対立した[57]。内田は権力の帰趨を見るのにきわめて敏感であり、新しい権力の担い手を関東軍に見出していた[58]。伊沢は満州事変勃発以後も関東庁を介して幣原外交を支援したが[59]、関東軍と満鉄の連携に屈することになった。

一九三一年一二月一一日、第二次若槻内閣は安達謙蔵内相の反乱によって倒れ、幣原外交は崩壊した。中谷がいう「浜口内閣以来天海僧正之御役目を御尽くし下され候」[60]伊沢もまた、民政党内閣の崩壊以後は満州への影響力を後退させていく[61]。

結

第一章では、伊沢多喜男と満鉄・関東庁との関係を検討した。伊沢は、第一次加藤高明内閣時代から、安広伴一郎満鉄社長・大平駒槌副社長を介して満鉄に影響力を行使していた。浜口雄幸内閣成立以後、伊沢は、大平満鉄副総裁を介して仙石貢満鉄総裁と幣原喜重郎外相との関係調整に尽力していた。また、伊沢は、太田政弘長官・後任の塚本清治・中谷政一警務局長を介して関東庁にも影響力を行使していた。幣原首相代理期において伊沢は、中谷を介して関東庁の単独行動を抑えていた。外務省・満鉄・関東庁の協調を志向する伊沢は、幣原外交の再編に不可欠な存在だった。

第二章では、伊沢満鉄総裁の流産過程を検討した。幣原が首相代理を退任し、民政党内閣を継承した若槻礼次郎が内田康哉の起用に固執したために伊沢は満鉄総裁に就任することができなかった。若槻は、政友会に近い内田を起用することで、満鉄総裁人事が党派人事だという批判を避けることに成功した。だが、内田は、満州事変期において関東軍の軍事行動に迎合し、幣原外交打倒の一翼を担った。伊沢が満鉄総裁に就任できなかったことは、幣原外交の再編を妨げる結果になった。

本論の考察から、党外人の伊沢が民政党内閣の満州統治に深く関与していたことがわかる。また、伊沢は一貫して幣原外交を支援する立場にあった。満州事変期における中野正剛らの幣原外交攻撃は、党外人主導の満州統治に対する反抗でもあった。

（1）　加藤聖文「植民地統治における官僚人事」大西比呂志編『伊沢多喜男と近代日本』芙蓉書房、二〇〇三年、一二七、一二八頁。

（2）　加藤聖文「幣原外交における満蒙政策の限界」『早稲田大学大学院文学研究科紀要』（四六―四）二〇〇〇年、四八頁。幣原外交と満鉄との関係を扱った研究として、加藤論文の他に、佐藤元英「第二次「幣原外交」における満蒙鉄道問題解決交渉」小林英夫編『近代日本と満鉄』吉川弘文館、二〇〇〇年が挙げられる。満鉄の通史として、加藤聖文『満鉄全史』講談社、二〇〇六年が挙げられる。また、拓務省の研究として、清水秀子「拓務省設置問題」『歴史教育』（一五―一）一九六七年、加藤聖文「政党内閣確立期における植民地支配体制の模索」東アジア近代史学会編『東アジア近代史』（創刊号）ゆまに書房、一九九八年が挙げられる。在満行政機関統一問題を扱った研究として、馬場明『日中関係と外政機構の研究――大正・昭和期』原書房、一九八三年が挙げられる。日本の満州政策の展開過程を扱った研究として、鈴木隆史『日本帝国主義と満州1900〜1945』(上)・(下)塙書房、一九九二年が挙げられる。近年、政党内閣期の植民地研究は急速に進展している(岡本真希子『植民地官僚の政治史』三元社、二〇〇八年、李炯植「政党内閣期における植民地統治」松田利彦・やまだあつし編『日本の朝鮮・台湾支配と植民地官僚』思文閣出版、二〇〇九年)。

(3) 伊沢多喜男「政治論覚書」前掲「伊沢文書」(資料番号六六四)。

(4) 伊沢多喜男「(極秘)現役軍人の行政部進出に就て」前掲「伊沢文書」(資料番号五一四)一九三四年。

(5) 内田康哉に関する研究として、池井優「内田康哉――焦土外交への軌跡」『国際政治』(五六)一九七七年が挙げられる。

(6) 前掲・加藤『満鉄全史』八五頁。

(7) 伊沢多喜男宛安広伴一郎書簡(一九二四年七月三〇日)前掲『伊沢文書』四三三、四三四頁。

(8) 前掲・加藤『満鉄全史』八五頁。

(9) 伊沢多喜男宛大平駒槌書簡(一九二七年五月一〇日)前掲『伊沢文書』一五九、一六〇頁。

(10) 伊沢多喜男「朝鮮総督問題に就て」前掲『伊沢文書』五一八頁。また、斎藤実内閣期において、幣原と伊沢は大平の貴族院議員推薦について話し合っている(伊沢多喜男宛幣原喜重郎書簡(一九三二年八月四日)前掲『伊沢文書』二六七頁)。

(11) 前掲・加藤「幣原外交における満蒙政策の限界」五六頁。

(12) 前掲『浜口日記』(一九二九年八月一五日)二二九頁。

(13) 前掲『浜口日記』(一九二九年八月一七日)二二九、二三〇頁。

(14) 伊沢多喜男宛大平駒槌書簡(一九二九年一一月二一日)前掲『伊沢文書』一六〇頁。

(15) 前掲・佐藤「第二次「幣原外交」における満蒙鉄道問題解決交渉」一六一頁。

(16) 有賀宗吉『十河信二』十河信二刊行会、一九八八年、二八七頁。

(17) 小林英夫『満鉄』吉川弘文館、一九九六年、一一一、一一二頁。

(18) 前掲・佐藤「第二次「幣原外交」における満蒙鉄道問題解決交渉」一八三頁。

(19) 前掲・加藤『満鉄全史』一〇〇頁。

(20) 前掲・佐藤「第二次「幣原外交」における満蒙鉄道問題解決交渉」一五六〜一六〇頁。

(21) 伊沢多喜男宛大平駒槌書簡(一九三〇年三月二三日)前掲『伊沢文書』一六一頁。
(22) 前掲・加藤『満鉄全史』一三一頁。同書によると、満鉄社員会は、満鉄首脳人事が国内政治に翻弄されることへの危機感とそれを乗り越えようとする団結心を基盤としていた。
(23) 大森は、一九〇八年に京都帝国大学法科大学を卒業、同年高等文官試験に合格し、京都府庁に入った。一九一六年に熊本県理事官に転じ、以後、愛媛・神奈川の警察部長、北海道内務部長を歴任した。この間に伊沢の知遇を得たと考えられる。大森は、一九二五年から一九二九年まで山口県知事を務め、農村の疲弊救済策として各種の副業奨励に尽力したため、「副業知事」とよばれた。満鉄理事に就任する以前は熊本県知事を務めていた。
(24) 前掲・加藤「幣原外交における満蒙政策の限界」五五、五六頁。
(25) 社説「満鉄改革に対する期待」『東朝』(一九三〇年六月一三日)。
(26) 前掲・佐藤「第二次「幣原外交」における満蒙鉄道問題解決交渉」一五六～一六〇頁。
(27) 馬場明『日中関係と外政機構の研究』原書房、一九八三年、二三三頁。
(28) 同右、二三五～二四〇頁。
(29) 『読売』(一九三〇年一月一七日)。
(30) 伊沢多喜男宛中谷政一書簡(一九三一年二月一一日)前掲『伊沢文書』三四一、三四二頁。
(31) 季武嘉也「大浦兼武と伊沢多喜男」前掲『伊沢多喜男と近代日本』六九頁。
(32) 前掲・加藤「政党内閣確立期における植民地支配体制の模索」五五頁。
(33) 同右、四六頁。
(34) 伊沢多喜男宛中谷政一書簡(一九三一年二月一一日)前掲『伊沢文書』三四二頁。
(35) 前掲・加藤『満鉄全史』一一四、一一五頁。
(36) 前掲・馬場『日中関係と外政機構の研究』二三七、二三八頁。
(37) 同右、二三三頁。
(38) 同右、二三五頁。
(39) 清水秀子氏によると、一九三一年四月に成立した第二次若槻内閣は、拓務省を拓殖局に引き戻し、一部事務を外務省通商局・内務省社会局に戻すことを決定した(前掲・清水「拓務省設置問題」五九頁)。伊沢が内務省に強い影響力をもっていたのは周知の通りである。幣原首相代理期において、幣原と伊沢の間で、拓務省廃止に関する合意があったように思われる。
(40) 関寛治「満州事変前史(一九二七年～一九三一年)」日本国際政治学会・太平洋戦争原因研究部編『太平洋戦争への道』(一)朝日新聞社、一九六三年、三八二、三八三頁。
(41) 一九三〇年一二月二日、仙石総裁は「支那が自分の領地に鉄道を引くのがなぜ悪いか。満鉄の競争線が出来ることなんか何でもないよ。大阪の築港が出来る時、神戸が騒いだが、今日に於いてはどうだ。神戸は倒れる処か益々繁栄しているぢゃないか。満州も鉄道が出来て大いに開発されれば、満鉄も益々栄えると云ふものだ」と語っている(『読売』(一九三〇年一二月二日))。仙石の方針が外務省の方針と真っ向から対立するものであったことがわかる。他方、一九三一年一月二二日、幣原外相は「満州に於ける鉄道問題に付いても数年来未決に属するものが尠くないのであるが、政府は以上の方針に依って適当に之を調整せむが為めに折角努力である」と主張している(幣原喜重郎「我が国最近の国際関係」『民政』(五―二)一九三一年、一七頁)。幣原首相代理は、外務省を中心に鉄道問題の解決をはかろうとしていたようである。
(42) 伊藤之雄『昭和天皇と立憲君主制の崩壊』名古屋大学出版会、二〇〇五年、一四四、一四五頁、前掲・岡本『植民地官僚の政治史』五二五、五二六頁。
(43) 伊沢多喜男宛尾崎敬義書簡(一九三〇年一二月二二日)前掲『伊沢文書』一七五頁。
(44) 山田武吉「満蒙問題は難解的懸案」『日本及日本人』(二一五)一九三〇年、一一頁。
(45) 児玉英雄宛池辺竜一書簡(一九二九年七月二三日)前掲『児玉文書』(Ⅱ)一〇二頁。
(46) 『読売』(一九三一年四月一二日)。
(47) 伊沢多喜男宛柴田善三郎書簡(一九三一年六月一五日)前掲『伊沢文書』二八一頁。
(48) 伊沢多喜男宛中谷政一書簡(一九三一年六月一五日)前掲『伊沢文書』三四三頁。
(49) 伊沢多喜男宛塚本清治書簡(一九三一年六月二一日)前掲『伊沢文書』三一九、三二〇頁。
(50) 伊沢多喜男宛柴田善三郎書簡(一九三一年六月一五日)前掲『伊沢文書』二八一頁。
(51) 山田武吉「満鉄と満蒙政策」『日本及日本人』(二二七)一九三〇年、九頁。
(52) 馬場恒吾『議会政治論』中央公論社、一九三三年、三四四、三四五頁。
(53) 『読売』(一九三一年六月一三日)。
(54) 前掲・加藤『満鉄全史』一二二頁。

(55) 『読売』(一九三一年六月一三日)。
(56) 前掲・山田「満鉄と満蒙政策」一〇頁。
(57) 前掲・池井「内田康哉――焦土外交への軌跡」六〜一〇頁。
(58) 同右、一九頁。
(59) 伊沢多喜男宛中谷政一書簡(一九三一年一一月二〇日)前掲『伊沢文書』三四三頁。
(60) 伊沢多喜男宛中谷政一書簡(一九三一年一二月一四日)前掲『伊沢文書』三四五頁。
(61) 前掲・加藤「植民地統治における官僚人事」一三三頁。

第二章　民政党主流派の挙国主義と富田幸次郎の宇垣新党構想

状況はただ客体として前にある(Ｖｏｒｈａｎｄｅｎ)ものではなく、ａｃｔｏｒの行動を通じて刻々変化するものである。つまり主体・客体的なものである。だから、状況をある凝固した現実、所与の現実として捉えずに、もっと可塑的なもの、操作的なものとして捉えるのが本当の政治的リアリズムなのである。

一定の政治的現実―運動にせよ、政策決定にせよ―には、しばしば相反する傾向が内在している。それを同時的に認識すること―いわゆる盾の両面を見ること―がリアルな状況認識である。一方の傾向性だけが目に入って、他方の反対の傾向性を見落とす危険性をつねに警戒しなければならない。[いわゆる]Ｗｉｓｈｆｕｌｔｈｉｎｋｉｎｇ[希望的観測]の問題[である]。

丸山真男『丸山真男講義録』[第三冊]東京大学出版会、一九九八年、一九頁。

る。

本章では、一九三一年一二月の政権陥落から一九三六年の二・二六事件勃発までの立憲民政党を分析対象とす

当該期の立憲政友会の研究[1]に比して民政党研究は決して多くない[2]。山室建徳氏は『町田忠治』(伝記編)の第一二章の中で、町田の総裁擁立過程を詳細に分析している[3]。坂野潤治氏は『近代日本の国家構想』の中で、斎藤・岡田両内閣期における民政党が挙国一致内閣の存続を望んだことを指摘している[4]。松浦正孝氏も『財界の政治経済史』の中で「与党化していった民政党も、政党内閣への執着は比較的弱く、「挙国一致」内閣の下で政策本位の危機管理政治への指向が強かった」ことを指摘している[5]。近年では、茶谷誠一氏が『昭和戦前期の宮中勢力』の中で、若槻・町田ら民政党主流派が国際連盟脱退に抵抗するため、議会政治に逆行する重臣会議開催を企図していたことを指摘している[6]。政党内閣の復活に積極的にならず、非政党内閣を支持し続けた若槻・町田両総裁の党指導が消極的とみなされたことが当該期の民政党研究の遅れにつながっているように思われる。

当該期における政民連携運動については、宇垣一成朝鮮総督を中心とした政民合同論を中心にみる坂野氏[7]・酒井哲哉氏[8]の見解と、政策協定を中心にみる堀田慎一郎氏[9]・松浦氏[10]の見解とが存在する。

本書は坂野氏・酒井氏の見解を踏まえ、宇垣新党構想を軸に政民連携運動を捉える。その上で、坂野氏と酒井氏が検討対象としていない民政党反主流派の富田幸次郎を考察の中心に据える。民政党を政界における重要な権力基盤とする宇垣にとって、富田の存在は重要であった[11]。宇垣と富田との密接な関係については、山本四郎氏が「〝政界の惑星〟宇垣と西原亀三」(上)・(下)の中で、昭和期の西原亀三に関する史料紹介を通して触れているが[12]、具体的な考察はおこなっていない。

本章では、政党改良として富田の宇垣新党運動に着目し、政党内閣復活の切り札としての側面だけではなく、むしろ戦後の自由民主党による一党優位政党制の源流としての側面を考察する。同時に、陸軍穏健派としての宇

垣に着目し[13]、対外危機克服の可能性を考察する。国際協調の観点からみれば、民政党主流派と宇垣の距離は遠くなかった。ゆえに、本書では、民政党を中心に宇垣新党運動を検討する。

他方で、民政党主流派（若槻総裁・町田・川崎卓吉）が志向した方向は、堀田氏・松浦氏が着目した政策協定としての政民連携であった。本章では政権争奪を自重し、政策本位の路線を打ち出した若槻民政党の政党改良に着目し、第三章において検討する町田民政党の政党改良との連続性を重視する。

本章では、民政党主流派と富田との政党改良の相克という視角から、政権陥落後の民政党を検討する。

第一節　政権陥落後の民政党における二つの政党改良

本節では、政権陥落後の民政党の指導者（若槻・町田両総裁）が消極的な党運営を余儀なくされた背景として、当該期の民政党が直面していた状況を概観するとともに、富田の政治構想について考察する。

第一項　政権争奪批判と若槻民政党

政権陥落後の民政党は安達謙蔵に代表される多くの人材が党外に流出し、井上準之助という実力者を血盟団事件で失い、一九三二年二月の第一八回総選挙において憲政史上に残る大敗を喫し、一九三六年二月の第一九回総選挙に至るまで衆議院少数党の地位を余儀なくされた。

民政党は斎藤実内閣の与党となったものの、もう一方の与党として政友会が衆議院絶対多数党として存在していた。政権復帰の可能性が絶望的な現状を前に、若槻民政党総裁は対策に追われた。一九三二年一二月四日、若槻総裁は、「我々は党略に基く政権争奪の如きは全然眼中になく、唯時局を救ひ国民生活を安定せしむるの策を樹てこれを実現するためにはいかなる犠牲をも忍び、以って政党本来の使命を全うしなければならぬ」と発言していた。[14]若槻は一九三三年の年頭においても「我党は少数ではあるが、国家の重きに任ずる公党として、誠心誠意唯君国に奉ずると云ふ信念を以て善処したいのである。吾々は党略に基く政権争奪の如きは全然眼中になく、只時難を救ひ国民生活を安定せしむるの策を樹てて之れを実現する為めには如何なる犠牲をも忍び、以て政党本来の使命を全ふしなければならぬ」と主張している。[15]一九三二年九月二七日の『読売新聞』は我国の政党が「政治道徳を無視し、政権争奪にのみ憂き身をやつしていた」という認識を社説に掲げており、[16]若槻総裁は意識的に「政権争奪」の否定を公言したように思われる。また、「政党本来の使命」について若槻は一九三三年五月一五日の定例午餐会席上演説の中で「政党の使命は政策を樹立し、これを実行するにある、即ち政策は政党の生命である。故に政党は常に時代に順応した政策を樹て、国論を誘導し、政府を鞭達して行かねばならぬ」と説明している。[17]機能主義的政党理解において、若槻と町田は一致している(第三章第一節で後述)。若槻民政党は「政権争奪」批判を克服するため、斎藤内閣のような非政党内閣の与党として政権獲得を自重する一方で、政策本位の姿勢を明確に打ち出した。若槻が企図した政権本位の政党から政策本位の政党への改良は、町田民政党に継承されていく。

ここで、若槻民政党の動向を規定していた当該期の「政権争奪」批判に着目する。一九三四年一月、山田武吉は「政党は議会にその勢力を集中し、その勢力を専ら多数の上に築き、選挙に金力と権力を濫用して質の乏しい量のみの多数議員を獲得することに努め、その量的勢力を衆議院に築くと共に貴族院をも籠蓋し、政争の上に超然たるべき貴族院を政争渦中に捲き込み入れて議会を政権争奪の巷と化し、憲法による本来の議会制度を粉砕した」と主張している。[18]同時期、美濃部達吉も「政権争奪の為の政争を廃止することが何よりも必要である」と主張し、[19]佐々弘雄もまた「政権闘争絶対主義が、政党の信用を失墜した最大原因であった」と主張している。[20]右派系知識人の山田・議会主義者の美濃部・左派系知識人の佐々は、政党間政権競争の行き過ぎを「政権争奪」と批判していた。

右のように、政党内閣が崩壊して一年以上が経過した一九三四年一月ごろには、政権争奪批判が知識人の間で共有されていた。以降、この時期になって政権争奪批判が醸成されていった要因について検討する。

第一の要因として、松岡洋右の政党解消運動が挙げられる。松岡は日本側の首席全権として国際連盟総会に参加、一九三三年三月に日本は国際連盟を脱退した。一九三三年は日本の外交政策が対英米協調を放棄した年として著名であるが[21]、松岡は象徴的な人物だった。イタリアとイギリスを訪れた後、帰国した松岡は「凱旋将軍」のように歓迎された。同年一二月、松岡は所属していた政友会を脱党し、既成政党排撃をめざす「政党解消連盟」を組織した。政党解消連盟規約には、「本連盟を政党解消連盟と称し政党解消の主義主張に賛同する国民を以て組織す」、「本連盟の本部を東京に置き、支部を市町村に置く」と記されており[22]、松岡の政党解消運動が直接的に国民に働きかけるという方式をとっていたことがわかる。同時代人からみると、松岡は「満洲国」を認めない英米主体の国際連盟という束縛から日本を解放した「凱旋将軍」であった。ゆえに、当該期における松岡の政党解消論は、かなりの説得力をもって多くの人々に受け入れられたと考えられる。松岡の全国遊説の結果、政党解消連盟の会員は二〇〇万人を超えたという。

第二の要因として、五・一五事件被告減刑運動が挙げられる。事件の公判は、一九三三年七月から陸・海軍の軍法会議ではじまった。被告や弁護人はロンドン条約締結によって統帥権が干犯され、国防が危機に陥ったと主張し、政党・財閥批判を繰り返した。直接行動によって政党内閣を倒した被告への減刑嘆願署名運動は急速に発展し、年末までに署名数は一一四万八千に達した[23]。なおこの運動は陸軍の後押しをうけていた[24]。老壮会出身の田鍋安之助が一九三四年三月一五日の元老西園寺公望宛書簡の中で「其後五一五事件の公判開始あり天下の人心か彼等の不法行為を責めすして却つて全国の津々浦々迄翕然として是等の青年に同情せしは、如何に人心か政党政治を厭悪せるかを示す鉄証に候」と述べているように、(25)五・一五事件被告減刑運動は国民の政党不信の証明として政党排撃論者に利用されていた。

第三の要因として、一九三三年一〇月、海軍がワシントン・ロンドン両海軍軍縮条約の廃棄を決定したことが挙げられる。ロンドン条約を締結した民政党は当該期になって激しい批判にさらされたが、(26)政友会はその先頭に立った。鈴木喜三郎政友会総裁は、ロンドン条約が国防を危うくするものだと批判し、条約の全権を軟弱呼ばわりした。(27)政友会の内田信也も、政友会が条約締結に反対していたことを盾にとり、民政党の責任を糾弾していた。(28)若槻は軍縮会議の首席全権であったし、浜口内閣の法制局長官だった川崎卓吉(民政党幹部)も若槻に随行し、日本全権部内の会議の調整に尽力した経歴があった。(29)若槻総裁と川崎は、個人的にロンドン条約締結の責任を問われる立場にあった。ゆえに、若槻総裁は、ロンドン条約に関する弁明をおこなおうとしていた。原田熊雄は川崎に対して、若槻の弁明が軍部を刺戟するだけだと反対した。川崎は「ロンドン条約のことなら差支あるまい。統帥権のことぢゃないから」と述べたが、原田は「ロンドン条約、即ち統帥権といふ風に思はれて、現在では一緒くたにされてゐるんだ。そんな風に区別して考へるような気持は現在ありゃあせん」と反論した。(30)原田の発言は、当該期におけるロンドン条約に対する批判論の強さを示している。結局、原田の助言にもかかわらず、若槻は一一日の東海大会において条約締結に関する弁明をおこなった。斎藤隆夫は「十一日東海大会に於る若槻総裁の倫敦条約に干する演説につき海軍少壮連憤激す。軍部の不統制は実に不都合なり」と一五日の日記に記している。(31)一二日に海軍は両軍縮条約廃棄の覚書を五相会議に提出しており、(32)若槻の演説は海軍を刺激した。若槻総裁や川崎ら民政党主流派に比して、原田の状況認識は正確なものだったと言えよう。海軍少壮派の反発をうけ、若槻は一六日の民政党午餐会においてロンドン条約問題を再言しないことを演説した。(33)右の経緯から、国際協調のためにロンドン条約を締結したという事実が今日的には日本政治外交史上の重大な成果であるにもかかわらず、当該期には民政党の足枷となっていたことがわかる。

一九三三年の国際連盟脱退以降の民政党は政権党時代にロンドン条約締結を断行した経緯があったため、少数政党でありながら、既成政党批判を一身にうけるという窮地に立たされていたのである。

逆境下の民政党を率いた若槻・町田両総裁は政権争奪批判を克服するため、非政党内閣の与党として自重する路線を継続し、政策協定としての政民連携運動を志向した。(34) 若槻と町田は政権よりも政策を優先させた政党改良を企図したが、政権獲得の自重は政党内閣の復活を遠ざける結果になった。他方で、若槻総裁を補佐する川崎卓吉の台頭もあり、非政党内閣の下で進出してきた「新官僚」との媒介役として党外人の伊沢多喜男(川崎の内務省・台湾総督時代の先輩)の役割が再重視されてきた。若槻民政党には依然として党外人の影響力が残存していた。だが、第三章で述べるように、政策中心政党を志向する町田総裁の下で党外人は党から駆逐されることになる。

これに対して、政権獲得を本旨とする従来の路線に民政党を回帰させるだけにとどまらず、二大政党の解党をも前提とした宇垣新党運動が民政党反主流派の富田幸次郎によって企図されていくことになる。なお、富田の場合、官僚との共生関係を破壊した中野のような露骨な党外人排撃論はみられないが、協力内閣運動への関与や宇垣新党運動の目的が衆議院勢力の結集にあった(本節第二項参照)ことからみて、政党改良の前提として党外人排除を意図していたことは確かである。次項では富田について検討する。

第二項　宇垣一成と富田幸次郎

富田の宇垣新党運動を考察する前提として、田中義一政友会内閣下でおこなわれた第一回普通選挙(第一六回総選挙）直後における富田の認識に着目する。一九二八年三月に『実業時代』に収録された富田の論文、「既成政党解党論」が国立国会図書館に残されている。富田は左のように述べている。[35]

処で既成政党としては政友会あり、憲政会あり、政友本党があると云ふ訳で、而もこれらの既成政党と云ふものは大体に於て主義主張と云ふものは以前から其まま踏襲して来たものであり、就れも大同小異であった。さうして普選の制定と共に新たに生れたところの無産政党と云ふものとは余程距離がある。一方が右傾であれば一方は左傾、一方が旧進派であれば一方は新進派、一方が保守党であれば一方は進取党である。而して既成政党と云ふ古い制度の保守主義のものは此際全部解党して一つの新政党を作り、無産政党の如き新進主義のものに対して、旧進主義の政党が相対するといふことが必要である。然るが故に余は普選制度が決定されると共に、既成政党の更生、換言せば新政党の樹立と云ふことを唱へた訳である。

富田の独自性は、政民両党による二大政党時代の絶頂期において、既成政党の解党を前提とした単一保守政党結党を主張していることにある。実際、同年二月の第一六回総選挙[36]は無産政党が初めて進出した選挙であるが当選者は少なく、二大政党が衆議院の九三％を獲得する結果となった。総選挙の結果にもかかわらず、富田は無産政党の台頭を警戒していた。無産政党の進出に対抗する単一保守政党という富田の構想は、一九五五年の自由民主党の結党によって実現をみることになる。

なお、憲政会時代の富田は党内少数派の普選支持者であり、一九二〇年二月、新婦人協会が治安警察法第五条改正のための請願書を衆議院に提出した際、富田は紹介議員となっている。[37]「政党大同団結論」と並ぶ富田の持論である「立法府の地位向上論」[38]は、普通選挙制の実現にとどまらず、協力内閣運動期において議院内閣制論を行動基準としていたこと（第一章参照）、常置委員会設置構想などの衆議院制度改革に取り組んでいくこと（第三章参照）とも関係しているように思われる。

富田が宇垣新党運動という形で自らの「政党大同団結論」を実行にうつしていく背景には、岡田啓介内閣成立にともなう民政党の単独与党化と政友会の孤立、すなわち「挙国一致」内閣という建前の破綻があった。岡田内閣成立直後の一九三四年七月一三日、富田の同志の西原亀三は「富田君を訪ひ今後の対策に関し談する処あり。その結果は大同団結の結成の一あるのみとの結論となり、富田君は直に民政党及国同への工作をなし、小生も宇垣大将の承認と政友の動向を探ることを約せり」と記している。(39)「大同団結」をめざす富田は、八月二日の宇垣宛書簡の中で左のような注目すべき見解を述べている。(40)

現下の政情は挙国一致強力政治を要求するの秋なり。然るに政府も政党も之れに対応する国策無し。閣下或は政党の腑甲斐無きを慨せらるるならんも、是れ全く統率者其人を得さるの罪なり。若しも指導其宜しきを得ば忽然として其面目を一新するや論を俟たす。然るに適当なる統率者其人なし。政党の振はさる主因全く茲に存す。故に外部より之を観れば如何にも因循姑息、成行き次第に見らるるならんも、此際寧ろ自から進んで之れを改造し、之れ利導せば今日の猫は明日の虎となり、国策遂行の後援たらしむるに何の不足かあらん。閣下、要は指導者其人を得るを第一要件と為す。故に将来ハ国政担当者たらんと欲する者は今に於て速に其準備工作を為さざる可からず。

政党不振の現状が政治指導者の問題に基因していると捉えていた富田は、衆議院の絶対多数党の党首に宇垣という強力な政治指導者を外部から迎え入れることによって、政党改良を断行しようとしていた。翌一九三五年、蠟山政道は『議会・政党・選挙』において「政党改造」の要点の第一に新しい指導者の必要性を挙げた。[41] 富田と蠟山は政党指導者の不在という危機意識を共有していたのである。

かつて、原敬政友会総裁は元老山県有朋に対して、政党改良のために衆議院絶対多数党（二五〇議席）が必要だと主張していた。衆議院に圧倒的多数を有する単一政党による政党改良という点において、富田の構想は原と一致する。[42] だが、原の場合は政党改良が政党自身の手によっておこなわれるべきものだというものだったことに対して、富田の場合はまず政党の大同団結（政友会・民政党・国民同盟の合同）によって衆議院に絶対多数党をつくり、政党政治家ではない宇垣の手によって政党改良をおこなおうというものであった。

外部から宇垣という政治指導者を迎えざるをえなかった富田の窮状は、原のような強力な指導者を得られなかった明治期の憲政本党・国民党改革派の問題と共通している。[43] 大石正巳の下で憲政本党・国民党改革派に属した富田には、桂太郎の新党に参画した経歴があった。[44] 一九三四年八月の富田は、かつて憲政本党・国民党の旧改革派が立憲同志会の結党に際して桂に期待した政治指導力を宇垣に要求したと言える。なお、富田は平素から「政界の油差し」を自認しており、裏面から政治指導者を支えることが富田の政治行動の指針であった。[45] 富田に「政界の油差し」になるようにすすめ、「油＝政治資金」を供給していた人物が土佐の先輩でもある三菱財閥の豊川良平であった。[46] 豊川との個人的関係は、富田の資金源の一端であろう。

ここで注意したい点は、富田の「政党大同団結論」が後年の近衛新党運動と異質のものであったことである。一九三五年七月、富田は「大同団結の方向へ」という小論文の中で左のように主張する。[47]

そこで問題は、日本の国際的、国内的難局を突破する強力なる内閣を作らねばならぬのであるが、それには先づ、既成政党を根底から解消して、新たに堅牢なる基礎の上に立つ所の大同団結に依る一大新政党を樹立することだ。日本の国情では、伊太利や独逸のやうな独裁政治を、国民が決して望まないのであるから、やはり此際、既成政党は時局に目醒め、渾然一致して、総ての勢力を糾合し、一大政党を樹立する方向に努力すべきだと思ふ。さうしてこそ、初めて難局打開の強力なる内閣の基礎となることができるのである。

富田は、イタリアやナチスドイツのような「一国一党」を明確に否定していた。ここで着目したい点は民政党員の富田が宇垣新党の前提として既成政党解消を公言していることである。富田の場合、既成政党解消は目的ではなく、政党政治の再生と、さらなる発展のための手段にすぎなかった。

また、富田は同年一一月六日の西原宛書簡の中で、「別紙の通り本夕会進言の要領を筆記して宇垣氏へ送付し置きたり。其等御参考までに供貴覧候」と述べた上で、「挙国一致は第一に主として衆議院に議席を有する立憲主義者(大体既成政党)の大同団結を結成して新政党を組織するに在り」、「右の結成は今日の場合閣下が其の中心力となりて之を促進するの外なし(其の直接なると間接たるとを問はず)」、「右の外尚ほ政党組織の事も進言したるも時間の関係上詰めまで至らざりし也」と述べている。[48] 富田の宇垣新党構想の意図が衆議院勢力の結集にあったことは明らかであろう。

ここで注意したい点は、富田の「挙国一致」が民政党主流派の「挙国一致」と異なるものだということである。後述するように、民政党主流派の場合は衆議院二大政党の維持を前提とした非政党内閣であったが、富田の場合は既成政党(政友会、民政党、国民同盟)の「大同団結」を基盤とした単一強力政党――宇垣新党――主体の政党内閣であった。富田の宇垣新党構想は衆議院を基盤としたものであり、近衛新党運動のように一国一党を企図するものとは異なるものであった。[49]

今日的にみれば、富田の単一保守政党構想は、戦後の自民党による一党優位政党制の原型とも言える先駆的な構想であったが、富田の力の源泉である宇垣の動向に左右されるという欠陥をもっていた。

このほかに着目したい点は、日本の国際連盟脱退以後における富田の対外態度である。ワシントン条約破棄が大きく報じられた一九三四年一一月一七日の『東京朝日新聞』において、富田は「政治の中心勢力を占めることにより時局を安定し、不安を一掃する」ことを主張している。[50]また、富田は、一九三五年七月の「大同団結の方向へ」の中で「日本の現状といへば、有利か不利か、兎に角、国際的には孤立の状態であり、国内的には各方面に亘つて行き詰つている」[52]と述べている。[51]日本の国際的孤立に危機感をもつ富田の対外態度は、日本の国際連盟脱退を強く批判していた宇垣と共通する一方で、国際連盟脱退を「名誉の孤立」と捉えていた中野正剛[53]と明確に異なる。

右のように、富田の政党改良は、国際的孤立からの脱出と結びついており、浜口の国際協調路線と通じるものがある。富田は、政界においては同郷(土佐)の後輩にあたる浜口と親密な関係にあった。一九三一年の富田の回想によると、一九二九年七月の浜口内閣成立時において富田は「殊にお互土佐人としては、土佐伝統の精神から言ふも憲政の完成に尽すことはお互共同の責任である」、「政党政治即ち責任政治の実を全了しなくてはお互に地下の先輩に見ゆることは出来ない」と語ったという。[54]また、政治評論家の馬場恒吾は『政界人物風景』の中で、「浜口が総理大臣になる前夜、浜口と同郷の古い政治家で、今民政党幹事長たる富田幸次郎が浜口に向って、君が今度天下を取つたならば外の事は兎も角として、日本の政治を本当の立憲政治にして欲しい。今迄は名は立憲政治と云つても実はまだ立憲政治らしくない事が多くある。それを本物の立憲政治にするのが吾々の任務だと云つた」と述べている。[55]富田と浜口が立憲政治を完成させるという大目的を共有する同志であったことがわかる。宇垣新党運動のピークの一九三四年一一月二九日、富田は「往年我等の先輩が憲政の創設と発展とに身命を賭したるその志に学ぶところがなくてはならない」と主張している。[56]

ただ、富田の政党改良は、二大政党制というハードの変革にまで及んでおり、二大政党制の維持を前提としていた浜口、さらには若槻・町田ら民政党主流派と異なっている。ハード・ソフト両面の改革こそが富田の政党改良の特色であろう。このほか、富田が若槻・町田と異なっている点として政党内閣復活に対する執着力の強さが挙げられる。若槻・町田両総裁の政権争奪自重路線は非政党内閣を延命させ、政党内閣復活を遠ざけるものであったが、富田の宇垣新党路線は政党内閣の早期復活と強化をもたらすものであった。反面、富田は民政党の解党を前提としていた。

他方、立憲政治の破壊に転じた中野と異なり、富田は明治憲法体制の変革をもたらす一国一党論に反対していた。陸軍の政治進出が顕著となっていた一九三六年一一月段階においても、富田は社会大衆党の麻生久に対して「立憲政治なるものは麻生君もいわれる通り、民意が議会に反映するというのでなければいかん、私の考えでは矢張りこれは本当に政党政治でなければ民意を反映せしめるについては不便である」と述べており[57]、立憲政治即政党政治は浜口と同様、富田の信念であった。浜口の遺志を継ぎ、立憲政治を完成させるために政党改良を断行することが若槻・町田と富田の共通理念であった。後述するが、両者は政党改良の前提として国際協調の必要性を認識していた点でも共通していた。

しかし、若槻・町田と富田の政党改良は、本質的に異なるものであった。前者の立憲政党は政策中心の政党として改良された民政党であるが、後者の立憲政党は宇垣新党という単一保守政党であった。次節以降では、両者の対抗関係を検討していくことにする。

第二節　斎藤実内閣期における民政党

本節は、斎藤実内閣期の若槻民政党の動向を検討するとともに、宇垣新党運動の前提として富田の動向を考察する。

第一項　斎藤内閣の成立と若槻民政党

本項では政権陥落後の民政党に着目し、若槻総裁の党運営と宇垣擁立をめざす富田の動向を検討する。

第一章第三節において前述したように、「党外人」(民政党の党籍をもたないにもかかわらず、党に影響力を行使する非政党人)は、民政党内閣の政権運営に寄与していた。党外人が民政党と官僚勢力とを結びつける役割をはたしていたからである。他方で、右のことは党人派による政策決定を阻む結果となり、浜口雄幸総裁の狙撃以後、党外人は中野正剛ら党人派の攻撃に直面した。そして、満州事変期において両者の対立は決定的なものとなり、民政党は政権の座から陥落した。この結果、幣原外交と井上財政は終焉をむかえ、協力内閣運動を主導した安達・中野・富田らは民政党から追放された。他方、民政党の外交を指導してきた幣原喜重郎は体調不良から外交の第一線をしりぞき[58]、民政党内閣の財政政策を指導した井上準之助は血盟団事件で暗殺された。

安達・幣原・井上の三者をほぼ同時期に失ったことは、民政党にとって大きな誤算だった。浜口没後、党を取りまとめることができる実力者は党人派の総帥の安達以外に存在しなかったし(だからこそ、後述する安達復党運動がおこる)、満州事変以降の外務省に対する幣原の影響力は弱化していた。民政党にとって最大の痛手は、次期総裁の最有力候補だった井上を失ったことであろう。一九三二年一月の段階において、元老西園寺公望は原田熊雄に対して「この内閣が倒れたら、井上もいいだらうが、宇垣と民政党の協力でやらせたらどうか」と尋ねている[59]。西園寺の中で、井上は宇垣と並ぶ有力な後継首班候補であった。井上に対する西園寺の期待は、民政党が政権復帰をめざす過程において同党の大きな強みであった。井上を失った結果、民政党は首相を望める総裁を選出する作業に忙殺されることになる。

政権陥落後の民政党に対してさらなる打撃を与えた出来事が一九三二年二月の第一八回総選挙である。同選挙において、政友会が衆議院三〇一議席を獲得したことに対して、民政党はわずか一四六議席しか獲得することができなかった。

少数野党へと転落し、政権復帰への展望を見失っていた民政党にとって、五・一五事件による政友会内閣の崩壊は天祐と言えた。犬養内閣が倒れた直後、海軍出身の斎藤実が首相に指名された。絶対多数党の政友会が斎藤内閣の閣僚に高橋是清蔵相・鳩山一郎文相・三土忠造鉄相をおくる一方で、民政党は山本達雄内相と永井柳太郎拓相をおくった。民政党は、少数野党という逆境から与党の一翼という順境に浮上した。

山本の内相就任と関連して本書が再度着目したいことは、党外人の伊沢多喜男の動向である。斎藤内閣組閣時における伊沢の関与は広く知られている[60]。伊沢は、山本内相の補佐役として「新官僚」のリーダー的存在だった後藤文夫を農相として入閣させた[61]。河島真氏は「戦間期内務官僚の政党政治構想」の中で、内務省と政党との関係を相互補完的な関係とする視点から、田沢義鋪の国家構想を検討している[62]。だが、古川隆久氏が『昭和戦中期の議会と行政』の中で述べているように、田沢の「厳しい既成政党批判は、まさに彼が既成政党と無関係だったからこそできたということ」であり[63]、内務省と政党との協調関係を考察する際に、田沢を考察の中心に据えることは無理があるように思われる。これに対して、伊沢は季武嘉也氏が「大浦兼武と伊沢多喜男」の中で評しているように「内務官僚の権化」であり[64]、伊沢の思想こそが内務官僚の考え方を代表するものであった。本書は、内務省と政党との相互補完関係という点で河島氏と同様の立場であるが、既成政党と関係をもたない田沢ではなく、内務省の主張を代表する存在でありながら、党外人として民政党を支援していた伊沢の動向に着目する。後藤ら「新官僚」にとって、内務省の先輩の伊沢は民政党との協調をはかるために必要な存在であった。また、民政党の政治家たちにとって、党外人の伊沢と良好な関係を保つことは内務省との協調関係へとつながっていた。

本書は、伊沢が内務省と民政党の結節点に存在していたという視角から、左の二点を新たに指摘したい。

第一に、斎藤内閣組閣時における伊沢の内務省人事への介入である。伊沢に近い有力内務官僚であり、「新官僚」の一人でもあった松本学は、斎藤内閣の成立直後に山本の自宅に呼び出された。松本の回想によると、山本邸には「伊沢多喜男さんほか二、三の方が山本さんと一緒におられて、伊沢さんから「君、警保局長になってくれたらどうか」という話」をうけた。伊沢は、松本に対して「次官は潮恵之輔君に頼んで大体承諾してくれた。それから警視総監はいま東京府知事の藤沼庄平君に話をしているのだ。受けるだろうと思うが」と語り、松本は警保局長就任を受諾した[65]。潮内務次官・松本警保局長・藤沼警視総監の起用に伊沢が関与していたことがわかる。また、政友会からの批判[66]があったにもかかわらず、内務政務次官には民政党の斎藤隆夫が就任した。斎藤は「午後八木[逸郎]、一宮[房治郎]両氏来訪、山本内相の意に依り予に内務政務次官受諾を勧む」と五月二八日の日記に記している[67]。翌二九日には「午後鶯谷山本内相別邸に趣《ママ》き面会し、内務政務次官就任に干し内相の意見を聴く。内相の意固し。政友会の主張は通らざるべし[68]」、三〇日には「内務政務次官問題に付政友会頑強に主張し、本日の閣議に決せず。明日の臨時閣議にて結局山本首相《ママ》の意見通り決せん」という記述が見られる[69]。斎藤の内務政務次官就任の背景には、山本内相の強力な後押しがあったことがわかる。山本の内相就任は、民政党にとっても、同党結党以前から山本と親しい伊沢にとっても収穫であった。

第二に、伊沢・後藤農相・川崎卓吉の三者の関係である。政局がロンドン海軍軍縮条約問題で紛糾していた一九三〇年九月二日の伊沢宛後藤書簡によると、浜口内閣の法制局長官だった川崎が政府の内部情報を後藤に知らせ、後藤はこれを伊沢に報告していた。[70] この直後、伊沢は枢密顧問官たちの説得に成功し、ロンドン条約の締結を後方支援した。[71] すなわち、伊沢・後藤・川崎は、ロンドン条約問題を乗り越えた経験を共有していた。斎藤内閣発足時において、組閣参謀の丸山鶴吉の依頼をうけた川崎は、若槻から湯浅倉平に入閣交渉をさせるべく、奔走していた。結局、湯浅が入閣を引き受けなかったため、伊沢と丸山は後藤の起用を決意した。[72] 後藤と川崎の親密関係を考えると、後藤の農相就任は川崎にとって好都合であったと言える。

浜口と幣原以後、伊沢が「代理人」として期待した人物が、内務官僚出身の川崎だった。[73] 川崎が病死した際、伊沢は自身が得意ではないという追悼演説をおこなっている。[74] 政党政治家としての川崎は若槻・町田両総裁を支え、民政党の重鎮として活躍した。民政党の大麻唯男は、彼が幹事長になった一九三四年一月二〇日、若槻総裁から「川崎君は自分の近くに住んでいるので、よく話し合っている。川崎君なら自分が何を考えているかぐらいはよく知っている。だから何かあれば川崎君にきいてくれるとわかる」という話をきかされている。[75] また、川崎の伝記は「町田総裁の川崎卓吉に対する信頼は非常に厚く、自分の後継者として内心決めていた。そして川崎卓吉が次期総裁になった場合を考慮して、できるだけ役立つことができるようにと、いろいろ心配してくれていた。選挙資金の方ももちろん町田総裁が中心であるが、その集める方は川崎幹事長に任せ、他の人々はこれを援助するというやり方であった。彼自身でも多額の資金を調達できたのではあるが、しかし選挙資金の穴を町田総裁が彼に教えて、他日のためにはかった。それほど町田総裁は彼に期待した」と記している。[76] 右のことは、川崎と若槻・町田両民政党総裁との信頼関係を示している。他方で、伊沢が党外人として民政党に影響力を行使し続けるためには川崎の存在が不可欠であった。

民政党内閣崩壊直後、党外の第三者から若槻総裁の政治指導力に疑問符が投げかけられていた。一九三二年一月二日、『信濃毎日新聞』の小坂武雄は伊沢宛書簡の中で、民政党政権の崩壊が倒閣の当事者の安達ではなく、官僚出身の若槻首相の政治指導力のなさに基因していると主張した。[77] 民政党では、浜口のように官僚出身であっても党人派の信頼を得ることができる調整型の総裁が求められていた。川崎は一月二〇日の党大会において総務に推され、若槻総裁と党首脳部との連絡係となった。[78] 五・一五事件直後、政治評論家の馬場恒吾は『議会政治論』の中で川崎が党人派以上に政党政治に通じていると述べている。[79] 若槻は、党人派の意向を無視したことから政権陥落を招いた。そして、このことは第一八回総選挙時において政友会に利用され、民政党惨敗の一因となった。[80] 川崎は、若槻の失敗を踏まえて党人派との協調に努めていた。党外人の伊沢と密接な関係をもち、馬場から「政党と渾然融和」したと評された川崎は、[81] 浜口のような調整型の政治家として政治的成長を遂げる可能性をもっていたと言える。

他方、民政党は安達復党問題に直面していた。一月四日の安達宛書簡の中で清浦奎吾は左のように述べている。[82]

老兄復党の件ニ関シ種々意見申出ノ人モ有之候ヘドモ　最も慎重ニ処セザレバ却テ事ヲ誤リ易シ。然ルニ田中隆三氏、山本達雄氏ノ斡旋ニ依リ井上準之助氏ヲ説破セシメ老生の手ヲ以テ桜内氏ナドヲ動ス手段ヲ取ラバ如何トノ説ナル由、田中ト秘密裡ニ会見相成胸襟ヲ披瀝ト進マザル迄モ或ル程度マデ意思ヲ交換相成候テハ如何、其橋渡シハイカ様にも出来可申。先日会見ノ節当分時機ヲ察ストノ事ナリシモ復党ノ時機ハ議会解散総選挙前ガ其時機ナルベシ。

本党系の田中隆三は山本達雄を介して井上準之助に、清浦を介して本党系の桜内幸雄に安達復党を働きかけようとした。清浦は第一八回総選挙直前が安達復党の好機であると見ていた。清浦が安達と同郷(熊本)であること、かつて政友本党が清浦内閣の与党だったことを考慮すると、清浦が安達と本党系を結びつける役割を担っていたことがわかる。血盟団事件によって井上を失ったこともあり、安達復党工作は失敗に終わるが、本党系が安達を支持していたことは、若槻総裁の脅威となっただろう。[83] 床次が幣原外交に反対して脱党したことを考慮すると、本党系の松田源治の協力内閣支持[84]や田中と安達の合流も理解できる。

六月に入り、山道襄一や古屋慶隆ら党人派は、安達と富田の復党運動を再燃させた。一六日、民政党主流派は「今後引き続き復党運動を為す者は幹部に於て其反省を求め、且つ応ぜずして党規を紊たる者は断乎たる処置をとる」ことを決定した。[85] 川崎は若槻総裁と一体となって復党運動を弾圧した。[86] 町田総務も「私共は折に触れ時に応じて其困難なる所以を説き、軽挙妄動を慎しまれんことを望んで居つたのである」と語っている。[87] 山道らの脱党によって復党運動は鎮静化したが、主流派の徹底した弾圧方針は、この直後に安達が結党する国民同盟と民政党との間で遺恨となる。また、九月二日、本党系の総務の原夫次郎らは「政党内の欠陥は幹部独裁、即ち寡頭政治によって最も極弊を現はす。この故に民政党内二、三幹部の寡頭政治、官僚政治は是正せねばならぬ」と主張した。[88] 原は民政党執行部の一員であり、[89] 安達復党問題の深刻さを物語っている。ともあれ、若槻民政党は対外強硬の色彩が濃い安達復党運動を抑え、国際協調路線を堅守したのである。

八月二三日から九月五日にかけて開催された第六三臨時議会において、民政党は斎藤内閣の与党的立場に立った。[90] 伊沢と川崎も、貴族院において政府の時局匡救案を支持し、斎藤内閣を援護した。[91] これに対して、政友会は倒閣の姿勢を鮮明にしていった。八月二六日の衆議院本会議において、政友会の浜田国松は、永井拓相による岸本正雄樺太庁長官罷免を取り上げ、永井の責任を追及した。実際の浜田の批判は「永井拓相のやり方は余りに人情味を欠いている」という程度のものだったが、[92] 政友会内には「永井拓相に対する弾劾的な雰囲気」が充満した。[93] 斎藤内閣の内務政務次官だった斎藤隆夫は「政友会農村負債整理及米穀問題に干し独自の法案を提出す。

又永井拓相弾劾の声起り政府との間に難関起る。前途容易ならず」と二七日の日記に記している。[94] 政友会は、永井の岸本罷免を政治問題化させることで斎藤内閣を揺さぶり、一気に内閣不信任案提出までもっていこうとしていたが、[95] 鳩山の仲介によって永井の問責を打ち切った。[96]

他方、民政党反主流派は、斎藤内閣支持を貫く主流派批判を展開していった。八月三〇日の有志代議士会は「我党は与党気分に浸り、常に政府の意向に聴従して居る。かくては党の威力を失ふと同時に政党自体の権威を堕す事となる」、「今回の政府の時局匡救案は不徹底な点あるに拘わらず、盲従する事は甚だ遺憾であるから其善処方を幹部に進言する事」等を話し合った。[97] 民政党反主流派の期待を担っていた宇垣の日記には「民政党最近の状態は醜体なり《ママ》」[98]、「民政党は与党気分で離れまいと後生大事に政府に抱付いて居る」[99] など、民政党批判の記述が数多く見られる。臨時議会が修了した翌日(九月六日)、宇垣の支持者の西原亀三は左のように記している。[100]

臨時議会に於ける経過に鑑み斎藤内閣の前途はトするに足るものあり。此の秋に方り民政党のだらしなき現状を統轄して其の帰趨を明にすることは、政界の帰向を定むるの指針とすべく、此の意味に於て富田君の復党に最も意義あるものなりとの見地に基き、富田君並に秋田君の意見を叩けるに同感なり。旁々宇垣総督と協議を要し、其の趣を以て照会の電報を発せり。

民政党内において主流派批判が高揚するのをみた西原は宇垣との連携の下で富田の復党運動を再燃させた。

ここで、富田と他の協力内閣運動派との関係についてみてみよう。有馬学氏は「反復の構造」の中で、「実際のところ、民政党第一次分裂から国民同盟結成までに一年を要したのは、民政党に残留した旧安達派の動向と微妙にからんだ安達の復党問題がくすぶる一方、中野派が新党樹立を主張し、この二つの線が交錯していたからである」と指摘している。[101]富田は、民政党脱党直後から山道ら旧安達派とも中野派とも別行動をとり、宇垣擁立をはかっていた。一九三一年一二月一四日の西原の日記には「富田君を訪ひ将来に付き談し、宇垣氏をして民政党を掌握せしむべき方寸を協議」という記述が見られる。[102]犬養内閣成立直後から、富田は宇垣の民政党入党を企図していた。また、民政党内においては、富田と安達とを区別する意見が存在した。一九三二年四月一四日、斎藤隆夫は、「俵[孫一]氏と会見、富田復党の事を談ず。彼は富田は安達と別に見て復党せしむるものとの意見を有す。余は反対なり」と記している。[103]後に富田とともに宇垣擁立をめざす俵孫一は富田のみの復党を主張していた。同年七月中旬から富田は中野派らの安達新党工作に関与せず、宇垣擁立運動に加担していた。[104]民政党時代から安達と不仲であり、宇垣と独自の結びつきをもっていた富田は脱党組と距離をおいており、そのことが民政党主流派の警戒を緩める結果となったのだろう。また、富田と若槻民政党は、国際協調で一致していた。

八月に入り、宇垣と西原は富田と秋田清衆議院議長(政友会の党籍をもつ)とを提携させることに成功した。[105]前引の九月六日の西原日記からも、富田が秋田と連携していたことがわかる。[106]村瀬信一氏は『帝国議会改革論』の中で、秋田が議会振粛運動の提唱者だったことを明らかにしている。[107]同書の中で村瀬氏は、「議会振粛とは即時改善の問題であり、政党改善とはつまり国民の政党に対する支持を回復し、政党の政権担当が可能な状況をつくり出すということなのであった」と主張している。[108]議会振粛運動の主導者の秋田は、「政党改良」をめざす富田の同志であった。

宇垣と西原の資金援助の結果、[109]一一月一一日に富田の民政党復党が実現した。[110]同日、宇垣は、政友会に政権が来れば、民政党に入党するという決意を南次郎(陸軍における宇垣の支持者)に語った。[111]すなわち、宇垣は富田の復党を機に民政党入党の決意を固めた。これは、宇垣が民政党内における支持勢力の纏め役として富田の力を高く評価していたことを示している。

また、富田の復党は、民政党内において国民同盟との合同をめざす勢力が誕生したことを意味していた[112]。かつて安達復党を支持していた本党系は、宇垣擁立に積極的となっていった。例えば、本党系の小坂順造は、七月一七日の宇垣宛書簡の中で「先般来同志友人等より此際閣下の御奮起を願ひ或は又民政党御入党願ふ様屢々相談相受け候へ共、時局成行見当附かず候為め御無沙汰仕り候次第に候」と述べている[113]。富田と本党系は提携関係にあったと考えられる[114]。富田の目的は、党外から宇垣を総裁に迎え入れて新たな権力核を構築し、国民同盟を吸収し、民政党の陣容を立て直すことにあった[115]。

宇垣と富田の当面の狙いは、衆議院に絶対多数をもつ政友会を斎藤内閣打倒の先頭に立たせることにあった。例えば、宇垣は、一二月三一日の西原宛書簡の中で、「政友会は可成硬化せしむる様、政府も強硬ならしむる様の策戦は、申迄もなく必要と存せられ申候」、「富田・秋田両氏へ御序の節よろしく」と述べている[116]。宇垣と結びついた富田ら民政党反主流派は斎藤内閣打倒の立場を鮮明にしていった。だが、高橋蔵相から議会後辞職の「口約束」をうけ、円満な政権授受を期待した鈴木喜三郎政友会総裁は倒閣に積極的とならず[117]、宇垣の希望的観測は砕かれた。

宇垣と富田の倒閣工作は、第六四議会において挫折を余儀なくされる。一九三三年一月二三日、政友会の芦田均は政府の対満州政策を批判する演説をおこなった。二五日、芦田の演説に関連して国民同盟の加藤鯛一が発言を求め、これを秋田議長が許可したことから、民政党と秋田との衝突となった。二六日の衆議院本会義において、民政党の土屋清三郎は、議会振粛の意義に反して秋田が議事に関係ない発言を許したという批判をおこなった。この問題は民政党の議会振粛委員会脱会に発展した[118]。以降、秋田は富田と別行動をとるようになる[119]。土屋が秋田個人を攻撃したことは、秋田と富田とを分断しようという民政党主流派の党略であったようにも思われる。

結果として、民政党主流派は斎藤内閣の議会運営を援護することに成功し、宇垣内閣の可能性は後退した。日本の国際連盟脱退が確実となった二月一八日、南は宇垣宛書簡の中で「民政は先つ内閣延長に目標を置き、挙党一致を以て進み、若し内閣退却せば、宇垣内閣に進まんとする二段戦法の空気濃厚なるか如し。小生思に、右は巧緻なるか如くにして其実思想を二つにし、力を二分するものにして、政局を見るの不明と着想の不決断を意味するものにして、民政に達識の人なきを気の毒に思ひ候」と述べている[120]。民政党主流派は斎藤内閣支持を継続し、同内閣が倒れた場合には、後継に予想される宇垣内閣支持に転じようとしていた。いずれの場合も挙国一致内閣への追随路線であることがわかる。宇垣の支持者の南は、斎藤内閣打倒に積極的とならない民政党の姿勢を批判していた。

一九三三年三月から五月にかけて、政友会は高橋蔵相の進退問題をめぐって紛糾した[121]。民政党の対応はどうであったか。四月四日、山本内相を訪れた斎藤隆夫は「政局に対する内相の意思強からず頼りなし。都下の新聞は蔵相、法相の辞職説より内閣総辞職近きに在りと宣伝す。斎藤首相の決意明かならず」と日記に記している[122]。山本内相が政局に不安をみせていたにもかかわらず、民政党主流派は従来の姿勢を崩さなかった。一一日の民政党幹部会は「我党としては現内閣当初の方針を飽くまで尊重し政権争奪を続る政党の策動を排撃し、時局に善処すべきであるとの意向であるから我党もこの精神に則り斎藤内閣を鞭撻すべきである」という決定をおこなった[123]。五月二三日の幹部会では「政友会総裁の談話中には尚ほ釈然たらざるものあり、依然、政権争奪を忘るる能はざるかの如くに見ゆる点のあるのは、非常時に処するためにも、又政党の信用快復のためにも甚だ残念である。庶幾ば、政友会も時局の重要性を認めて総ての行き掛りと党利党略を廃し、我党の如くに虚心坦懐挙国一致内閣を援助してその使命を全うするやうにせられんことを望む」という申し合わせをおこなった[124]。民政党主流派は、斎藤内閣支持を継続する一方で、倒閣に奔走する政友会を政権争奪に奔走する政党として批判した。少数党の民政党は絶対多数党の政友会との差異を強調することによって輿論の支持を得ようとしたのだろう。

他方、民政党反主流派は宇垣との関係を強化していった。五月はじめから、富田は小泉又次郎や鈴木富士弥とともに若槻総裁更迭・宇垣擁立を企図していた(125)。六月八日、富田は宇垣宛書簡の中で左のように述べている(126)。

ここに御注意を要し候は、政友会内の争ひは益々深刻と相成申候に付、小生の予定通り、民政党へも橋渡し相架け来るべき事と存じ候に付き、それには向き向きの者が相応じて政党連合に導くべく、秘密命令下し置き候。閣下も吾々も満を持して放たれざるは、今日の要務なり。此点御含み置き被下度候。情勢は何れの方面より看るも日一日と吾等の計画に有利に転向し来るものと確信仕候間、此義御安心被下度候。

富田は政友会が分裂し、その一部が民政党に働きかけてくることを期待していた。だが、それは富田ら反主流派が主体的に政友会への工作ができない状態にあることの証左でもあった。政友会反鈴木勢力からの打診を受動的に待つことしか、この時期の富田らには打つ手がなかったのである。他方で富田は、政友会分裂にかなりの自信をもっていた。宇垣は、政友会の大勢が現状維持に固まった一一日(127)においてさえも政友会分裂を信じて疑わず、富田と俵に工作を委任していた(128)。この時点において、宇垣と民政党反主流派が一体の関係にあったことがわかる。

富田が政友会分裂を確実視していた理由は、斎藤内閣に対する態度をめぐって政友会内が二分化していたためである。六月一日に西原が政友会領袖の床次竹二郎から「絶縁派も自重派も総て鈴木不信任を示して居る」という話をきいており(129)、富田は鈴木総裁の統制力が低下してきたと考えたのだろう。なお、かつて富田とともに倒閣をめざしていた秋田は、自重派に転じていた。秋田は鈴木総裁に対して「我党は決して政権争奪を目的とするものにあらず」という主張を世間にむけて強調するように進言したが、受け入れられることはなかった(130)。鈴木政友会は民政党の路線を明確に否定したのである。

他方、富田や西原の見通し以上に、当該期の鈴木総裁の統制力は健在であった。ゆえに、彼らが期待した政友会分裂はこの時期に生じず、宇垣の出馬は先送りされることになる。六月一六日に宇垣と会談した小山完吾は「宇垣氏は、軍部近来の状況に激し、自身内閣組織の機をつかまんと、ややあせりをるやに認められたれば、一同にて自重静観をすすめおきたり」と日記に記している。(131)

民政党主流派の協力と政友会の自滅に助けられ、斎藤内閣は崩壊の危機を切り抜けることができた。しかし、斎藤隆夫が「午前若槻総裁を訪ひ内務干係《ママ》、軍部不統制等の事を談ず。氏は政界の趨勢に失望せるものの如く相変わらず勇気を欠く」と九月八日の日記に記しているように、(132)若槻総裁の指導力は脆弱なものであり、それゆえに倒閣を目的とする政民連携運動が富田らによって企図されていくことになる。(133)

第二項　政民連携運動と民政党

本項では斎藤内閣期における政民連携運動に着目し、政府を支持する民政党主流派と倒閣をめざす反主流派の主導権争いを検討する。

まず、富田は、宇垣擁立を基軸に政民連携運動に関与した。一九三三年一〇月二一日、西原は「政民連合機運熟し、今夕政友の島田、久原と会見の旨富田君より報あり。右の旨宇垣総督に報告せり」と記している。二三日の西原の日記には「床次氏を訪ひ国民経済の調整と国防充実との不可分論と其の対策とを説明し、国策の認識を理解せしむ」、二四日には「富田君より、久原、島田(政友)、富田、俵(民政)の会見実状を聴取す。委曲を宇垣総督に航空便にて報告す」という記述がみられる。(134)右のことから、宇垣と結びついた富田や俵ら民政党反主流派が、島田俊雄(政友会内の最大派閥である「鈴木派」に所属)(135)・床次・久原房之助ら政友会内の派閥の領袖と提携し、政民連携運動に積極的に関与していたことがわかる。

また、升味準之輔氏が『日本政党史論』の第六巻の中で指摘したように、富田の運動に加えて、小泉又次郎と秋田清を中心とする運動と鳩山一郎文相と永井柳太郎拓相の運動が存在した(136)。

まず、小泉と秋田の運動についてみていこう。前節で検討したように、小泉は民政党内における富田の同志であるし、秋田は富田と共闘関係の時期があった。だが、民政党主流派との衝突によって秋田は富田と袂を分かった。この時期の秋田は、松岡洋右の政党解消運動に関与していた。一〇月一三日、陸軍省新聞班長の鈴木貞一は「夜ハ松岡[洋右]氏ト星ヶ岡ニ懇談ス。同氏ハ、今政党解消運動ヲ内部的ニ行ハントシアリ、之レカ為秋田[清]氏ヲシテ策謀セシメアリ」と記している(137)。一二月に松岡が政友会を脱党した時、秋田は「松岡洋右君脱党政党解消論に対する賛辞」をおくっている(138)。

また、永井は、同じ斎藤内閣の閣僚である鳩山との結びつきを強めていた。鳩山は斎藤内閣成立直後において永井が政友会の攻撃に曝された際、妥協工作に奔走した経緯があった。鳩山と接触した永井は、若槻総裁ら民政党主流派を説得しようとした。これに対して、主流派は政民連携運動が倒閣につながることを恐れ、永井の申し出を拒絶した(139)。当該期の永井は国策連携を主張しており(140)、後述する川崎卓吉の政民連携と共通するものであった。ゆえに、永井の政民連携が斎藤内閣打倒をもたらすものであったとは考えにくい。

これに対して、富田と久原・小泉と秋田の政民連携運動は斎藤内閣打倒を企図したものであった。一二月二〇日の芝紅葉館における政民両党幹部懇談会において、富田と秋田は、斎藤内閣の打倒という共通目的の下で再度合流した。秋田の伝記には、「斎藤内閣を倒さんと図りたる企て」という秋田のメモが収録されている。これによると、参加メンバーは、政友会が「床次、望月、久原、山本(悌)、山本(条)、前田、秋田、島田」、民政党が「町田、俵、松田、小泉、富田、頼母木」である(141)。秋田メモのメンバーには、斎藤内閣の閣僚である鳩山と永井が含まれていない。斎藤内閣の支持勢力である町田忠治・頼母木桂吉ら民政党主流派が含まれていることに注意したい。

秋田メモにはみられないが、民政党主流派の川崎卓吉も政民連携運動に関与していた(142)。川崎の伝記によると、政民連携運動時における川崎は、左のような認識を示していたという(143)。

単なる強制ではこの国難を打開することはできない。どうしても国民の下からの協力による挙国一致でなければならない。それには今日のように政民両党が対立していては駄目だ。両党が真に己を空しうして、提携し、ここに真の挙国一致の態勢を整えることができる。それには過去の関係に捉われずに両党の連携を実現する必要がある。ただこの両党提携は議会政治による挙国一致の態勢整備にあるのであるから、決して次の政権を目標とすべきものではない。

右のように、川崎の当面の目的は政民両党が政権獲得の放棄を公言することで、斎藤内閣を維持することであった。町田・頼母木・川崎ら民政党主流派の政民連携はあくまで政民両党の政策提携のレベルのものであり、政民両党による斎藤内閣打倒、政党内閣復活をめざす富田の政民連携とは本質的に異なるものであった。

ここで、川崎が「両党が真に己を空しうして」と述べていることに着目したい。有馬学氏は『帝国の昭和』の中で、一九三八年六月に近衛新党に迎合しようとする社会大衆党が「己を空う」するという表現形式を用いていることを指摘している(144)。「己を空う」という表現形式は以後の民政党において繰り返し用いられていくが、これは「政権争奪」と対極の意味をもっていた。すなわち、民政党主流派は政民連携運動を通して政権獲得放棄の意志を明示し、政策中心政党への方向を志向したのである。

また、川崎は現状を「国難」と認識していた。同年一一月、川崎は「連盟脱退後の我党の外交方針」という論文の中で、「米国は我国輸出貿易に於ける最大の顧客」、「日英同盟締結以来の両国の友好的伝統は、永く之を保全するの途を講ずべきである」と、対米英協調の必要性を強調している。(145) 川崎は、国際連盟脱退以後、国際的孤立をふかめていた日本外交に危機感をもっていたのだろう。特にアメリカは、フランクリン・ローズヴェルト大統領の下で海軍拡充計画を開始していた。(146) 日本の国際的孤立を憂慮している点において、川崎と富田は共通しており、ここに両者が合流する契機が存在した。

なお、富田は、宇垣新党ではなく協力内閣のラインから政民連携運動を推進していた。(147) 富田は一九三四年一月八日の「政党政治は復活するか」という座談会の中で「政党解消よりもこの非常時に対しては手を携へて共にこの難局打開に当る。この時局が大体解決がついたら又二大政党なり、三大政党なりに分れてやるもよかろう」と主張している。(148) 当該期における富田の意図は、政党間政権競争の一時休止によって政党の政権担当状況を創り出すことにあった。富田は自らの持論の単一保守政党構想を実行にうつす段階ではないと考えていたようである。

政民連携運動の行き詰まりは、座談会の直後に訪れた。二月一五日、久原派の岡本一巳が議会演説において、鈴木派の中心人物である鳩山文相の収賄疑惑を暴露したためである。岡本の演説は、政友会内の内紛を外部に暴露する結果となり、政党全体の政治的地位の低下をもたらした。(149) 同日、鈴木貞一は「本日議会ニ於テ反鳩山系ノ急先鋒故森恪ノ児分岡本一巳氏ノ暴露演説アリ。政界再ヒ緊張シ来ル。此事ハ過般窪井、深沢、森三名ト懇談ノ折承知スル処、旧政党無能無力致ス処タリ。清算ノ期追々近ヨリツヽアリ」と記している。(150) 既成政党打倒をめざす鈴木は岡本演説を見て、二大政党の没落が近いと判断した。原田熊雄も鈴木に対して「政党ハ愈々墓穴ヲ掘リ来レリ、之レニテ完全ニ政権ハ政党ヨリ離レタリ」と述べている。(151) 原田は「只今溝口[直亮]子謂ハク、今ハ宇垣ハ静カニシテ出ヌ方可ナリ、如何トノコト故、然リト述ヘタルニ、南モ亦今出テハナラスト申シ来レリトノコトナリ、ト述ヘタリ」とも語っている。(152) また、鈴木は「宇垣系記者来訪ス。宇氏ノ出ス[ツ]ルは時機過早ナリ。此記者ハ松本ノ使トシテ来レルカ如シ」と、二〇日の日記に記している。[153]宇垣の支持者たち(貴族院の溝口直亮・陸軍の南次郎・内務省の松本学)が宇垣出馬を危ぶみはじめたことがわかる。

同年三月、単独内閣をめざす鈴木派は、政民連携を政民政策協定に後退させることを決定した。[154]これは、民政党主流派が志向する方向であり、政党復権を企図する富田らの運動は行き詰まりをみせた。

また、清浦は、三月一八日の宇垣宛書簡の中で「政党には未た人気なし」、「要するに後継に其人を得さるのが現閣の倒れ掛りて倒れざる所以也。箇様な形勢を見て政党連契容易に成らず、成りても政権を得れは利害関係上相争ひて分離するは明也」と述べている。[155]清浦は政党不信が依然として深刻であり、政民連携運動が政党の復権をもたらさないであろうと見ていた。仮に宇垣首班の政民連立内閣が成立したとしても暫定的なものであり、すぐに二大政党による政権争奪がおこなわれるだろうという清浦の見通しは、政党解消論者である松岡洋右の主張と同質のものである。[156]清浦のような意見は、宇垣の出馬躊躇に影響を及ぼしたように思われる。[157]

宇垣が政民連携運動から距離を置いたことは、富田たちに決定的な打撃を与えた。五月には民政党内において政民連携運動を「政権争奪に利用するな」という議論が浮上した。九日の『読売新聞』は、民政党内において「民政党としては協定案が成立すればこれ政府に示してその実現につき善意の考慮を望むものであつてこれを倒閣の具に用いるが如きを全然避けねばならぬ」という意見が生じたことを報じている。[158]この結果、民政党内における斎藤内閣打倒・政民連携運動の主導権争いは、政策提携レベルの連携を志向する民政党主流派が政党間政権競争の一時休止による政党内閣の復活(協力内閣)を企図する富田ら反主流派(宇垣擁立派)に対する勝利に帰結した。

当初、富田が主導した政民連携運動は町田や川崎ら主流派に主導権を奪われた結果、本来の目的——斎藤内閣打倒——を喪失した。一九三四年一月から四月にかけてピークをむかえた陸軍皇道派と海軍艦隊派の平沼内閣運動も行き詰まり、[159] 斎藤内閣は帝人事件で倒れるまで命脈を保ったのである。同年七月の後継首班会議において若槻総裁が元老西園寺に岡田啓介の支持を約束したことは、[160] 斎藤内閣をさまざまな形で支援してきた民政党にとって当然の行動であったと言える。

若槻ら民政党主流派の政民連携運動の結果、斎藤内閣は各勢力が予想した以上の長期政権となった。協力内閣による政党内閣復活に失敗した富田は、単一保守政党結党による政界再編を企図していくことになる。

第三節　岡田啓介内閣期における民政党

本節は岡田啓介内閣期の民政党に着目し、富田の宇垣新党運動の展開を考察することを目的としている。宇垣新党運動がピークをむかえる一九三四年は、チェンバレン蔵相・フィシャー大蔵次官の主導によってイギリスが最も対日宥和に積極的となった年であった。中国の経済開発面の提携構想であるバンビー・ミッションは、イギリスの「満洲国」承認へのステップとして日英経済協力を企図していた。[161] 酒井哲哉氏は『大正デモクラシー体制の崩壊』の中で、「中国に対しては静観的な態度をとるにとどめて、寧ろイギリスの対日宥和政策を積極的に利用することで、連盟脱退後の極東国際秩序の均衡の回復をはかる路線も大いに可能性のある選択肢であったはずである」と述べている。[162] 本書では、富田の宇垣新党運動を政党改良として捉えるとともに、極東国際秩序の回復をはかる試みとして捉える。

第一項　岡田内閣成立と伊沢多喜男

本項では岡田内閣成立直後における民政党に着目し、同党の岡田内閣の単独与党化の過程を検討する。

一九三四年七月、民政党は町田忠治と松田源治を岡田内閣の閣僚(商相と文相)におくり、全面支持を表明した。他方、衆議院三〇〇議席をもつ政友会は、巨大野党として孤立することになった。斎藤内閣と異なり、岡田内閣では「挙国一致」の建前が崩れた。

伊沢多喜男と後藤文夫は民政党の単独与党化を企図していた。斎藤前内閣時代において、政友会は内務省と民政党の協調関係を脅かす存在であった。例えば、伊沢は斎藤内閣の地方官人事に深く関与していたが、政友会出身閣僚である鳩山文相・三土鉄相によって人事案の修正を余儀なくされた[163]。地方官人事という内務省の領域に政友会が侵入してきたことは、一貫して政友会を敵視する伊沢[164]に強い不快感を与えたようである。以後、伊沢は政友会側の要求に屈した斎藤首相を見限り[165]、宇垣擁立をはかるなど、斎藤の後継首班探しに奔走した[166]。一九三三年一〇月から、伊沢と後藤は陸軍皇道派の力を利用することによって、斎藤内閣打倒をめざした[167]。政友会排除をめざす伊沢と後藤の運動は、一九三四年七月の帝人事件による斎藤内閣の崩壊と岡田内閣の成立によって結実した。

岡田内閣の内相に就任した後藤は閣僚人事を主導した。民政党の牧山耕蔵は、政友会の堀切善兵衛大蔵政務次官から左のような話をきいている[168]。

> 藤井君は高橋翁の推薦の如く世局には伝へられているが、内定後高橋翁に相続した位のもので、実は後藤文夫君間係の国惟会あたりから推薦されたやうに聞いている。財界方面では高橋翁が身代りに推薦したもので高橋政策の踏襲者として評判よろしかつたが、思相的方面、即ち国惟会が国家社会主義的傾向で高橋翁の財政政策とは余程駆け離れた所があるらしいといふことが漸次知れて来たため財界方面に悪影響し現に公債も下落の状態にある。

堀切の談話から、大蔵事務次官だった藤井真信が前任者の高橋ではなく、後藤の推薦によって蔵相に就任したことがわかる。高橋よりもむしろ「新官僚」の後藤の影響下にあるとみなされたことは藤井蔵相の評判をおとす結果となり、岡田内閣全体の権威低下をもたらした。後藤が藤井を推薦したことは、鈴木貞一の日記からも明らかである。七月四日、鈴木は左のように記している。[169]

夕原田氏ヨリ電話アリ。謂ハク、予定ノ通リ運ヒタリ、岡田ハ政党ヲ入レスモ可ナリト為スモ、後藤ハ政党員ヲ是非容レ度シトノコトナリ。而シテ自分ハ内相トナリ、藤井ヲ蔵相ト為サントスト如何ハ(ママ)コト故、小生ハ夫レハ可成ルヘシ、政党を入レサル方政界浄化ノ為メニハ有利ナリト信ス、後藤ヲ此点ニ導クヘシ。藤井ノ蔵相ハ予大ニ讃ス。

鈴木は、後藤の藤井蔵相案に賛意を示したものの、政党の閣僚起用について強硬に反対していた。すなわち、鈴木は政党を排除した超然内閣(後年の林銑十郎内閣のイメージ)を志向していた。だが、鈴木の期待に反して民政党の単独与党化が実現する。鈴木は「此内閣ハ民政党官僚ト民政党ノ内閣ナリ。将来ハ知ルヘキナリ。国家ハ之ニヨリ愈々多事ナリ」と八日の日記に記している。[170]

他方、後藤内相と藤井蔵相が決定した後、岡田が鈴木喜三郎総裁に入閣交渉したことは、岡田内閣と政友会との関係を著しく悪化させることとなった。多くの政友会領袖と会談した牧山は、斎藤実前首相への「政友会対策に関する意見書」の中で左のように述べている。[171]

岡田大将に大命降下した際政友会内にはこれを援助すべしとの説、これを否とするの説に岐れていた。而して沼津へ逃避中の床次氏は四日午前十時（岡田大将へ大命降下の日）帰京、直ちに鈴木政友会総裁を訪問して国家内外の情勢を説いて入閣演説を力説された結果、党内に於ける援助の気勢は非常に挙るに至った。然るに閣員の割当政二対民一に基く政党軽視論、或は先づ内相、蔵相等内閣の柱石基幹を決定し政党は這入ってもよし、這入らぬでもよしと云った態度の如く感ぜしめたことを、而してこの間離間中傷を試みる策士もあり、政友会に於ける硬論派の主張が漸次有利に導かれ、床次氏の入閣援助論が不利に陥るの情勢に立ち至った。

右のように、政友会内において岡田内閣を支持しようとする勢力（床次竹二郎に代表される）は当初軽視できないものであったが、岡田と鈴木総裁の会談以降、内相と蔵相を決定してからの入閣交渉を非難する硬論派の前に急速に劣勢に立たされていった。仮に岡田が政友会に蔵相のポストを与えていれば、同党の支持を取り付けることができた可能性はある。藤井を蔵相に抜擢した人物は後藤内相であり、鈴木総裁に対する岡田首相の態度の背後には後藤の意向が存在していたと思われる。

だが、後藤は入閣条件として政党人の入閣を求めたことからわかるように、政党軽視論者ではなかった[172]。つまり、後藤は民政党と提携し、政友会のみを排除することを選択した。ここで着目したいことは伊沢が後藤を通じて組閣に干渉していたことである[173]。国民同盟の安達謙蔵は牧山に対して「後藤は相当の代物だが付物の伊〇（筆者注、伊沢）の為め世間的に大変損をしている」と語っている[174]。また、原田は、鈴木貞一に対して「組閣ノ時岡田ハ政党ヲ入レストノ考ヲ有シ、西公モ亦入レサルヲ可ナリトノ考ナリシモ、後藤氏カ伊沢等ニ要求セラレタルナリ」、「後藤モ中途に於テ政党トノ関係ヲ絶タントシタルモ又々逆転セリ」、「後藤氏は到底大事ヲ押切ル人物ニアラサルコトヲ立証セラレタリ。近衛公ハ後藤ヲ信スルコト厚キモ大シタ人物ニアラス」と語っている[175]。右のことから、伊沢が後藤内相を介して民政党の単独与党化を企図したことが窺知できる。

他方、岡田への大命降下は、富田を中心とする宇垣支持者たちに失望を与えた[176]。六月二一日、西原は「富田幸次郎君と無私庵にて宇垣内閣に対する基準的打合会談をなせり」と記していたが[177]、七月四日には「宇垣内閣に非されば大命再降下なりとの世説は遂に斎藤内閣の延長と異るなき岡田大将の引出となり、実に数年間努力の効は水泡に等しき結果となれり」と失望を記している[178]。富田が企図した協力内閣による政党間政権競争の一時休止は失敗し、後藤内相や党外人の伊沢の介入によって、さらなる二大政党間の対立をもたらす結果に終わった。これを機に富田は宇垣新党運動に着手する。

第二項　岡田内閣成立直後の民政党

本項では、岡田内閣成立直後の民政党について、国立国会図書館憲政資料室所蔵の「斎藤実関係文書」に残されている牧山耕蔵の意見書を中心に検討する。本党系の民政党政治家の牧山は第二次若槻内閣の海軍政務次官を務めた経歴があり、衆議院選挙の当選回数は六回、後年は鳩山一郎の同交会に所属する。

政友会の支持を得られなかった岡田内閣は、斎藤前内閣に比して「挙国一致」内閣としての力を弱めていた[179]。鈴木貞一は、「此内閣ハ民政党饅頭内閣故決シテ挙国一致ニアラス」と日記に記している[180]。岡田内閣が求心力を欠いていることは、同内閣を支持する民政党にとって深刻な問題であった。ゆえに、民政党主流派は政友会の支持を取り付けなければならなかった。

本書が着目する史料は、一九三四年七月一六日に牧山が岡田首相・若槻民政党総裁・床次竹二郎逓相におくった「政友会対策に関する意見書」である。牧山はこの意見書の中で、「ただ政友会をして好意的な是々非々の処にまで歩み寄せて、岡田首相、鈴木総裁両者を握手せしめ、首相は政友会の幹部とも懇親融和を図る程度に迄至らしめたい」と述べた上で、左のように続ける。[181]

右政府対政友会の和平工作が成れば政府は進んで無任所大臣を置き、或いは国策審議会（親任待遇）を設けて政友会よりは鈴木総裁は勿論、望月圭介、山本条太郎君等（山本君は無任所大臣の場合は例の古傷のため資格に欠くる所あり）を入れ、民政党よりは若槻総裁又は之れに代るべき二三の人物並に両院議長を入らしむることを此の場合に於ける最善の措置なりと信ずる。

注目すべき点は、七月時点から政友会を岡田内閣支持に転換させるための国策審議会構想が登場していることである。床次は直後の八月から、町田は翌一九三五年一月から、岡田首相に国策審議会の設置を働きかけていく。[182]

他方で、牧山は民政党と鈴木派との提携の実現可能性が低いとみて同党と床次派との提携を重視した。牧山は左のように主張する。[183]

此の場合に於ても民政党は床次氏一派と合流せる新政党を樹立するは好ましからず、而して来るべき総選挙に対して民政党は床次氏一派の新党と轡を並べて選挙戦に臨み善処すれば民政党は百八十名乃至二百二十名程度を獲得すべく、政友会の分裂により民政党は何等の工作を用いずとも恰も大正十三年清浦内閣の下に行はれたる総選挙に於て時の憲政会が漁夫の利を占めたると同じ立場に民政党は立つに至るべし、床次氏一派の勢力は今日に於いて予測し難きも先づ最悪の場合にても八十名乃至百名は獲らるべしと思ふ（資力と策戦如何に依つて差はあるべきも）一方政友会は醜態の一因として国民の指弾を受け総選挙に臨む関係上百名内外に下るやもしれぬ。

その上で「かくて総選挙後に於ける政界の分野は政府与党（民政党と床次一党其他）三百名内外の圧倒的多数を獲得して政府を支持し、政局は茲に安定し、斯くて三十五、六年の難局其他国家内外の諸政策を大体無風状態の下に実行することが出来よう」と主張する。(184)

七月一五日の安達謙蔵（国民同盟総裁）との会談においても、牧山は総選挙における必勝の自信を語っている。牧山が「今日の処見込たらぬが、如何に最悪の場合でも過半数たる（衆議員定員四六六名）二百三十四の中、民政党の安全見込数百八十を差引いた不足数五十四以上は床次一派で必ずとれようと思ふから、総選挙に於ても政府党が野党に負ける様なことは万々あるまいと信ずる、貴見如何」と尋ねたところ、「選挙の神様」の安達は「それは大体その通り見て間違なかろう」と答えている。(185)

右のように、牧山は民政党が床次新党と提携した場合、民政党が一八〇議席から二二〇議席を獲得できるだろうと予想していた。民政党と床次新党との合同を否定していた背景には床次への不信感があったためだろう。(186)牧山の予想は、一九三六年二月の第一九回総選挙において民政党が二〇五議席を獲得したことを考慮すると的確なものだったと言える。他方、床次新党が八〇議席から一〇〇議席を獲得するだろうという予想については床次が病死したことによって昭和会の大敗（二〇議席）という結果に終わる。

七月一六日、牧山は「政友会対策に関する意見書」の中で「分裂したる後の残留政友会即ち鈴木一派と政府との間再び融和を欠き吶喊することあつても勢力は微弱となり云はば牙の脱けたる狼の如きものであるから結局政府に追随し来るものと信ずる。万一政府に挑戦し来ることあるも何等意とするに足らない」と述べている。(187)牧山が鈴木派を打倒対象としていたことがわかる。

岡田内閣発足直後の牧山の意図は、総選挙において衆議院に圧倒的多数の議席を有する政友会を打倒し、民政党と床次新党を併せて衆議院絶対多数党を獲得することにあった。一九三四年七月の牧山の意見書は、一九三六年二月の第一九回選挙における民政党の選挙戦略の原型とも言える先駆的な内容だった。だが、民政党は一九三四年八月の若槻総裁の辞任表明によって迷走を余儀なくされていくことになる。

第三項　宇垣新党運動の展開

本項では一九三四年における富田ら民政党反主流派の宇垣新党運動という政界再編成の試みについて検討する。岡田内閣は政民両党の支持を得た斎藤内閣と異なり、厳密な「挙国一致」内閣ではなかった。少数与党の民政党は岡田内閣の単独与党となり、党内対立を抱えた政友会は巨大野党として孤立した。富田からみれば、政友会の動揺は政界再編の好機であった。岡田内閣成立を契機に、富田は宇垣新党運動を実行に移す。

だが、皮肉なことに、岡田内閣成立とともに富田と宇垣との蜜月関係が動揺しはじめる。宇垣は一九三四年七月一七日の西原宛書簡の中で「民政側は云ふ、政党の権威を認める誠実さへあれば援けると。然るに、友達の政友は軽視せられても、民政の面目さへ立てば(夫れも怪しい)宜しいと云ふのでは、是れ迄の呼号の手前に照し如何のものか」と述べ、[188]岡田内閣成立を機に政民連携を放棄した民政党の姿勢を糾弾した。七月一七日は、宇垣の敵対勢力である皇道派の柳川平助陸軍次官と秦真次憲兵司令官の中央要路からの転出が内定した日であった。[189]すなわち、宇垣は陸軍内における影響力回復に成功したと考え、民政党に対する態度を硬化させはじめた(実際の陸軍中堅層はむしろ宇垣の進出に反対していたが)。[190]一七日の西原宛書簡の中で宇垣は、「斯る明断なる筋道さへも立てて進み得ぬ政治家を相手としての新党樹立は兎に角出来るとしても、夫れの威力の発揮の点に至りては頗る心細い感しがする。従て暫く形勢の推移を静観したいと考へ居り申候」と述べ、[191]宇垣新党結党そのものに否定的な見解を示した。

右のような宇垣の姿勢は、宇垣新党論者たちにとって容認できるものではなかった。一九日に宇垣の書簡をみた西原は驚き、宇垣との絶縁まで考えた。(192) だが、二三日の西原の日記には「富田・砂田両君と大同団結に対する懇談をなせり。而して結論は宇垣総督は速に辞職することにありとのことは各自認むる処となれり」という記述が見られる。(193) 西原は富田や砂田重政とともに宇垣出馬を促すことを決意した。砂田は革新倶楽部系の政友会政治家(当選回数六回)であり、戦前は山本悌二郎の派閥に属し、鳩山とも親しく、戦後は第二次鳩山内閣の防衛庁長官を務める。砂田の参加は、山本が政民連携運動の際に富田と共闘していたことと関係しているのだろう。

七月二九日、宇垣は既成政党が奮起するまで出馬を自重しようと考えていた。(194) 富田は第一節第二項でみた八月二日の宇垣宛書簡の中で宇垣の決起を促し、「現在の民政党はトモ角一致結束して強力なる支配者の来らんことを俟てり。若し閣下にして起たん乎、其の旗下に馳せ参ずること間違ひ無し」と主張している。(195) 前節でみたように、牧山は民政党と床次新党を併せた「圧倒的多数」を企図しており、宇垣が出馬さえすれば民政党全体が宇垣支持に転じるという富田の認識は、当該期の民政党の現実と比較すると、かなりの落差が感じられる。富田は宇垣の出馬を促すため、自らに都合のよいように党内情勢を歪曲して伝えていたように思われる。

宇垣新党運動の転機となった出来事が若槻総裁の突然の辞意表明であった。一月二一日の民政党大会において松田源治幹事長(当時)は「殊に近時の容易ならざる時局に処して、常に適切なる政策を立て、或は政府をして之れを行はしめ、或は自ら之れを天下に唱道し来つたことは諸君の明に知らるる通りである」と主張していたが、(196) 若槻の辞意はこうした政策中心政党路線を行き詰まらせる結果となる。八月五日、若槻総裁は川崎卓吉に辞意を漏らした。(197) この時点で、若槻の辞意は民政党幹部の一部にしか伝えられなかったようである。例えば、斎藤隆夫は「今朝の新聞紙は若槻総裁辞任を報ず。予は驚けり。併し之れ事実にして翻意不可能ならんと直覚せり」と一一月一日(若槻が正式に総裁辞任表明をおこなった日)の日記に記している。(198) 川崎は、八月八日の若槻宛書簡の中

で左のように述べている。(199)

御書面頂戴の翌朝、頼母木にも相談したるが、同氏も大に困惑し、唯兎に角一応町田氏にも総裁の心事を告げ置くこと可然とて、同日に町田氏に伝えたるが、同氏は絶対に其任にあらずと被申居候。併し之は色々の工作を為したる後申し込べば或は承知せらるるやも難計候も、同人等へ党の生くべき根本方針を定め置く要あるものと被存候。明九日、町田、頼母木、桜内、富田、小生等会合し、重ねて相談致度存居候。熟々考ふるに、今や政党否認の声は漸く消失候も、已成政党に対する排撃は未だ相当大なるもの有之、之を今回の政変に徴するも、政党の拡大強化を計るにあらざれば何時までも同様の事を繰返す事に可相成、此事は政民両党幹部の等しく深く感得したる所と存候。就いては我々の仲間では左の三案話題に上り候。

第一案として川崎は、「此際、宇垣氏を立たしめ、政民両党に呼び懸けしめ、国同の一部を加へ絶対多数の一党を作る事」を挙げ、「宇垣氏の勇気を疑ふものあるも同氏も政界へ乗り出す積なれば此際最も其の時機なるべく、相当のお膳立てせば出馬すべしと見る者も有之候。而して民政党としては此場合最も利益あるべしとの意見に候」と述べている。(200) 第一案は富田の宇垣新党構想であり、民政党の意思決定過程において宇垣擁立が重視されはじめたことがわかる。川崎は「政党否認」、既成政党に対する「排撃」の声に対して強い危機感をもっていた。民政党主流派の川崎が富田の宇垣新党運動に接近しはじめたことは、松岡洋右の政党解消運動に対抗するために「政党の拡大強化」をはかる必要があったためであろう。川崎は若槻・町田の政党改良から、富田の政党改良の方向へと傾斜していた。また、日本の国際連盟脱退以後の国際的孤立を憂慮する点において川崎は富田と一致しており、対外問題の解決も宇垣に期待していたと思われる。

第二案として川崎は、「現政府の与党と見做すべき民政党、床次党、官僚党を打って一党と為し、政友会と対立し、絶対多数を取る事」を挙げ、「第二案は現状に即し得るやも知られず、今回の組閣が政友会に対し都合よく運べば最も容易く行はれたるべきも今日に於いては如何や。殊に、幹部中床次に対し全然信頼せざるも多々有之候。又官僚に何処までの決心あるや未不明候」と述べている。[201] 第二案は岡田内閣の与党勢力を新党にまで発展させようという案だったが、川崎は消極的な姿勢をみせていた。これは、政友会への工作を担当していた牧山が民政党と床次新党との合同を否定していたことと関係しているように思われる。

第三案として川崎は、「政民合同或は連携し政党の協力を図る事」を挙げ、「第三案は政友会に於いて山条氏、久原氏の意見なるが如く、殊に山条氏は非常に熱心に勧説し居る様子に候」と述べている。[202] 第三案は、政友会の山本条太郎と久原房之助が企図する政策協定レベルの政民連携である。『大阪朝日新聞』主筆の下村宏が政民合同を主張したことに対して、山本は懐疑的であったという。[203] 富田は、後年の山本への追憶文の中で「政民の連携からゆくゆくは大同団結である、といふのでできたのが一昨年九年の政民連携である」と述べており、[204] 政民連携を政民合同に発展させようとしていた。政策提携に固執する山本と宇垣新党という単一保守政党をめざす富田とは同床異夢であった。

川崎がいう「党の生くべき根本方針」を決定する九日の会合の参加者は町田・頼母木桂吉・桜内幸雄・富田・川崎の五名だった。同日、富田は西原に宛てた書簡の中で左のように述べている。[205]

然るに目下の形勢にては本月中に朝鮮(筆者注、宇垣)の決心を確かめ置き、九月頃より政党方面の工作に取かかるの急且つ切なるもの有之候と奉存候。尤も民政党方面は長老連には全然異議なく、否な全然同感に御座候。今夕も町田、川崎(卓)、頼母木、桜内と相会し確かめ置き候。然るに一座皆朝鮮の決心果して如何と疑ひ居り候に付、此機を逸せば、人心如何に変化するや相判り不申候間、此点特に御留意被下度候。此際是非供貴下よりの御工作相願ひ度、一書如斯に御座候。

九日の会合において、民政党幹部は宇垣擁立の方向に傾いていた。彼らは国際協調の担い手としての宇垣に期待したのだろう。この会合で問題となったことは宇垣本人に出馬する意志があるかどうかという点であり、富田は西原の工作に期待していた。富田は民政党内の状況が自分たちに不利に作用する可能性があることを危惧していた。この時の富田が党幹部の中で最も警戒していた人物は町田であっただろう。川崎は宇垣擁立に積極的となっていたし、頼母木と桜内は浜口狙撃事件時に富田とともに宇垣擁立を企図した経緯があった。町田は若槻や川崎と同じ国際協調論者であるが、岡田内閣の商相でもあり、倒閣をもたらす宇垣新党に反対することが予想された。何より、町田の政党改良は若槻と同様、民政党の存続を前提としており、民政党の解党を前提とした政党改良は念頭になかった。当該期の富田は、宇垣の出馬拒否による町田の主導権回復によって、民政党内における宇垣擁立の合意が覆ることを警戒していたように思われる。

富田は、一五日の西原宛書簡の中で「昨今政府ハ国策調査会にても設けて政局を挙国一致に導き度魂丹《ママ》あるものの如し。又本日床次氏ニ近接せる者より窃かに新政党組織に付、小生の同意を求め来り候事有之」と述べ、宇垣宛書簡を添付している。同書簡によると、富田は宇垣に対して「政友会の態度は政府ニ対して多少好転の色相見え申候。是に於て床次氏ハ之れに勢ひを得て、政友会内に在る自派と国民同盟を結び付けんとし」、「更に小生に向っては民政党をも連ねて大同団結を謀らんとし、所謂小生の宿論たる新政党組織の実現を慫慂し来り申候」、「先んずれば人を制し、後るれば人に制せらる、閣下の起つ、最早や一日を緩ふす可からずと奉存候」と主張している[206]。町田と同じく岡田内閣の閣僚であり、国策調査会設置論者でもある床次の関与は宇垣新党運動の骨抜きにつながる危険性をもっており、富田が宇垣に決起を促した理由はここにもあったと言えよう。

だが、当の宇垣は二六日の西原宛書簡の中で「政党は今や自滅か自活かの分岐点に立ちあり、無自覚自滅の途に進む者の救恤は吾人には荷重きに過ぐ、自覚し自活の道を求む者にして始めて伴侶として行き得ると兼々考へ居り候」、「富田氏よりも毎度手紙を戴き本信同意味の返事を致し置き候」と述べているように(207)、出馬を決意することはなかった。

一一月一日、若槻総裁が正式に辞意表明をおこない、町田が次期総裁として有力視されはじめた。だが、翌二日の民政党在京議員総会は町田の総裁就任に反発した。一〇日、民政党は総務の合議制に移行し、総裁不在という非常事態に陥った(208)。斎藤隆夫は「午前町田忠治氏を訪ひ、総裁受任を勧告し、氏の辞意は理由を欠くことを痛論す。氏は如何なることあるも承諾せざるべし。此上勧告は無用なり」と、七日の日記に記している(209)。町田には在京議員総会の反対を押し切ってまで総裁に就任する意志はなかった。斎藤は「町田氏を総務会長に推薦し総裁問題を一時糊塗す」と、九日の日記に記している(210)。町田は総務会長に就任するが、岡田内閣の最大与党である民政党が総裁不在状況に陥ったことは、政局の混乱に直結した。

なお、民政党の総裁不在状況は先行研究においてあまり重視されてこなかった。堀田慎一郎氏は「岡田内閣期の元老・重臣勢力と政党」の中で、内審設置運動が一時的に下火となったことは、元老西園寺の政民連携運動に対する評価が低かったからだと主張している(211)。たしかにそのことも内審設置運動が下火となった一因であろうが、本書は町田が総裁に就任できずに民政党が総務の合議制に移行したことによって同党の岡田内閣支持路線が動揺し、富田の宇垣新党運動が高揚したことを重視する。

一一月一六日、政民連携に関する両党準備委員会が開催され、政友会側委員として久原と山本が、民政党側委員として富田と頼母木が参加した(212)。右のことは、前引の川崎書簡に見られる第一案(宇垣擁立案)と第三案(政民合同案)が合流したことを示している。但し、山本は政民合同の実現可能性に悲観的であった。また、前引の富田の書簡にみられるように、八月時点から富田の宇垣擁立案は民政党の意思決定会合において取り上げられており、頼母木もこの会合に参加していた。一一月時点で町田が総裁に就任できなかったことで、頼母木が町田に近い立場にあったとしても、この時点で富田に抵抗することは難しい状況にあった。すなわち、この時期の政民連携運動の主導権を握っていた勢力は富田ら宇垣新党をめざす勢力であり、町田ら政策提携ラインでの政民連携をめざす勢力は後退していた。若槻が総裁からしりぞき、川崎が富田に協力した結果、町田の孤立は明らかとなった。

だが、一一月二七日の高橋是清の入閣によって政局は新たな局面をむかえる。同日、斎藤隆夫は「高橋是清氏大蔵大臣に任ぜらる。政府補強工事成功す」と日記に記している。[213] 松浦正孝氏は『財界の政治経済史』の中で、「高橋の入閣は、岡田内閣の蘇生を意味すると同時に、岡田内閣内部の権力状況をも一変させた。組閣以来強い勢力を誇っていた後藤内相ら「新官僚」に対する政党出身閣僚の立場の強化と、高橋を中心とする権力核の再形成とをもたらしたのである」[214]、「高橋の入閣後、岡田内閣は、高橋を中心に、町田忠治商工相(民政党)、床次竹二郎逓相(政友会離党)の政党出身閣僚と岡田首相から成る四長老会議で重要問題を決めるようになった」と指摘している。[215] 高橋の入閣は閣内における町田の発言権を増大させることになった。

右の背景には、民政党主流派と公正会(民政党系の貴族院会派)の工作があった。七月一六日、公正会の領袖の千秋秀隆は、牧山に対して左のように主張している。[216]

民政党が国家的見地に立って極力支援するに至ったことは申分のないところで、殊に床次、町田の両氏が首相の両翼となって閣僚に列しているのは国民として一段の強味を感ずる次第である。岡田大将が閣議の席次を宮中席次によらず、右に床次氏、左に町田氏を配することを宣言したのは両氏に対し、長老を以て遇する敬意から発したものでその心事まことにうるはしい。百尺竿頭一歩を進めてこれが勅裁を仰ぎ、床次、町田両氏の宮中席次を岡田首相の次に置くことが至極と思ふ。

その上で、千秋は「後藤文夫君は閣員の筆頭であるがこの事に就き進んで賛成を表されたならその人格は一段と光り、男前を上げるであらう」と述べている。牧山は千秋の意見について、「特によき思付きと信ずるを以て岡田首相並に後藤内相の貴覧に供す尤もとの御考ならば切に之が実現を希望するものである」と記している。[217]千秋と牧山の狙いは、床次と町田という政党指導者の地位を向上させることで、後藤内相から岡田内閣の主導権を奪取することにあった。一〇月初めごろから町田は岡田首相・床次逓相・後藤内相とともに内閣審議会設置を協議し、岡田内閣の基盤拡充をはかった。[218]一一月二七日の高橋入閣にともない、内閣審議会構想をもつ町田と床次が岡田内閣において発言権を増大させたことは、牧山の工作の成果であった。

他方で宇垣は西原に対して新党の党首になる決意を語っていた。一一月一九日、西原は宇垣から「政民提携に関し其の緊密なる提携となすに楔の役をなすことを政民双方より嘱せらるる場合となれば、野に下り奉仕の役を引き受くべし」という言質を得た。[219]宇垣の出馬条件は政民両党の支持であるが、この場合に問題となることは、岡田内閣を支持する町田と政友会単独内閣を企図する鈴木総裁だった。富田らの見通しは、西原宛宇垣書簡によれば、「即ち、連携はすぐ成立する！――続て、政策及地盤の協定に掛る！――此の協定の間に連携よりも寧ろ合同、又は新党樹立に行くべきであるとの空気が出来る（夫れの醸生には勉めて居る）。其処に余が東上する。夫れを機会に民政（纏りは好くとも決断のの《ママ》鈍い）総裁受任の問題を持ち込み来り、其の際、余よりは夫れも宜しいが、併し夫れよりも今起りて居る合同、又は新党樹立の問題の解決か先決ではないか、余の去就の如きは、其の後の問題ではないかと答へ、夫れにより決断に躊躇する民政を刺戟して両者の結合を促進するの手筈に進む」というものだった。[220] 富田や西原は、宇垣新党運動の第一段階として政民連携による政策・地盤協定、第二段階として政民合同・新党樹立の機運醸成と宇垣の上京を予定していた。第三段階として総裁不在の状態に置かれている民政党が宇垣に総裁就任を依頼、宇垣がこれを拒否し、民政党を政友会との合同、新党樹立の方向へと牽引していくことを予定していた。民政党の総裁不在状況は、宇垣新党結党の過程において不可欠な条件であった。

富田は、宇垣の主導によって町田ら民政党内の反対勢力を抑え込む一方で、政民合同に消極的な山本・岡田内閣の閣僚である床次ら政友会の政民連携派に対して自己の主導権を確保しようとした。

宇垣新党運動は第一段階まで順調に推移した。一一月二四日の政民連携懇談会では「国策検討」を看板とすることが話し合われ、[221] 二九日の懇談会では「政党の不振を打開」するための「昭和維新」の開幕がうたわれた。[222] 政民連携運動の進展をみた南次郎は、三〇日の宇垣宛書簡の中で「今井田君とも十分相談可致候も、今回は閣下の御上京之好機と存候」と述べている。[223] 南や今井田清徳政務総監といった宇垣周辺の人々は、東京の政情が宇垣出馬に向けて有利に展開しつつあると見ていた。宇垣自身も、一二月七日か八日ごろに朝鮮を出発しようと考えていた。[224] 一二月の『拓務評論』は「政党の連携、合同は今日の程度ではまだ此の新国運開拓の理想にまでは徹底しているとは思われないけれども、少なくともそれに向っての進行の第一歩として、我等の期待する所以のものは富田君の如き実力ある人物により真面目に提唱せられつつあることに多大の信頼を掃はんとするものである。富田幸次郎、果たして此の国民的大期待に副ひ得るや否や」と、富田の行動に注目していた。[225]

ところが、順調だった宇垣新党運動は一二月五日を機に停滞にむかう。同日、政友会の東武(北海道選出代議士)は民政党に無断で、いわゆる爆弾動議を予算総会に提出した。[226] 爆弾動議を機に、町田は政友会に対する態度を硬化させはじめた。[227] 政策中心政党を志向する若槻の正統後継者の町田は、爆弾動議を宇垣新党運動に対する反転攻勢の好機と捉えていたのだろう。

富田らは宇垣の指導力によって民政党を新党樹立に一元化させようとしており、町田が抵抗することは想定内だった。例えば、西原は爆弾動議が宇垣新党結党を促進させるだろうと見ていた[228]。富田や西原にとって想定外だったことは、宇垣が上京を躊躇したことだった[229]。朝鮮の宇垣は、一二月七日の西原宛書簡の中で、「政民関係も妙な空気に相成り居り、今出京致しても徒爾に終るの傾向も相見へ、旁々如何すへきやに就き考慮中に御座候。政友は左る事なから民政党の結束の薄弱には聊か以外に存し居り申候」と述べている[230]。一四日には「政民連携による新しい政治舞台を展開して其の上に新党樹立にまで持ち行かう、一国一党とまで行かずとも大勢を制し得るの勢力を築き上げようとの期待の実現は中々容易でない。自己本位、自党第一の観念に捉はれ過ぎている連中の多い朋党なれば、一二無策者の投じたる狂的動議が直ちに結束に亀裂を生ずる如き有様にては、連携真価の発揚までには前途尚遼遠なりと云はねばならぬ」と日記に記すなど[231]、宇垣は事態を傍観していた。最終的に宇垣は、爆弾動議を契機に町田らが政友会との連携に対して消極的になったことで新党樹立の機運が過ぎ去ったと判断し、上京を拒否した[232]。宇垣と支持者たちの間で状況認識に大きな差異が生じたことは、富田や西原が自分たちに都合のよい情報のみを宇垣に伝えていたことに基因している。

政友会内における鈴木総裁の求心力低下と総裁不在の民政党内における宇垣待望論の台頭が重なったこの時期に宇垣が上京していれば、宇垣新党という衆議院単一保守政党が実現する可能性は高かったであろう。宇垣の状況主義的態度の結果、富田の宇垣新党運動は最大の好機を逸した。

ここで注意したい点は、宇垣が出馬を躊躇した一二月七日が陸軍省・海軍省・外務省間の三省間協議において「対支政策に関する件」が決定された日だということである。「対支政策に関する件」は、華北からの南京政権の政令排除・日本の権益拡張が明記されるなど、華北分離工作の端緒となる内容であった[233]。華北分離工作を推進する永田鉄山ら陸軍中堅層が民政党の国際協調路線と宇垣が結びつくことを警戒し、宇垣進出を抑制しようとした可能性は高いように思われる。陸軍における最大の宇垣支持者である南関東軍司令官も華北分離工作の推進論者であり、統一中国をのぞむ宇垣の対中態度とは明確な差異があった[234]。陸軍側から何らかの宇垣進出妨害工作がなされたのではないだろうか。また、当該期の海軍は末次信正ら艦隊派がワシントン海軍軍縮条約破棄に邁進しており、軍令部が政府を拘束すべきだとまで主張していた[235]。海軍の硬化に直面した宇垣が爆弾動議を機に自身の権力基盤となる政党勢力の一体感のなさを不安視したとも考えられる。

いずれの理由にせよ、宇垣の出馬拒否の結果、政界再編による政党内閣の復活は最大の好機を逸しただけではなく、対英協調を基軸とする極東国際秩序再編の可能性をも失われるに至ったのである。

さて、宇垣の出馬拒否以後も、総裁不在の民政党では主流派と宇垣新党をめざす反主流派の主導権争いが続いた。一九三四年の暮れから翌一九三五年一月にかけて民政党が宇垣を総裁に迎え入れようとした経緯は、山室建徳氏の『町田忠治』(伝記編)の「第一二章民政党総裁へ」に詳しい。山室氏は、当該期における宇垣擁立工作が「町田・川崎・溝口直亮の三人だけで行われた」と主張しているが[236]、本書はこの工作に富田が主体的に関与していたことを指摘したい。

一九三四年一二月二三日、富田と砂田と会合した西原は、「民政党動揺防止の工夫をなすこと」を話し合い、その対策として「先つ富田君より川崎氏に協議を持ち懸け、其処に道を啓くこと」を決めた[237]。一九三五年一月八日、西原は「富田君より来電あり、同夜電話を懸けし処、伊東にて若槻、町田、川崎会合の結果として熱海にて富田と町田と会見し、溝口伯を若槻・町田の使として朝鮮に派遣することとなりしを以つて、宇垣総督に適宜区処されしとのことなりし」と日記に記している[238]。同日の宇垣宛西原書簡によると、六日、若槻・町田・川崎は町田と富田との会談を決めた。翌七日、富田に説得された町田は宇垣擁立に同意し、溝口の朝鮮派遣を決めた。なお、当初は川崎を朝鮮に派遣する予定であったが、川崎が辞退したために溝口となったという(239)。

右のことから、町田が宇垣擁立を決意した背景に富田の後押しがあったことがわかる。当該期の民政党は、宇垣を総裁に迎え入れることで、民政党中心の新党を政権の受け皿にしようという方向に一元化されていた。だが、当該期の宇垣新党運動は、政民両党の合同を前提としたもの（前引の川崎書簡に見られる第一案と第三案の合流）から、岡田内閣の与党勢力結集を前提としたもの（前引の川崎書簡に見られる第一案と第二案の合流）へと変貌していた。富田の持論である単一保守政党構想の視点から見れば大きな後退である。このことは、政民両党からの出馬要請を要求する宇垣の失望を招き(240)、宇垣は総裁就任を拒否した。

一九三五年一月一八日の町田の総裁就任を機に、民政党は富田の宇垣新党路線を放棄し、政府与党の地位を利用した政友会打倒路線に回帰していく。対外的に国際協調を基軸とし、総裁として政党改良に着手した町田だったが、町田民政党は宇垣新党がもつ対軍部統御能力を欠いていた。

第四項　第一九回総選挙と町田民政党

立憲政治即政党政治を憲法理論から支えた美濃部達吉の天皇機関説は、一九三五年の岡田内閣の国体明徴声明によって葬り去られた。美濃部の後退は、イギリス型の議院内閣制論を掲げてきた民政党にとって大きな打撃であった。本項は、逆境に立たされた町田民政党の動向を検討する。

民政党は、商相として岡田内閣における発言権を強めていた町田が総裁に就任した結果、政府との結びつきを強めることになった。一九三五年一月二七日、西原亀三は「無解散にて経過せしむべき手段としては政民連携工作に依るの外なきも、民政党は解散に依る多数党を夢想し、殊に町田総裁の意図其辺にあるものの如し、之の打開を専決《ママ》とするものあり」と記している(241)。西原は、町田の総裁就任が政民連携の障害となると認識していた。同時期、岡田内閣は内閣審議会設置を第六七回帝国議会に提案した。四月から内審設置問題は岡田首相・高橋蔵相・床次逓相・町田商相の四長老閣僚会議に委ねられることとなり[242]、後藤内相は会議のメンバーから外された。このことは床次と町田の閣内における地位向上を示しており、本章第二節において指摘した牧山の工作が当該期に成果をみせたと言えよう。

天皇機関説排撃を掲げて岡田内閣打倒をめざす政友会に対して民政党は町田総裁の下で内審設置を推進した。この結果、宇垣新党運動は後退を余儀なくさせられた。富田の同志の俵孫一は、一九三五年四月二〇日の宇垣宛書簡の中で左のように述べている[243]。

政友会のこの責任政治論に対し、如何なる旗印を以て対抗するやと考ふるときに甚だ心細き感有之、此意味に於て民政党が岡田内閣に対する態度に付此際再検討を為すべきものと存居候へ共、所謂党首脳部の所見は大に我々と異なるもの有之、現に町田総裁は自ら閣僚の一員となり居り、自己の責任に対して強いて疑を抱かざるが如きのみならず、民政党総裁として党の立場、党の前途に付ても格別憂慮し居らざるが如き憾有之、或は之等の人々の考にては、今秋の県議総選挙に直面して政府与党の立場に在るを有利と考へ、他に不便不利の条件ありとも其以上に政府与党の立場を大なる利益可有之と考へ居る様存じられ候へ共、我々は反対の結果を生ずべしと存居候。此意見に付ては、党内にも大分同意見も有之候。又幹部中にも富田、小泉、川崎卓吉諸君とも時折意見の上下致居るも、未だ所謂首脳部の意向を反省せしむるに至らず、尚目下努力中なるも其の結果は今日の場合悲観せざるを得ず、民政党としては大体総裁其人が意見を変更せざる以上、遺憾乍此儘に推移するの外なしと存じられ候。

右のことから、町田総裁が岡田内閣の単独与党の地位を利用することで府県会選挙を有利に戦おうとしていたことがわかる。富田・俵・小泉又次郎らは、町田総裁の方針が民政党の党勢拡張をもたらさないだろうとして反対しており、川崎卓吉幹事長も支持を与えていた。俵は、内審設置を推進する町田総裁が民政党本来の主張である「責任政治論」、すなわち政党内閣制に逆行していると捉えていた。政党内閣への執着は町田よりも俵のほうが明らかに強かったことがわかる。

しかし、俵の情勢認識は自分たちが町田総裁の岡田内閣支持路線を転換させることができないというものであった。小泉がいう町田総裁の富田に対する脱党勧告[244]も同時期のことであろう。

陸軍皇道派の天皇機関説排撃と天津軍の華北分離工作に挟撃された岡田内閣は崩壊の危機に立たされた[245]。政友会が内閣審議会参加を正式に拒絶した五月九日、西原は政友会の鳩山一郎を訪問し、「大同団結の結成」に関して同意を得た[246]。一三日、西原は鳩山宛書簡の中で「民政は審議会の成立に依つて、次期議会の解散を必然とて、与党気分を横溢せしめるにあるも、然れ共、町田総裁に政権に来るものとは信ぜず」、「某領袖と懇談致候処、若し、幸にも政変が起るならば、多少の波紋はあるも、結局、民政は連携する以外に辿る道なしに之有。此の点は御安心被致度候」と述べている[247]。西原の日記の記述から、西原の書簡にある「某領袖」が富田を示していることがわかる[248]。富田と西原は解散・総選挙となって民政党が勝利したとしても町田に政権が来ないだろうと予想し、岡田内閣が倒れれば民政党が政民連携にむかわざるを得ないだろうという見通しをもっていた。この見通しの背景には、政権獲得が政党の役割という基本認識があった。

長期的にみれば、鳩山の宇垣新党運動への関与は戦後の自由民主党との連続性という観点から重要であるが[249]、政党内閣への執着が弱い町田が政権獲得のために政友会との提携を選択することはなかった。二一日の民政党の総務会、直後に開かれた幹部会では、連携破棄論が大勢となった。結局、連携破棄は翌二二日の議員総会によって党議決定となった[250]。斎藤隆夫は一八日に「町田総裁より会見申込あり」、「政民提携断絶の意を明にす[251]」、二一日には「三時幹部会出席、政民連携打切の議題に意見を述ぶ。打切決定総裁に一任す」と日記に記している[252]。町田総裁主導によって政民連携は破棄されたのである。

政民連携運動の断絶と富田自身の内閣審議会委員就任は、宇垣新党運動を停滞させることになった。六月一六日の西原宛宇垣書簡によると、宇垣の状況認識は、仮に政友会一致の支持を得たとしても民政党主流派が岡田内閣の与党気分でいる限り、宇垣新党を実現させることは難しいというものだった。宇垣は民政党が秋の府県会選挙と明春の総選挙で勝利をおさめた場合、民政党主流派の与党気分は継続され、宇垣新党結党が困難になるのではないかと懸念していたが[253]、これは的中することになる。

町田総裁は政友会打倒をめざす一方で、政党改良に着手した。四月九日の民政党幹部会において政務調査会を八部門（外交部・内政部・財政部・国防部・産業部・交通部・拓務部・文政部）に分けることを決定した[254]。五月一日の政務調査会において基本国策調査特別委員会を設置することを決定し、永井柳太郎政務調査会長が中心となった。基本国策調査特別委員会は、内審に民政党の国策案を反映させるための機関であった[255]。一〇月二二日、政務調査会は七項目の基本政策大綱を決定した。第一項の「日本民族生存権の確保」には「日満支経済提携の確立」、「南洋諸国と経済関係の密接化」のように、華北分離工作支持だけではなく、南方進出をも視野に入れた主張がみられる。また、「国際正義の強調」、「経済的鎖国主義の打破と資源公開の原則確立」のように、民政党政綱第三項の主張が繰り返されている[256]。

一一月六日の第三回政策講習会において、基本国策特別委員会会長の桜内幸雄は「我党基本国策の大要」の中で、第一項の意味について「日満親善を徹底強化して両国百年の大計を定め、日満支経済提携を確立して、東洋を王道楽土たらしめ、日支、日露関係を整調して東洋の不安を除去し、南洋諸国と経済関係の密接化を計り、有無相通じ依存共栄を計る」ことを主張している。[257] 朴羊信氏は「永井柳太郎論」(二・完)の中で、「北支分離工作を境に「日満支経済ブロック」を言いだし、その後もそれを訴えつづけていく永井は、そうすることが白人種からアジアを解放する道につながるといって、ベルサイユ会議前後に盛んに訴えていた有色人種解放論をここに再び持ちだした」ことを指摘している。[258] 桜内による基本政策大綱第一項の説明が永井の主張と一致していることがわかる。永井の「日満支経済ブロック」構想を実現にうつそうとすれば、必然的にイギリスとの対立を引き起こす。すなわち、民政党の基本政策大綱は、日英接近による極東の現状維持の固定化をはかるリース・ロス・ミッション[259]に対する挑戦を含んでいた。

当該期の民政党には「幣原外交の伝統を重視する民政党」というイメージがあり、永井は例外とみなされることが多い[260]が、永井は民政党の政務調査会長(特別委員の松田竹千代と末松偕一郎は永井派)であり、基本政策大綱は同党の正式な国策案であった。若槻・町田両総裁の下で国際協調を看板としてきた民政党だが、当該期には永井の主導の下で反英米的な方向に傾斜しはじめていた。

永井の台頭は、松浦正孝氏が『「大東亜戦争」はなぜ起きたのか』において着目した大亜細亜協会の動向と関係しているのではないだろうか。大亜細亜協会創立委員だった鈴木貞一[261]は、岡田内閣を「民政党饅頭内閣」[262]とみなしていた。一九三四年八月二四日に近衛文麿と会談した鈴木は、「近衛氏ハ前夜、末次、荒木ト共ニ談合シタルコトヲ述ヘ」、「林将軍と面語シタル時同人ハ小生ニ中々思フ様ニ行カヌコトヲツクヅクコボシ居リタリ」、「今日日本ノ外交ハ尚ホ幣原式ナリ。外人ハ広田ノ処ヨリハ幣原ノ処ニ出入ス、外人幣原、牧野ヲ償[賞]スルコト大ナリ、伊沢と幣原カ軍ヲ抑圧スル為ニ外力ヲ利用シアリ、売国奴ナリト述ベラレタリ」と記している。[263] 近衛・末次信正・広田弘毅外相は大亜細亜協会創立時の評議員であり、[264] 林銑十郎陸相は正式な会員ではないが同会と密接な関係にあった。[265] 近衛と鈴木は、幣原と親しい伊沢が民政党の単独与党化に影響力を行使したことを見て、幣原外交の復活を警戒していたのだろう。国際協調論者の町田が民政党総裁に就任にしたことは、鈴木らの危惧をより深めたと思われる。

民政党において幣原外交復活を防止する役割を担った人物が永井であった。永井は林とおなじ加賀の金沢出身であり[266]、鈴木と親しく、斎藤実前内閣の拓相として移民政策の中心となった経歴があった。一九三三年一〇月一〇日、台湾総督府が派遣した伊沢財団内地視察員が永井を拓務大臣官邸に訪問した際、永井は「世界ノ大勢カラ亜細亜ノ現状ニ転ジ欧州大戦ノ実例ヲ挙ゲテ同種族団結ノ必然性ヲ御説キニナツテ大亜細亜主義ニ及ビ同文同種デアル日支提携ノ切要ナルコトヲ強調」したという[267]。永井が「大亜細亜主義」(汎アジア主義)に言及したことは、この直前の一九三三年八月に大亜細亜協会会頭の松井石根が台湾軍司令官に任命されていることと関係しているように思われる[268]。一九三五年の民政党基本政策大綱によって、永井は持論を民政党の正式な外交政策とすることに成功した。これは、町田の国際協調路線後退の第一歩であった。

民政党の基本政策大綱第二項の「政治の公明強化対策」も注目される。「文官任用令改正に依る人材登用及身分保障令の修正並に繁文縟禮の積弊打破」、「官吏編重の恩賞制度を改正し国民能力の総動員を眼目とする恩賞制度の確立」など、官僚に対する強硬姿勢がみられる[269]。反官僚の主張を基本政策大綱に導入した人物が斎藤隆夫委員長であった。翌一九三六年一月、政友会は第一九回総選挙のスローガンとして「官僚か政党か」を掲げて激しい官僚批判を展開していくが、与党民政党内にも同様の主張が存在したことは興味深い。右の背景には、当該期における官僚の地位強化に対する斎藤の危機意識があったように思われる。由井正臣氏は「文官任用令改正問題と枢密院」の中で「斎藤内閣における文官分限令改正を中心とする制度改革は、官吏の身分保障をきわめて鞏固なものとし、政党勢力の官僚機構への浸透を激しく遮断するものとなった」と主張している[270]。官僚に対する斎藤らの強硬主張は、一九三六年の二・二六事件後に表面化する「政党の反官僚化」の序章だったと言える。

ここで着目したいことは、選挙粛正運動と民政党との関係である。この時期、内務官僚が中心となって選挙粛正運動（一九三五年の府県会選挙が第一次、一九三六年の第一九回総選挙が第二次）が全国的に実施された。官田光史氏が「選挙粛正運動の再検討」の中で指摘しているように、当該期の内務省は政友会の構想した選挙粛正委員会が同省の政策立案に介入するものだとして警戒し、民政党とともに同委員会の骨抜きをはかっていた(271)。

本書では、民政党側の思惑についてみてみよう。第一九回総選挙直前の一九三六年一月二〇日、民政党大会において川崎幹事長は「開会の辞」を述べたが、その原案が二部、国立国会図書館憲政資料室の「川崎卓吉関係文書」の中に残されている（本書では、第一案・第二案と表記する）。本書では、第一案・第二案と川崎が実際におこなった「開会の辞」とを照らし合わせながら、当該期における川崎の意図を検討していきたい。

川崎は第一案において「畢竟選挙粛正の事は一個の行政業務でありまして、何人が政局に立つも選挙界の積弊を一掃して之が粛正を期せねばならぬことは、我憲政立直しの途上に於ける今日の政治的常識であります」と記していたが、「選挙が厳粛に行はれざる限り、公正なる民意の反映と暢達は到底之を望むことは出来ないのであります」に修正している(272)。立憲政治を立て直すという使命感が川崎の本音であった。川崎は「公正なる民意の反映と暢達」という言葉を導入することで、政党改良と選挙粛正を接合させた。最終的に川崎は「凡そ選挙が厳粛に行はれざる限り、公正な民意の反映と暢達は到底不可能でありまして、選挙粛正が憲政運用上極めて重要なことは勿論であります」と述べている(273)。選挙粛正中央連盟理事だった蠟山政道は選挙粛正運動を通して政党に自己改革努力を要求しており(274)、川崎はこれに答えようとしたのだろう。

また、川崎は第二案の中で「偶々、今日選挙粛正の機運到来致しまして、従来、往々歪曲せられて居りました選挙が矯正されまするならば、来る総選挙に於きましては、前回、昭和七年の総選挙に於けるが如く、不自然なる結果に陥ることなく、公正なる民意の発言に依つて、我が党は必ずや国民多数の賛成を得て、議会に絶対多数を獲得し得ることを断じて確信するものであります。従って、我党と致しましては、飽く迄公平厳粛なる選挙に依つて、国民多数の支持を得るに努め、粛正選挙の効果に十分の期待を有するものであります」と主張している。[275]この箇所は第一案の中にはみられず、川崎が新たに書き加えたものであり、「開会の辞」の中に引き継がれている。[276]川崎が政党改良の一環としてだけではなく、選挙粛正を政友会の絶対多数を破る手段として利用していたことがわかる。

他方で、川崎は一九三五年一〇月からはじまった近衛新党運動に関与していた。[277]川崎が運動に参加するようになったことは他のメンバーが近衛文麿との会談を重ねてからで、参加メンバーが中島知久平・前田米蔵といった政友会の実力者であり、民政党側からもメンバーに加えようという理由からだった。川崎は、中島と前田に比べて堂々と意見を述べることから近衛に注目されるようになった。[278]

右の経緯から、川崎が一国一党論者だったとみなされることが多い。だが、当該期の近衛新党運動は伊藤隆氏が「「挙国一致」内閣期の政界再編成問題」の中で指摘しているように「議会多数派の再構成による政党の政権への接近」を企図したものであった。[279]一九三五年の近衛新党運動は富田の宇垣新党運動と同様に政界再編成のレベルにとどまるものであり、ナチスドイツのような独裁的な強力政党をつくろうという後年の近衛新党運動とは全く異なる性質のものであった。本書では、川崎が一国一党論に否定的だったことを指摘する。

右の理由として、第一に、川崎の個人的信条が後年の近衛新党構想（一九三八年、一九四〇年）と矛盾することが挙げられる。川崎が一九三五年一一月二一日に著した直筆の論稿の「立憲政治と輿論」が国立国会図書館憲政資料室に残されている。この論稿は近衛新党運動に参加していた時期における川崎の個人的信条を探るための貴重な手がかりである。同論稿の中で、川崎は左のように主張する。[280]

ドイツにしても、イタリーに致しましても、独裁政治の下に於きましては、政治上に於ける民意の暢達とか、国民輿論の成立の如きは絶縁の状態でありまして、斯かるファッショ独裁の無法、殺伐な弾圧政治の如きは、政治上、人格と自由とが保障せられて居る憲法政治下の吾々には到底事実として想像も及ばぬ所であります。然るに、近時、較もすれば、国民の一部に斯かるファッショ独裁の政治を謳歌せんとする者のありますのは、恰も政治上の自由と人格の独立とを自ら放棄して、他の命令強制に盲従せんとするものであつて、其の愚、真に憐れむに堪えざりと申さねばならぬのであります。

右のように、川崎は、ナチスドイツやイタリアの一国一党と日本国内の支持者に対して露骨な嫌悪感を示していた。

第二の理由として、政党解消論に対する川崎の態度の変化が挙げられる。府県会選挙直後の九月二八日、川崎は「政党解消論は解消した」の中で、「注目すべき事とは二大政党が獲得した議員の総数だ。世間のある一部の者は往々にして政党の弊害を殊更に悪しざまに宣伝をし、今迄の功績に就ては毫も認むるを欲しないものがあり、極端な者になると政党解消などを提唱しているが、今回の選挙を見て大衆の意思が奈辺に存するか、と云ふ事が明白に判つたろうと思ふ」と語っている。[281] 一九三四年八月時点で政党解消運動に強い危機感をもっていた川崎は、わずか一年後の一九三五年九月には政党解消運動に対する勝利宣言に転じていた。府県会選挙における二大政党の大勝（総議席の八割五分以上）[282]と、松岡洋右が政党解消運動への熱意を失いつつあったことなどが[283]、川崎らの警戒心を弱めさせる結果となったと言える。

右のことを考慮すると、川崎の近衛新党運動への関与は、総選挙を間近に控えていたこともあり、中島や前田を通じて政友会の動向を探るための戦略だったように思われる。

第一九回総選挙直前における民政党大会演説において、町田総裁は斎藤・岡田両内閣を支持する民政党が「挙国一致」内閣を支える「公党」であると主張した[284]。山田央子氏は『明治政党論史』の中で「ブルンチュリの「政党論」は、私益を追求する「私党」を否定すると同時に、国家あるいは公利を追求する「政党」を「公党」として積極的に意味づける役割を果たしたのである」と述べている[285]。政権本位の姿勢を捨て、国家本位に「挙国一致」内閣を支持する民政党こそが町田の「公党」であった。

町田の政党認識と関係して、斎藤・岡田両内閣の蔵相を務めた高橋是清(政友会を脱党し、岡田内閣の蔵相に就任)の政党認識に着目したい。岡田内閣の中心人物であった高橋[286]が一九三五年一二月二九日に「自分は政権の争奪を業とせざる真の政党の出現を望んでやまぬ」と発言したことは民政党にとって重要だった[287]。高橋が要求する「政権争奪を目的とせぬ政党[288]」は、五・一五事件以後の若槻・町田両総裁下の民政党が志向してきた方向と一致するからである。

軍部との対決側面が強調されてきた第一九回総選挙であるが[289]、本書は町田の民政党が政権争奪を目的としない政党だという姿勢を前面に出すことによって政友会との差異化を企図したことに着目する。このことは、民政党が「挙国一致か、政権争奪か」を選挙スローガンに掲げていたことから明らかである[290]。民政党の「挙国一致」は、当時の知識人間で嫌悪されていた「政権争奪」と対置させる意味が含まれていた。

ところで、民政党が掲げる「挙国一致」とは何か。川崎卓吉幹事長は、一九三六年一月の党大会の「開会の辞」の中で、「当時、国家内外の異常なる情勢に鑑み、我党は岡田内閣の施政にして我党の本領と主義政綱に反せざる限り、斎藤前内閣の挙国主義を踏襲せんとする岡田内閣を支持したのであります」、「もし挙国主義に反対する政党が存して、これがために政策の遂行が出来ない場合には国民に訴へ、その支持によって挙国主義に反対する政党を克服すべく努力するのが当然であります」と主張している[291]。川崎は富田の宇垣新党路線を放棄し、町田総裁の片腕として政友会打倒に邁進することを選択した。本書が着目したい点は、民政党の意思決定の中枢にいた川崎が斎藤・岡田両内閣の基本方針を「挙国主義」という言葉で表現していたことである。

挙国主義は、『東京朝日新聞』論説主幹であり、昭和研究会の中心人物でもあった佐々弘雄の主張の中に登場する。第一節でみたように、佐々は政権争奪批判をおこなった一人であるが、一九三五年五月九日の政治問題研究会において「先づ結論から云へば、現在の情勢より見る限り、日本の政治形態は政党政治にも行かず、さりとて独裁政治にも行かず、矢張り現内閣の如き挙国主義で行くものと考へる。その内容には多少の変化はあらうが、挙国主義たることには変化はあるまい」、「此の際、人の和を得た強力な挙国一致内閣が出来れば、政治不安解消は容易である。政党は未だ覚醒せず、軍部は内閣を取らうとは考へず、官僚内閣も亦実現は困難である。とすれば、次に執らるべき政治形態は、どうしても挙国一致内閣でなければならない」、「故に我国の政治形態はファッショにはならず、されぱと云って政党政治にも俄に復帰せず、挙国主義の道を辿るだらうといふのが、自分の結論である」と主張している。[292]佐々によれば、挙国主義は、明治憲法体制下における政党の存在を前提としていた。佐々の場合、明治憲法体制下における各政治勢力(政党・軍部・官僚)の均衡状態を創り出すことで政治的安定を確保し、「非常時局」を克服することが挙国一致内閣の役割であった。川崎と佐々との個人的な関係は未見であるが、川崎が政権争奪批判の一翼を担っていた佐々の主張を踏まえ、民政党の選挙戦略に取り入れたことは確かであろう。挙国主義を掲げたことは民政党が政権獲得の意志がないことを明示したことを意味する。

民政党は、町田総裁・川崎幹事長(二月三日に松田源治の後任として岡田内閣の文相に就任)の下で挙国主義を掲げて第一九回総選挙に臨んだ。この時の民政党が社会民主主義的な改革による格差社会の是正を掲げたことは広く知られている。[293]さらに、川崎幹事長が選挙戦の全面に出した挙国主義の民政党というイメージも効力を発揮した。民政党は、二月二〇日の第一九回総選挙において二〇五議席を獲得し、政友会の絶対多数を打破した。他方で政友会は一七一議席と減退、鈴木喜三郎総裁までが落選する惨敗だった。政友会打倒は、伊沢や後藤内相を中心とする内務省と川崎文相を中心とする民政党との共闘の成果であった。しかし、総選挙以前から不安定だった両者の関係は二・二六事件の勃発にともなう政局の混乱によって動揺し、破綻を余儀なくされていくことになる。

総選挙直後、民政党主流派の頼母木桂吉は「何は兎もあれ、凱歌は挙国一致国難打開を標榜して立てる我党に揚つた」と誇った[294]。同じく主流派の大麻唯男も「我党が終始一貫、挙国一致の立場を確守し、一切の党略を排して国家本位の真摯なる態度を以つて、非常時局打開に勇往邁進せる事が、国民大多数の信頼を獲ち得たる最大原因である事を確信するものであります」と述べている[295]。政友会の船田中もまた、「政策上の争ひとしては政民両党の間に於て殆ど甲乙はない。挙国一致支持というスローガンが比較的大衆受けがするに反し、之に反対する如き態度を執つて居るやうに見られる政友会側に多少の不利はあつたであらう」と述べている[296]。選挙に勝利した民政党の当事者、選挙に敗北した政友会の当事者は、ともに国民が民政党の掲げる挙国主義を歓迎したと認識していた。他方、政友会の長老の岡崎邦輔が二月二四日の西原宛書簡の中で「選挙之結果御覧之如く不成績、是戦之罪ニあらず、最近政友会之立論所為共ニ民意ニ合置《ママ》せざるの処置とあきらめ、更生一番捲土重来之計を使為度ものと、例之老婆心ニ燃え居候」と述べているように[297]、従来通りに政権獲得姿勢を明示した鈴木政友会の戦略は完全に否定されるに至った。

一九三六年二月の第一九回総選挙は、二大政党にとって分水嶺であった。町田総裁ら民政党主流派は「政権争奪」批判を克服し、政友会打倒と民政党復権を実現させるための手段として挙国主義という理念を利用していたにすぎなかった。だが、民政党が挙国主義を掲げて政権競争を自重したことは帝国憲法下の対抗勢力(軍部・官僚)と競合する力を著しく弱める結果となった。

民政党における町田総裁の主導権確立の結果、富田の宇垣新党運動は劣勢に追いやられた。富田の政党改良を退けた町田は、自らの手で民政党を政策中心政党に改良しようとしていた。だが、「政党主義は必然的に、挙国主義の中に織り込まれて行くのであって、前者がリーダーシップを握るのではない」という佐々の見通し[298]は、第一九回総選挙における民政党の勝利までは有効であったが、陸軍の政治進出が顕著となる二・二六事件以後における政局に適用できなかった。

また、国際協調論者の町田総裁の下で、永井の反英米的な「日満支経済ブロック」論が民政党の正式な外交政策として浮上してきた。民政党外交のヤヌス的側面は、町田総裁の党指導を困難なものにしていく。政党は復権どころか、存在理由さえも問われはじめ、かつて浜口が憂慮した憲政の逆転は近づいていた。町田は、立憲政治即政党政治の存亡の危機における政党指導者としての使命を担っていくことになる。

(1) 当該期の政友会の研究として、佐々木隆「挙国一致内閣の政党」『史学雑誌』(八六―九)一九七七年、奥健太郎『昭和戦前期立憲政友会の研究』慶應義塾大学出版会、二〇〇四年、官田光史「国体明徴運動と政友会」『日本歴史』(六七二)二〇〇四年が挙げられる。当該期における政治史の全体像を捉えたものとして、粟屋憲太郎『昭和の政党』岩波書店、二〇〇七年、升味準之輔『日本政党史論』(第六巻)東京大学出版会、一九八〇年。

(2) 近年、井上寿一氏は当該期の政友会と民政党を同時並行的に検討している(井上寿一『政友会と民政党』中央公論新社、二〇一二年)。

(3) 山室建徳「第一二章民政党総裁へ」町田忠治伝記研究会『町田忠治』(伝記編)櫻田会、一九九六年。

(4) 坂野潤治『近代日本の国家構想』岩波書店、二〇〇九年(初版は一九九六年)二四九頁。

(5) 松浦正孝『財界の政治経済史』東京大学出版会、二〇〇二年、一四四頁。

(6) 茶谷誠一『昭和戦前期の宮中勢力と政治』吉川弘文館、二〇〇九年、一〇二、一〇三頁。

(7) 前掲・坂野『近代日本の国家構想』二五九頁。

（8）前掲・酒井『大正デモクラシー体制の崩壊』九三頁。
（9）堀田慎一郎「岡田内閣期の元老・重臣勢力と政党」『レヴァイアサン』（二四）一九九九年。
（10）前掲・松浦『財界の政治経済史』。
（11）酒井哲哉氏は、宇垣の権力基盤の検討を今後の課題としている（前掲・酒井『大正デモクラシー体制の崩壊』一四六頁）。
（12）山本四郎「〝政界の惑星〟宇垣と西原亀三」（上）・（下）『ヒストリア』（九六）（九八）一九八二年、一九八三年。
（13）前掲・酒井『大正デモクラシー体制の崩壊』一四二頁。
（14）『東朝』（一九三二年一二月四日）。
（15）若槻礼次郎「年頭所感」『民政』（七一一）一九三三年、三頁。
（16）社説「政党の信任は未だ快復せず」『読売新聞』（一九三二年九月二七日）。政権争奪という批判は、同紙の社説に一貫して見られる（社説「魅力なき議会」『読売』（一九三三年三月一一日）、社説「再び表面化せる連携運動」『読売』（一九三四年三月二日）。
（17）若槻礼次郎「赤字克服に邁進せよ」『民政』（七一六）一九三三年、二頁。
（18）山田武吉「政党政治の克服と議会制度の改善」『日本及日本人』（二八九）一九三四年、一頁。
（19）美濃部達吉「我が議会制度の前途」『中央公論』（四九一一）一九三四年、一四頁。
（20）佐々弘雄「一九三四年の政界展望」『中央公論』（四九一一）一九三四年、四五六頁。
（21）松浦正孝『「大東亜戦争」はなぜ起きたのか』名古屋大学出版会、二〇一〇年、六七二頁。
（22）『東朝』（一九三三年一二月二四日）。
（23）前掲・粟屋『昭和の政党』三二八、三二九頁。
（24）須崎慎一『日本ファシズムとその時代』大月書店、一九九八年、一五二、一七七頁。
（25）「西園寺公爵に贈りし書面写」（一九三四年三月一五日）宇垣一成宛田鍋安之助書簡（一九三七年一月二五日）別紙、前掲『宇垣文書』二八一頁。
（26）ロンドン軍縮条約に関する五・一五事件の被告の批判は、『東朝』（一九三三年九月二〇日、一〇月二七日）を参照。
（27）前掲『桜内自伝』三四一頁。
（28）内田信也「国防と倫敦条約」『政友』（三九九）一九三三年、二三～二五頁。

(29) 川崎卓吉伝記編纂会編『川崎卓吉』川崎卓吉伝記編纂会、一九六一年、四一二、四一五頁。
(30) 前掲『西公』(三)一五八、一五九頁。
(31) 前掲『斎藤日記』(下)(一九三三年一〇月一五日)七九頁。
(32) 前掲・酒井『大正デモクラシー体制の崩壊』一〇三頁。
(33) 「立憲民政党党々報」『民政』(七―一二)一九三三年、一〇〇頁。一一月二二日、ロンドン条約問題に基因する若槻総裁襲撃事件が発生している(『東朝』(一九三三年一一月二二日))。
(34) 若槻総裁は「政民両党が此の大問題に付、互に意見を交換して、国民を指導するは誠に結構なことである。私は此の意味に於て今回の会合に重きをおいて居るのであって、政策協定は是れ以外の意味は全然ないことを判つきり言明しておく次第である」と述べている(若槻礼次郎「政策協定と我党の態度」『民政』(八―六)一九三四年、三頁)。
(35) 富田幸次郎「既成政党解党論」『実業時代』(一一―一三)一九二八年、一三頁、国立国会図書館所蔵(雑・四五―四一)。
(36) 川人貞史『日本の政党政治一八九〇―一九三七年』東京大学出版会、一九九二年、二六九頁。
(37) 松尾尊兊『普通選挙制度成立史の研究』岩波書店、一九八九年、三四三、三四四頁。
(38) 「故富田幸次郎追憶会記」『民政』(一三―四)一九三九年、一〇〇頁。
(39) 前掲『西原日記』(一九三四年七月一三日)四九九頁。
(40) 宇垣一成宛富田幸次郎書簡(一九三四年八月二日)山本四郎「宇垣一成書簡(西原亀三文書)」(下)『ヒストリア』(一〇三)一九八四年、五二、五三頁(以降、「宇垣書簡」と略記し、「宇垣一成書簡(西原亀三文書)(上)」『ヒストリア』(一〇二)と併せて年月日と号数と頁数のみ表示する)。山本氏は同書簡を一九三五年のものかと述べているが、本書は一九三四年のものとみなす。同書簡の中で、富田は西原が「閣下には此頃家庭の事情(御病人のこととか)又は御親戚の御不孝にて意気沮喪し居るにあらずや」と語っていたと述べている。同時期、宇垣は「十一日次兄を喪ひたり」と日記に記している(前掲『宇垣日記』(二)(一九三四年七月一八日)九六三頁)。この記述から、同書簡が一九三四年のものであることは明らかだろう。
(41) 蠟山政道『議会・政党・選挙』日本評論社、一九三五年、五六頁。蠟山の議論を重視したのは井上寿一氏である(井上寿一『戦前昭和の国家構想』講談社、二〇一二年、一七六、一七七頁)。
(42) 一九三七年一二月二四日の原敬の追悼会に富田は民政党代表として参加している(一文字欽也『小久保城南』婦人往来社、一九三八年、四二一頁)。

(43) 前掲・北岡「政党政治確立過程における立憲同志会・憲政会」(上)一五一頁。
(44) 富田は同志会非幹部派の重鎮として活躍した(櫻井良樹『辛亥革命と日本政治の変動』岩波書店、二〇〇九年、二七七頁)。
(45) 同時代人は、富田「君は明治四十一年以来の代議士、君に言はせれば浜口も若槻も、皆俺《ママ》しが総裁にしたのだとある」と評している(酔夢生「新役員五人男の横顔」『民政』(九―二)一九三五年、八九頁)。
(46) 田村秀吉「富田先生を憶ふ」『民政』(一二―四)一九三八年、八五頁。
(47) 富田幸次郎「大同団結の方向へ」『中央公論』(五〇―七)一九三五年、三〇三頁。
(48) 西原亀三宛富田幸次郎書簡(一九三五年一一月六日)前掲・山本「宇垣書簡」『ヒストリア』(一〇三)五一頁。
(49) かつて筆者は富田の宇垣新党構想を近衛新党運動につらなるもの、言いかえれば伊藤隆氏がいう「革新派」として捉えたが(拙稿「挙国一致内閣期における立憲民政党」『史学雑誌』(一一七―六)二〇〇八年、「立憲民政党の解党」『ヒストリア』(二一五)二〇〇九年)、衆議院単一保守政党構想である宇垣新党構想が近衛新党運動と異質のものであることは明らかである。本書は、富田構想を戦後の自民党一党優位政党制の源流として積極的に評価する。
(50) 『東朝』(一九三四年一一月一七日)。
(51) 前掲・富田「大同団結の方向へ」三〇二頁。
(52) 前掲・酒井『大正デモクラシー体制の崩壊』三二、三三頁。
(53) 中野正剛「恐怖なき孤立」『外交時報』(一九三三年一月号)三七頁。
(54) 富田幸次郎「憲政の済美と浜口君」『民政』(五―九)一九三一年、一九頁。
(55) 馬場恒吾『政界人物風景』中央公論社、一九三一年、二〇三頁。
(56) 『東朝』(一九三四年一一月三〇日)。
(57) 富田幸次郎「議会今昔座談会」東京日日新聞社・大阪毎日新聞社編『明治・大正・昭和議会政治裏面史』一九三七年、一〇七頁。
(58) 幣原喜重郎『外交五十年』(改版)中央公論新社、二〇〇七年、三三八、三三九頁。
(59) 前掲『西公』(二)一八二、一八三頁。
(60) 伊沢と斎藤・岡田両内閣との関係を扱った研究として、大西比呂志「伊沢多喜男と宇垣一成」堀真清編『宇垣一成とその時代』新評論、一九九九年、黒川徳男「中間内閣期の伊沢多喜男」大西比呂志編『伊沢多喜男と近代日本』芙蓉書房、二〇〇三年が挙げられる。
(61) 前掲・大西「伊沢多喜男と宇垣一成」二五三頁、前掲・黒川「中間内閣期の伊沢多喜男」一四五、一四六頁。
(62) 河島真「戦間期内務官僚の政党政治構想」『日本史研究』(三九二)一九九五年。
(63) 古川隆久『昭和戦中期の議会と行政』吉川弘文館、二〇〇五年、二〇二頁。
(64) 季武嘉也「大浦兼武と伊沢多喜男」前掲『伊沢多喜男と近代日本』六八頁。
(65) 内政史研究会編『松本学氏談話速記録』(下)(一九六七年一二月一二日)八六、八七頁。
(66) 『読売』(一九三二年五月三一日)。
(67) 前掲『斎藤日記』(下)(一九三二年五月二八日)二一頁。
(68) 前掲『斎藤日記』(下)(一九三二年五月二九日)二一頁。
(69) 前掲『斎藤日記』(下)(一九三二年五月三〇日)二一頁。
(70) 伊沢多喜男宛後藤文夫書簡(一九三〇年九月二日)前掲『伊沢文書』二四一、二四二頁。
(71) 伊藤隆『昭和初期政治史研究』東京大学出版会、一九六九年、三四九、三五〇頁。
(72) 丸山鶴吉『七十年ところどころ』七十年ところどころ刊行会、一九五五年、二五一、二五二頁。
(73) 中島康比古「国家総動員法案と伊沢多喜男」前掲『伊沢多喜男と近代日本』一九〇、一九一頁。
(74) 伊沢多喜男「故川崎卓吉追悼演説」前掲「伊沢文書」(資料番号六五一)一九三六年。
(75) 前掲『川崎卓吉』四五三頁。
(76) 同右、四八二頁。
(77) 伊沢多喜男宛小坂武雄書簡(一九三二年一月二日)前掲『伊沢文書』二三一、二三二頁。
(78) 前掲『川崎卓吉』四三七~四三九頁。
(79) 馬場恒吾『議会政治論』中央公論社、一九三三年、一五〇、一五一頁。
(80) 土倉宗明「国民の敵民政党を葬れ」『政友』(三七八)一九三二年、五九頁。
(81) 前掲・馬場『議会政治論』一五〇頁。
(82) 安達謙蔵宛清浦奎吾書簡(一九三二年一月四日)前掲「安達文書」(資料番号一二一—七)。
(83) 木戸幸一内大臣秘書官長は、内務官僚の大塚惟精が第二次若槻内閣の閣僚から聴取した情報として、協力内閣運動の際

「若しあの場合解決を遷延するときは、民政党は分裂すべく而かも当時の情勢は党幹部は殆ど安達側なりし関係上、若槻派は少数となるの虞ありし為め、急速解決し分裂を防きたるなりとのことだった」と、日記に記している(前掲『木戸日記』(上)(一九三二年四月七日)一五四頁)。

(84)　協力内閣声明以後の一九三一年一一月二四日の幹部会において、松田源治は「協力内閣は自分の信念であつて議論でない、従ってこれを拘束されるやうな決議なら考慮の余裕を求める」と強硬に主張していた(「立憲民政党々報」『民政』(六―一)一九三二年、一二〇頁)。

(85)　「立憲民政党々報」『民政』(六―七)一九三二年、一〇六頁。

(86)　前掲『川崎卓吉』四三七、四三八頁。

(87)　町田忠治「復党問題と新政策の樹立」『民政』(六―七)一九三二年、二八頁。

(88)　『読売』(一九三二年九月三日)。

(89)　民政党幹部会を構成していた面々は、町田忠治・小坂順造・広瀬徳蔵・川崎卓吉・原夫次郎・牧山耕蔵・小川郷太郎・木檜三四郎の各総務・原修次郎・俵孫一・頼母木桂吉・田中隆三・桜内幸雄の各顧問・小山松寿幹事長・添田寿一政務調査会長・野田武夫党務部長・平野光雄遊説部長である(「立憲民政党々報」『民政』(六―七)一九三二年、一〇六頁)。

(90)　社説「臨時議会終る」『読売』(一九三二年九月五日)。

(91)　前掲『川崎卓吉』四四六頁。

(92)　『読売』(一九三二年八月二六日)。

(93)　『読売』(一九三二年八月二七日)。

(94)　前掲『斎藤日記』(下)(一九三二年八月二七日)三一頁。

(95)　『読売』(一九三二年八月二七日)。

(96)　『読売』(一九三二年八月二八日)。

(97)　「立憲民政党々報」『民政』(六―一〇)一九三二年、一〇六頁。

(98)　前掲『宇垣日記』(二)(一九三二年七月三〇日)八五九頁。

(99)　前掲『宇垣日記』(二)(一九三二年八月四日)八五九頁。

(100)　前掲『西原日記』(一九三二年九月六日)四五八頁。

(101) 前掲・有馬「反復の構造」二九八頁。
(102) 前掲『西原日記』(一九三一年一二月一四日)四四九頁。
(103) 前掲『斎藤日記』(下)(一九三二年四月一四日)一六頁。
(104) 西原亀三宛富田幸次郎書簡(一九三二年七月一三日)前掲・山本「宇垣書簡」『ヒストリア』(一〇三)四九頁。
(105) 秋田清伝記刊行会編『秋田清』一九六九年、四九〇、四九一頁。
(106) 前掲『西原日記』(一九三二年八月四・五・八日)四五七頁。
(107) 村瀬信一『帝国議会改革論』吉川弘文館、一九九七年、一二六頁。
(108) 同右。
(109) 西原は、「富田幸次郎君を訪ひ、君が民政党に復帰し自由手腕を振ふの要素となるべき一物を交付せり」と記している(前掲『西原日記』(一九三二年一〇月三一日)四六三頁)。
(110) 『東京朝日新聞』は「復党後の富田氏は、民政党今後の動向に重大なる役割を演ずることになるであろう」と評し、富田の動向を注視している(『東朝』(一九三三年一一月一一日))。
(111) 佐々木隆「陸軍『革新派』の展開」『年報近代日本研究(一)昭和期の軍部』山川出版社、一九七九年、二八頁。この箇所において、佐々木氏は貴重史料の「南次郎日記」を多く引用している。「南次郎日記」には富田らの動向が記されているため、本書において参照した。
(112) 富田は、「この際進んで民政党に復帰し、出来得べくんば、民政党と国民同盟に深まる空気の緩和を図らんとするの意向から今次の議会には出来得るかぎり、民政、国同間の接近を図り、若し大勢にして許すならば、民政、国同の合同論も意義がある」と述べている(『読売』(一九三三年一一月四日))。
(113) 宇垣一成宛小坂順造書簡(一九三二年七月二七日)前掲『宇垣文書』一九八頁。
(114) 陸軍の南次郎は「富田、山道、原、床次の連絡は更に可なり」と述べている(宇垣一成宛南次郎書簡(一九三三年二月一八日)前掲『宇垣文書』四二三頁)。宇垣の支持者の南は、富田、国民同盟の山道襄一、本党系の原夫次郎、政友会の床次の連携を重視していた。富田と国民同盟、本党系、床次派との緊密さがわかる。
(115) 他方で、宇垣の民政党入党を危ぶむ意見もあった。三善清之は宇垣に対して、「民政党は富田の復党位にては迚も党勢挽回不相叶候」と述べ、「閣下御入党は御得策に無之」と忠告している。(宇垣一成宛三善清之書簡(一九三二年一一月一八日)

前掲『宇垣文書』四五一、四五二頁)。
(116) 西原亀三宛宇垣一成書簡(一九三三年一二月一三日)前掲『宇垣文書』五四一頁。
(117) 前掲・升味『日本政党史論』(六)一七九、一八〇頁。
(118) 前掲『秋田清』五一八、五一九頁。
(119) 宇垣は西原宛書簡の中で、「森恪氏没后の秋田氏の心境には変化を生じ居る様にも推察せらる、実相如何哉?」と述べている(西原亀三宛宇垣一成書簡(一九三三年二月一〇日)前掲『宇垣文書』五四三頁)。これ以降、宇垣らの書簡の中に秋田の名は全く見られなくなる。
(120) 宇垣一成宛南次郎書簡(一九三三年二月一八日)前掲『宇垣文書』四二二頁。
(121) 前掲・佐々木「挙国一致内閣期の政党」を参照。
(122) 前掲『斎藤日記』(下)(一九三三年四月四日)五九頁。
(123) 『読売』(一九三三年四月一二日)。
(124) 『読売』(一九三三年五月二四日)。
(125) 前掲・佐々木「陸軍『革新派』の展開」二八頁。
(126) 宇垣一成宛富田幸次郎書簡(一九三三年六月八日)前掲『宇垣文書』三〇一頁。
(127) 『東朝』(一九三三年六月一一日)。
(128) 前掲・佐々木「陸軍『革新派』の展開」二八頁。
(129) 宇垣一成宛西原亀三書簡(一九三三年六月一日)前掲『宇垣文書』三一九頁。
(130) 秋田清「斎藤内閣に対する態度」前掲『秋田清』五三九、五四〇頁。
(131) 小山完吾『小山完吾日記』慶應通信、一九五五年(一九三三年六月一六日)七四頁(以降、『小山日記』と略記し、年月日と頁数のみ表示する)。
(132) 前掲『斎藤日記』(下)(一九三三年九月八日)七五頁。
(133) 富田らの宇垣擁立運動の背景には、若槻総裁に対する不信感があるという観測記事も見られる(「民政党を打診す」(下)『時事新報』(一九三四年五月三日))。
(134) 前掲『西原日記』(一九三三年一〇月二一・二三・二四日)四八四頁。

(135) 前掲・奥『昭和戦前期立憲政友会の研究』一一五頁。
(136) 前掲・升味『日本政党史論』(六)一九二、一九三頁。
(137) 伊藤隆・佐々木隆編「鈴木貞一日記」(一九三三年一〇月一三日)『史学雑誌』(八七―一)一九七八年、七八頁(以降、『史学雑誌』(八七―四)一九七八年と併せて「鈴木日記」と略記し、年月日と頁数のみ表示する)。
(138) 前掲『秋田清』五四五頁。
(139) 前掲・升味『日本政党史論』(六)一九三頁。
(140) 朴羊信「永井柳太郎論」(二・完)『北大法学論集』(四三―五)一九九二年、一〇〇九頁。
(141) 秋田清「斎藤内閣を倒さんと図りたる企て」前掲『秋田清』五四一頁。
(142) 前掲『川崎卓吉』四五二、四五三頁。
(143) 同右、四五一頁。
(144) 有馬学『帝国の昭和』講談社、二〇一〇年(初版は二〇〇二年)、二四三頁。
(145) 川崎卓吉「連盟脱退後の我党の外交方針」『民政』(七―一一)一九三三年、二六頁。
(146) 麻田貞雄『両大戦間の日米関係』東京大学出版会、一九九三年、二二三頁。
(147) 前掲・坂野『近代日本の国家構想』二五六、二五七頁。
(148) 富田幸次郎、座談会「政党政治は復活するか」(一九三四年一月八日)『改造』(一六―二)一九三四年、四二頁。
(149) 前掲・須崎『日本ファシズムとその時代』一八三、一八四頁。
(150) 前掲「鈴木日記」(一九三四年二月一五日)『史学雑誌』(八七―四)六三頁。
(151) 同右。
(152) 同右、六四頁。
(153) 前掲「鈴木日記」(一九三四年二月二〇日)『史学雑誌』(八七―四)六六頁。
(154) 前掲・坂野『近代日本の国家構想』二三〇頁。
(155) 宇垣一成宛清浦奎吾書簡(一九三四年三月一八日)前掲『宇垣文書』一八六頁。
(156) 松岡洋右、前掲「政党政治は復活するか」七頁。
(157) 前掲『宇垣日記』(二)(一九三四年四月三日)九五四頁。

(158)『東朝』(一九三四年五月九日)。
(159)堀田慎一郎「平沼内閣運動と斎藤内閣期の政治」『史林』(七七―三)一九九四年。
(160)前掲・升味『日本政党史論』(六)二一九、二二〇頁。
(161)細谷千博「日本の英米観と戦間期の東アジア」細谷千博編『日英関係史一九一七～一九四九』東京大学出版会、一九八二年、一七～一九頁。
(162)前掲・酒井『大正デモクラシー体制の崩壊』六一頁。
(163)前掲・黒川「中間内閣期の伊沢多喜男」一四七頁。
(164)前掲・季武「大浦兼武と伊沢多喜男」五五頁。
(165)前掲・大西「伊沢多喜男と宇垣一成」二五四、五頁。
(166)同右、二五六、七頁。
(167)同右、二五八頁。
(168)牧山耕蔵「(極秘)藤井蔵相の健康問題」斎藤実宛牧山耕蔵書簡(一九三四年七月一四日)国立国会図書館憲政資料室所蔵「斎藤実関係文書」(資料番号一三七五―一七)。以降、「斎藤文書」と略記し、年月日のみ表示する。
(169)前掲「鈴木日記」(一九三四年七月四日)『史学雑誌』(八七―四)七七頁。
(170)前掲「鈴木日記」(一九三四年七月八日)『史学雑誌』(八七―四)七七頁。
(171)牧山耕蔵「(極秘)政友会対策に関する意見書」斎藤実宛牧山耕蔵書簡(一九三四年七月一六日)前掲「斎藤文書」(資料番号一三七五―一九)。
(172)前掲『西公』(四)六、七頁。
(173)前掲・黒川「中間内閣期の伊沢多喜男」一五六頁。
(174)牧山耕蔵「(極秘)安達国同総裁との会見記」(一九三四年七月一五日)斎藤実宛牧山耕蔵書簡(一九三四年七月一五日)前掲「斎藤文書」(資料番号一三七五―一八)。
(175)前掲「鈴木日記」(一九三四年七月二四日)『史学雑誌』(八七―四)七九頁。
(176)前掲・酒井『大正デモクラシー体制の崩壊』九七頁。
(177)前掲『西原日記』(一九三四年六月二一日)四九八頁。

(178) 前掲『西原日記』(一九三四年七月四日)四九八頁。
(179) 前掲・松浦『財界の政治経済史』一二八、一二九頁。
(180) 前掲「鈴木日記」(一九三四年七月二四日)『史学雑誌』(八七―四)七九頁。
(181) 前掲・牧山「(極秘)政友会対策に関する意見書」。
(182) 前掲・掘田「岡田内閣期の元老・重臣勢力と政党」一四七頁。
(183) 前掲・牧山「(極秘)政友会対策に関する意見書」。
(184) 同右。
(185) 前掲・牧山「(極秘)安達国同総裁との会見記」。
(186) 前掲・山室「第一二章民政党総裁へ」『町田忠治』(伝記編)三〇六頁。
(187) 前掲・牧山「(極秘)政友会対策に関する意見書」。
(188) 西原亀三宛宇垣一成書簡(一九三四年七月一七日)前掲『宇垣文書』五五七頁。
(189) 前掲・佐々木「陸軍『革新派』の展開」三八頁。
(190) 前掲・酒井『大正デモクラシー体制の崩壊』九四頁。
(191) 西原亀三宛宇垣一成書簡(一九三四年七月一七日)前掲『宇垣文書』五五七頁。
(192) 前掲『西原日記』(一九三四年七月一九日)四九九頁。
(193) 前掲『西原日記』(一九三四年七月二三日)五〇〇頁。
(194) 西原亀三宛宇垣一成書簡(一九三四年七月二九日)前掲『宇垣文書』五五八頁。
(195) 宇垣一成宛富田幸次郎書簡(一九三四年八月二日)前掲・山本「宇垣書簡」『ヒストリア』(一〇三)五二、五三頁。
(196) 松田源治「政党の権威を発揮せよ」『民政』(八―一二)一九三四年、九頁。
(197) 前掲、升味『日本政党史論』(六)二一九、二二〇頁。
(198) 前掲『斎藤日記』(下)(一九三四年一一月一日)一二二頁。
(199) 若槻礼次郎宛川崎卓吉書簡(一九三四年八月八日)国立国会図書館憲政資料室所蔵「川崎卓吉関係文書」(以降、「川崎文書」と略記し、年月日のみ表示する)。
(200) 同右。

(201) 同右。
(202) 同右。
(203) 下村宏「政民連携と北鉄買収」『山本条太郎翁追憶録』一九三六年、六一八頁。
(204) 富田幸次郎「政界財界を通じての第一人者」同右、一四一頁。
(205) 西原亀三宛富田幸次郎書簡(一九三四年八月九日)前掲・山本「宇垣書簡」『ヒストリア』(一〇三)五〇頁。
(206) 西原亀三宛付宇垣一成宛富田幸次郎書簡(一九三四年八月一五日)前掲・山本「宇垣書簡」『ヒストリア』(一〇三)四九、五〇頁。山本四郎氏は同書簡を一九三三年のものかと指摘しているが、富田は宇垣宛書簡の中で「南鮮地方の水害」の話をしており、一九三四年のものであることは確実である。
(207) 西原亀三宛宇垣一成書簡(一九三四年八月二六日)前掲『宇垣文書』五五九頁。
(208) 前掲・山室「第一二章民政党総裁へ」前掲『町田忠治』(伝記編)三〇七、三〇八頁。
(209) 前掲『斎藤日記』(下)(一九三四年一一月七日)一一三頁。
(210) 前掲『斎藤日記』(下)(一九三四年一一月九日)一一三頁。
(211) 前掲・堀田「岡田内閣期の元老・重臣勢力と政党」一五〇頁。
(212) 『東朝』(一九三四年一一月一四日)。
(213) 前掲『斎藤日記』(下)(一九三四年一一月二七日)一一五頁。
(214) 前掲・松浦『財界の政治経済史』一二九頁。
(215) 同右、一三〇頁。
(216) 牧山耕蔵「(極秘)床次、町田両相の宮中席次に就いて」斎藤実宛牧山耕蔵書簡(一九三四年七月一五日)前掲「斎藤文書」(資料番号一三七五―一八)。
(217) 同右。
(218) 前掲・堀田「岡田内閣期の元老・重臣勢力と政党」一四七、一四八頁。
(219) 前掲『西原日記』(一九三四年一一月一九日)五〇八頁。
(220) 西原亀三宛宇垣一成書簡(一九三四年一二月一五日)前掲『宇垣文書』五六二頁。
(221) 『読売』(一九三四年一一月二五日)。

(222)『読売』(一九三四年一一月三〇日)。
(223)宇垣一成宛南次郎書簡(一九三四年一一月三〇日)前掲『宇垣文書』四三一頁。
(224)西原亀三宛宇垣一成書簡(一九三四年一二月七日)前掲『宇垣文書』五六〇頁。
(225)「彼に対する吾等の期待」『拓務評論』(六―一二)一九三四年、一一、一三頁。国立国会図書館所蔵(雑二一―二一八)。
(226)前掲・升味『日本政党史論』(六)二一九、二二〇頁、前掲・須崎『日本ファシズムとその時代』二五四、二五五頁。堀田慎一郎氏は、爆弾動議が求心力の弱まりつつあった鈴木派の陰謀によるものだったと見なしているが(前掲・堀田「岡田内閣期の元老・重臣勢力と政党」一五〇頁)、北海道選出代議士は中央の意向に関係なく独自の行動をとることが多い(拙稿「第二期北海道拓殖計画改訂問題の研究」『北大史学』(五二)二〇一二年)。従って、東には北海道救済という独自の意図があったように思われる。北海道選出代議士の独自性の検討は今後の課題としたい。
(227)町田商相と松田文相は、与党としての民政党の立場を強調していた(『東朝』一九三四年(一二月七日))。
(228)前掲『西原日記』(一九三四年一二月八日)五一〇頁。
(229)前掲『西原日記』(一九三四年一二月一〇日)五一一頁。
(230)西原亀三宛宇垣一成書簡(一九三四年一二月七日)前掲『宇垣文書』五六〇頁。
(231)前掲『宇垣日記』(二)(一九三四年一二月一四日)九八五頁。
(232)西原亀三宛宇垣一成書簡(一九三四年一二月一五日)前掲『宇垣文書』五六二頁。
(233)前掲・酒井『大正デモクラシー体制の崩壊』八〇、八一頁。
(234)同右、一三二頁。
(235)前掲・麻田『両大戦間の日米関係』二二六、二二七頁。
(236)前掲・山室「第一二章民政党総裁へ」前掲『町田忠治』(伝記編)三〇七、三〇八頁。
(237)前掲『西原日記』(一九三四年一二月二三日)五一一、五一二頁。
(238)前掲『西原日記』(一九三五年一月八日)五一四頁。
(239)宇垣一成宛西原亀三書簡(一九三五年一月八日)前掲・山本「宇垣書簡」『ヒストリア』(一〇三)五三頁。
(240)前掲・山室「第一二章民政党総裁へ」前掲『町田忠治』(伝記編)三一〇頁。
(241)前掲『西原日記』(一九三五年一月二七日)五一六頁。

(242) 前掲・堀田「岡田内閣期の元老・重臣勢力と政党」一五五頁。
(243) 宇垣一成宛俵孫一書簡(一九三五年四月二〇日)前掲『宇垣文書』二八三頁。
(244) 前掲・山室「第一二章民政党総裁へ」前掲『町田忠治』(伝記編)三一八頁。
(245) 前掲・酒井『大正デモクラシー体制の崩壊』一一八、一一九頁。
(246) 前掲『西原日記』(一九三五年五月九日)五二一頁。
(247) 鳩山一郎宛西原亀三書簡(一九三五年五月一三日)国立国会図書館憲政資料室所蔵「西原亀三関係文書」(第四二冊)七〇頁。
(248) 西原の日記には、「富田君を中野の病舎に訪ひ鳩山君勧説の経緯を告げ、民政党対策に関し協議せり」とある(前掲『西原日記』(一九三五年五月九日)五二二頁)。
(249) 後年、西原が東亜新秩序方針を批判する意見書を鳩山におくった際、鳩山は「痛快、同感」と日記に記している(伊藤隆・季武嘉也編『鳩山一郎・薫日記』(上巻)中央公論新社、一九九九年(一九四〇年一月二四日)一三九頁、以降、『鳩山日記』と略記し、年月日と頁数のみ表示する)。鳩山と西原の親密さがわかる。
(250) 「立憲民政党々報」『民政』(九―六)一九三五年、一〇二、一〇三頁。
(251) 前掲『斎藤日記』(下)(一九三五年五月一八日)一四七頁。
(252) 前掲『斎藤日記』(下)(一九三五年五月二一日)一四七頁。
(253) 西原亀三宛宇垣一成書簡(一九三五年六月一六日)前掲『宇垣文書』五六六頁。
(254) 「立憲民政党党報」『民政』(九―五)一九三五年、一〇五頁。
(255) 『読売』(一九三五年五月六日)。
(256) 「我党の基本政策大綱」『民政』(九―一一)一九三五年、一六、一七頁。
(257) 桜内幸雄「我党基本国策の大要」『民政』(九―一二)一九三五年、一二、一三頁。
(258) 前掲・朴『永井柳太郎論』(二・完)一〇一八頁。
(259) 前掲・酒井『大正デモクラシー体制の崩壊』一二六、一二七頁。
(260) 坂野潤治『昭和史の決定的瞬間』筑摩書房、二〇〇四年、一四七頁。
(261) 前掲・松浦『「大東亜戦争」はなぜ起きたのか』一九〇頁。
(262) 前掲『鈴木日記』(一九三四年七月二四日)『史学雑誌』(八七―四)七九頁。

(263) 前掲『鈴木日記』(一九三四年八月二四日)『史学雑誌』(八七—四)八一頁。
(264) 前掲・松浦『「大東亜戦争」はなぜ起きたのか』五五三頁。
(265) 同右、三三九頁。
(266) 同右、四六一頁。
(267) 財団法人伊沢財団「昭和八年伊沢財団内地視察員感想記」(一九三四年七月一四日)前掲「伊沢文書」(資料番号四八八)。
(268) 前掲・松浦『「大東亜戦争」はなぜ起きたのか』五七三頁。
(269) 前掲「我党の基本政策大綱」一三頁。
(270) 由井正臣「文官任用令改正問題と枢密院」由井正臣編『枢密院の研究』吉川弘文館、二〇〇三年、八六頁。
(271) 官田光史「選挙粛正運動の再検討」『九州史学』(一三九)二〇〇四年、二八頁。
(272) 川崎卓吉「開会の辞」(第一案)六頁(前掲「川崎文書」所収)。
(273) 川崎卓吉「我党飛躍の好機に直面す」(一九三六年一月二〇日)『民政』(一〇—二)一九三六年、二頁。
(274) 前掲・井上『戦前昭和の国家構想』一七〇〜一七三頁。
(275) 川崎卓吉「開会の辞」(第二案)八、九頁(前掲「川崎文書」所収)。
(276) 前掲・川崎「我党飛躍の好機に直面す」一二頁。
(277) 伊藤隆「「挙国一致」内閣期の政界再編成問題」(一)『社会科学討究』(二四—一)一九七二年、七三〜七五頁。前掲・升味『日本政党史論』(六)二二四頁。
(278) 前掲・伊藤「「挙国一致」内閣期の政界再編成問題」七三〜七五頁。
(279) 同右、七八頁。
(280) 川崎卓吉「立憲政治と輿論」(一九三五年一一月二一日)三〇〜三三頁(前掲「川崎文書」所収)。
(281) 川崎卓吉「政党解消論は解消した」『民政』(九—一〇)一九三五年、七三頁。
(282) 前掲・須崎『日本ファシズムとその時代』二八六頁。
(283) 松岡洋右伝記刊行会編『松岡洋右』講談社、一九七四年、五九五頁。
(284) 町田忠治「内外の時艱に処する我党の態度」『民政』(一〇—一二)一九三六年、九頁。
(285) 山田央子『明治政党論史』創文社、一九九九年、三二頁。

(286) 前掲・松浦『財界の政治経済史』一二八頁。
(287) 『読売』(一九三五年一二月二九日)。
(288) 同右。
(289) 前掲・粟屋『昭和の政党』三二五頁、坂野潤治『日本政治「失敗」の研究』講談社、二〇一〇年(初版は二〇〇〇年)、一六四頁。
(290) 『読売』(一九三六年一月二三日)。
(291) 前掲・川崎「我党飛躍の好機に直面す」一〇、一一頁。
(292) 佐々弘雄「政治機構改革問題研究会会合要録」(一九三五年五月九日)木戸日記研究会編『木戸幸一関係文書』東京大学出版会、一九六六年、二〇〇、二〇一頁(以降、『木戸文書』と略記し、年月日と頁数のみ表示する)。
(293) 前掲・井上『政友会と民政党』一九二頁。
(294) 頼母木桂吉「総選挙を顧みて」『民政』(一〇―三)一九三六年、二頁。
(295) 大麻唯男「議会政治威信確立の秋」『民政』(一〇―五)一九三六年、四頁。
(296) 船田中「粛正選挙の総決算」『政友』(四二九)一九三六年、二三頁。
(297) 西原亀三宛岡崎邦輔書簡(一九三六年二月二四日)前掲・山本「宇垣書簡」『ヒストリア』(一〇三)五二頁。
(298) 前掲・佐々「政治機構改革問題研究会会合要録」(一九三五年五月九日)前掲『木戸文書』二〇〇、二〇一頁。

第三章　町田忠治と立憲政治の危機

我党の伝統ある歴史は輝しい。幾多の志士仁人は、身を挺して君国に奉じ、憲政の確立に貢献し、国運進展の鴻業を翼賛し来つた。今茲に党を解くは諸君とともに感慨に堪へぬが、党を解くもその精神は泯びない。

町田忠治「民政党解党演説」松村謙三『町田忠治翁伝』町田忠治翁伝記刊行会、一九五〇年、三七三頁。

とくに政治的指導者にとっては、こういう両極性の、あるいは多方向性の認識眼が必須の資質になります。そこにはじめて、自分の立場からして、一定の状況のなかにふくまれている、より望ましい可能性を少しでものばし、望ましくない方向への発展可能性を抑えていくような政治的選択―それに基づく政策決定が生まれてきます。政治は「可能性の技術」だというのはそういうことです。

丸山真男「幕末における視座の変革」『忠誠と反逆』筑摩書房、一九九八年、一七七頁。

本章では、一九三六年の二・二六事件から一九四〇年八月一五日の解党までの立憲民政党を分析対象とする。照沼康孝氏は『町田忠治』(伝記編)の「第一三章二・二六事件以後」、「第一四章日中戦争の開始」の中で当該期の民政党の動向について町田総裁を中心に概観しているが、(1)町田の立憲政治思想や対外態度の考察に関しては残された課題となっている。当該期の民政党研究については、政治家個人に着目した研究が多い。伊香俊哉氏の「新体制運動前史覚書」は、一九四〇年二月に「反軍演説」をおこなった斎藤隆夫の除名過程を明らかにした。(2)朴羊信氏や坂本健蔵氏による永井柳太郎研究、(3)酒井正文氏の「新体制運動下の民政党と大麻唯男」は民政党政治家に関する詳細な研究である。(4)また、戦中期の政党勢力全体の動向については、古川隆久氏による一連の研究業績がある。(5)近年では、井上寿一氏の『政友会と民政党』が当該期の民政党を検討している。(6)

右の先行研究を踏まえた上で本書は、従来の政権本位の政党から政策中心政党への改良を企図する町田を中心に崩壊期の民政党を検討する。他方で第二章に続き、富田幸次郎の宇垣新党運動を検討し、その帰結を明らかにする。

町田の政党改良を妨げたものは、一九三七年からはじまる日中戦争である。日中戦争期における民政党の対外態度は、一九四〇年の民政党解党という立憲政治の逆転現象と不可分の関係にあった。

日中戦争期における日本政治史研究には二つの視角が存在する。まず、一九四〇年の新体制運動・大政翼賛会・三国軍事同盟を政治転換のピークとして捉える従来の視角である。(7)他方、永井和氏の『日中戦争から世界戦争へ』(8)と松浦正孝氏の『「大東亜戦争」はなぜ起きたのか』(9)は、一九三九年夏の反英運動を日本近代史上に例をみないものであると見て政治転換のピークを一九三九年と捉える視角を提示している。永井氏は、反英運動が「解決不可能に陥った日中戦争を対英戦争(世界戦争)にまで拡大せよという論理を内在させていた」こと、「日中戦争を世界戦争にまで拡大させるか否かが、対外路線の主要対立軸」になったことを指摘する一方で、(10)反英運動が「政治過程においてどのような役割を果たしたか」ということについては今後の課題としている[11]。また、イギリスと協調することによって日中戦争の早期解決を企図した「親英派」(反英運動の対抗勢力)については池田成彬や吉田茂に関する研究が充実しているが[12]、「親英派」の一員の町田を積極的に扱った研究は見当たらない。しかし、民政党総裁にして大阪財界に影響力をもつ町田の早期終戦工作への関与は重要である[13]。一八九五年一一月の『東洋経済新報』創刊に際して、町田は日清戦争によって「東洋唯一の立憲強国」となった日本がアジアに経済進出すべきだと説いた[14]。貿易立国を志向する町田が最も恐れた事態は、日本が日中戦争を拡大させ、英米を敵とし[15]、「東洋唯一の立憲強国」の座を失うことであった。日中戦争期において「軍事と財政の調和」を掲げた町田は経済合理主義の観点から、軍部・財界との連絡をつけることを自らの政治使命としていた[16]。ゆえに、民政党総裁としてだけではなく、「親英派」の一員としての町田にも注目する必要がある。

右の先行研究を踏まえた上で本書では、永井氏の問題提起(反英運動が政治過程に与えた役割の考察)を解決する一手段として、対外路線をめぐる民政党内の相克に着目する。第二章でみたように、一九三五年以降の民政党には、町田総裁の国際協調路線と永井柳太郎の「日満支経済ブロック」路線が混在していた。日中戦争期の政党指導者であった町田は、民政党総裁として軍部に対して迎合的な対外政策を掲げるという「建前」と政界の水面下における早期終戦工作への関与という「本音」とを使い分け、対英米戦争という破滅的方向への発展可能性に抵抗した。

町田の対抗勢力(民政党における反英論者)として、永井の他に注目すべき人物は俵孫一である。二八会の一員にして官僚から衆議院議員・政党政治家に転身したという経歴は浜口と共通する一方で、俵は朝鮮における植民地行政への参画や北海道庁長官という独自の道を歩み、浜口内閣時に商相を務めている。日中戦争期における俵は、民政党唯一の対英同志会(日本初の反英運動の推進力となった団体)幹部でありながら、これまで検討してきたように富田の宇垣新党運動の同志でもあり、日中戦争期においても常盤会を中心とする政界再編運動[17]に関与していた。富田と同様に俵の政治思想も立憲政治の完成をめざすものであり、明治憲法体制の変革をもたらす近衛新党運動の一翼を担った永井と区別されなくてはならない。すなわち、俵は対外的に戦争拡大を志向し、国内的には政党改良の一翼を担うという特殊な立場にあった。俵は、反英運動時に永井、近衛新党運動時に町田と共闘することになる。本書では俵の独自性に着目し、反英論者にして立憲政治の擁護者の俵を民政党の第三勢力として捉える。

第一節　町田忠治の政党改良

本節は、一九三六年の二・二六事件以後の民政党を検討する前提として、町田忠治の政治思想について考察することを目的としている。

季武嘉也氏は『町田忠治』(伝記編)の「第六章政界への進出」の中で、町田について、「党勢拡大のために敵陣に切り込むような攻撃的タイプではなく、政党の中心にあって党の求心力を高めようとする守備型の人物であった」と評している[18]。季武氏の評価は町田の一面を捉えているが、町田民政党が危機的(critical)状況におかれていたことを考慮すると、町田の「守備型」イメージは幾分修正される必要がある。政党排撃論を掲げる軍部というかつてない外敵と日中戦争に直面したことで、町田は平時において決して弱い政党指導者ではないにもかかわらず、弱く見えるのではないか[19]。民政党を防衛するために敵対勢力と妥協する必要があった町田が実際の姿よりも「守備型」に見えて当然だろう。本書では、長期的視野をもった政策重視型の政党指導者として町田を捉えなおし、残された史料から町田の真意について考察していきたい。

斎藤隆夫(一九四〇年に「反軍演説」をおこなったことで民政党を追放された)は、一九四一年三月の「政党の解体と武士道の精神」の中で左のように述べている[20]。

元来政党は政治界に於ける戦争団体である。固より党利党略の為に戦ふのではない。一切万事を挙げて国家本位に闘争を継続する所に政党の生命があるのであって、此の意義を喪失したる時は政党は、魂の抜けたる形骸と化するのである。然るに前年《ママ》の五・一五事件以来、我国の政党は、此の大切なる闘争意識を喪失し、唯々権力に畏怖し勢力に迎合する無能無気力の集団に堕落したが、此の堕勢は年と共に益々更進して停止する所なく、恰も台風一過して朽木の倒るると等しく、意味なき新体制の空名に触れて形骸共に消え失せるに至ったのである。

斎藤は政党の本分としての政権闘争の必要性を強調する一方で、一九三二年の五・一五事件以後に「我国の政党」が政権闘争を放棄していったことを指摘していた。斎藤は二大政党が「政党の本分＝政権闘争」を見失っていったことを指摘していた。丸山真男氏が着目した武士の「戦闘者的要素」[21]を重視する政党政治家で、福沢諭吉の「痩せ我慢の説」を信奉する斎藤は「福沢先生は勝、榎本の両氏が其の後明治政府に仕へて栄位栄爵を受け、一世を富貴の中に過したることを以て武士道の精神を蹂躙するものであるとまでに非難して居るが、此の点に関する政界の首領等の行動はどうであるか」と述べ、政界の首領等(すなわち町田ら)を「一種の素町人」と酷評し、「武士道の精神は正義の為には飽くまでも戦ふ精神であり、人間としての恥を知るの精神である。戦ひの途を知らず、恥を知らざる者等が政治家の看板を掲げて天下に臨む。政党の振はざるは当然である」と批判している[22]。

また、政治評論家の馬場恒吾も、広田弘毅内閣成立後における政民両党の姿勢を「闘はざる政党」、「辛さを失つた塩」と評している。[23]馬場もまた、二・二六事件以後の二大政党が政権闘争を放棄したと捉えていた。ともに政党内閣論者である斎藤と馬場の真意は、政党危機の時代にあって政党内閣の復活をはかるため、衆議院以外の諸勢力(官僚や軍部)と闘うことができる強力な政党指導の要請にあった。

だが、総裁としての町田は政党内閣の復活に積極的ではなかった。民政党の俵孫一は一九三五年四月二〇日の宇垣宛書簡の中で「内閣審議会は寧ろ無用の長物にして責任内閣の屋上屋を架するものであり、殊に次の内閣を拘束するが如き恒久性の審議会は却つて責任内閣制の根本を破壊するものなりと信ずるが故に、民政党の所謂首脳部とは根本に於て意見を異にするものに御座候」と述べている。[24]町田総裁が設置に積極的だった内閣審議会が責任内閣制、すなわち政党内閣制に逆行するというものが、俵の主張であった。[25]一九三三年二月の日本の国際連盟脱退時から町田は政党内閣復活を遠ざける「重臣会議」開催に積極的であり、俵の批判は正鵠を射ていたと言える。

町田は、九月一五日の民政党近畿大会席上において「我党は我国内外の時局頗る重大なるものあるに鑑みまして、真に己を空しうし、偏に公党の使命を全うする事に努めて居る次第であります」と演説している。[26]「真に己を空しう」する政党が「公党」であるという町田の政党認識は、第二章第一節でみた若槻と共通する一方で、政党を「戦争団体」とみなす斎藤と正反対である。二・二六事件勃発直後の一九三六年三月三日、民政党幹部会は、五・一五事件以来、民政党の「挙国一致」(挙国主義)が第一九回総選挙において国民に歓迎されたことを踏まえ、第二の二・二六事件を予防する手段として挙国主義を基軸とした党運営が重要であるという結論に達した。ここでも町田演説と同様、「真に己を空うして」という自己否定的な表現形式が用いられている。[27]一〇日の民政党幹部会においても、「時局益々重大なるこの際、我党は挙党一致己を空うして新内閣を支援、時艱克服に邁進すると共に、議会政治の威信確立と政党の信用回復に従来より以上の努力を払ふため、飽くまで自重自戒時局に善処する」という申し合わせがなされた。[28]

しかし、政党内閣に固執しなかったことや「己を空しう」する姿勢を前面に出したことは、町田にとって一時的な政治手法であり、長期的には政党内閣の復活を描いていた。一九三六年六月一〇日の民政党懇談会において、町田総裁は「斎藤、岡田、広田と三代変体内閣が続いたが、我が党は政策に終始して政権争奪を廃し我々が立てた政策を以て、国民の指揮に全力を傾注すれば、何れの時にか――此れは短かい意味で云ふのであるか――責任ある政治を以て政治を行ふ状態に復帰することは必然であると思ふ」と主張している。[29] 町田にとって民政党が非政党内閣を支持することは政権争奪を廃するということと同義語であり、政権復帰のための手段であった。

ここで着目される点は、町田が民政党の政策重視姿勢を強調していることである。町田の政策重視姿勢は総裁になる以前から一貫したものであった。一九三四年四月、町田の一〇万円の寄付による政務調査会館が民政党本部の敷地内に完成した。[30] 五月の開館式において、町田側近の大麻唯男幹事長は「町田氏は予てから、今後の政党は政策を唯一の使命として国民に臨むに非ざれば、到底立憲政治の美果を収むることは出来ないとの見地から」、党員の政務調査研究をめざしていたと説明している。[31] 民政党を政策中心政党に改良することが町田の大目的であった。

一九三六年一一月八日の帝国議会新議事堂の落成式の夜、党員を招待した晩餐会において、町田総裁は「近時往々政党内閣に対し反対意見を述ぶるものもあることを耳にするが、憲政運用は国民大衆の意思を基礎とし、国民の信頼の上に立たなければならぬことを思ふ時、政党政治が最善の形式たることを信ずるものである」と演説している。[32] 二二日の民政党九州大会においても町田総裁は「民衆に基礎を置き、其意志を暢達する政党の発達が当然憲政運用の上に於て必要なる事は申す迄もありませぬ」、「公党として今日の難局を匡救する為めの主義政策を樹立し、国民をして其向ふ所を知らしむる」と演説している。[33] 真辺将之氏は「政党認識における欧化と反欧化」の中で「政策を提示して民意の判断を仰ぐとともに、その民意に基づいて公論を取りまとめていくという役割にこそ、政党の本質的な機能を見ようとする」アメリカの政治学者のローウェルの議論を紹介している。[34] ローウェルの議論は町田本人がどこまで自覚していたかわからないが、町田の政党理解と通じるものがある。真辺氏が日本におけるローウェル的な政党論者の萌芽と評する大隈重信[35]と町田は緊密な関係にあり[36]、大隈の影響をうけていたように思われる。真辺氏は同論文の中でローウェルの機能主義的な政党理解は近代日本において本格的な議論にまで発展することはなかったと述べており[37]、町田、さらには前任の若槻礼次郎(第二章第一節参照)の政党理解がいかに個性的なものであったかがわかる。また、町田と若槻が最も信頼していた川崎卓吉は、一九三五年一一月二一日作成の論稿である「立憲政治と輿論」(国立国会図書館憲政資料室所蔵)の中で「輿論を具体化し、組織化するの途は自ら他に之を求めねばならぬのであります。現在憲政治下に於ける政党の成立と存在は正にこの要求に応ずる唯一無二のものとなすことが出来るのであります」、「要は輿論の向背と政党の消長とが果して密接不離、形影相伴ふが如き関係に立ち得て居るや否やに存するのでありまして、結局問題は国民の政治的自覚の如何に懸つて居ると云ふことが出来るのであります」と述べている。[38] 町田総裁の下で川崎がローウェルの機能主義的な政党を志向していたことがわかる。

前年に川崎を失った町田民政党は一九三七年一月、「現下内閣の情勢が政党の活発なる機能発揮を要求するに鑑み、国民大衆の輿望にそひ、国家の公党たる真面目にのつとり真剣な活動に備ふべく」、「党機構刷新強化に関する特別委員会」(町田側近の大麻唯男委員長以下一五名で構成)が設置され、党機構とその運用に関して協議がおこなわれていた。一三日、同会は「政務調査会の刷新」などの成案を得た。同案は、政務調査会に「移動調査班」と「専門委員制」を新設した点において注目される。「立憲民政党党報」は「此の新設機関に依り政務調査会を全く大衆化し、衆智衆力を求めんとするものにして、移動調査班は能動的に全国各地及び各公共団体等を対象として移動しつつ重要問題、民情等に関する適正なる調査をなし、一方専門委員には党員ならざる者と雖も博識の学者、専門家等を網羅し、時代の趨向に適切なる政策を樹立せんとするものなり」と報じている[39]。

政務調査会の「大衆化」構想が具体化しはじめる時期は、日中戦争直前の段階である。六月一八日、民政党の政務調査会連合役員会は「政務調査機関の拡充案」と「政務調査の指導原理案」を可決した[40]。一九日の『読売新聞』は前者を紹介している[41]。

一、国民の実生活に即したる政務調査の実績を挙ぐるため、移動調査班を編成し、全国的にその活動を開始する。

(イ)七、八、九、一〇月に亘り移動政務調査を実行す。

(ロ)全国を中国、四国、九州、近畿、東海、関東、北陸、東北、北海道の九区に分ちて調査班を派遣す、なほ必要ある場合は外地及び外国に対し、別に調査員を特派す。

(ハ)移動調査班は左の役員を以つて構成す。班長一名、専門調査員若干名、事務員一名。

二、移動調査完了したる時は速かに調査報告書を作成する。

三、座談会などの開催。

四、地方政務調査機関の整備

(イ)地方支部政務調査会の内容を整備する。

(ロ)全国枢要の地に政務調査会の支所を設置する。

(ハ)政務調査会支所は左の役員を以つて構成する。所長一名(総裁指名)、副所長二名(代議士中より本部政調会長指名)、専門調査員若干名、顧問若干名、各府県支部政務調査会長の召集。

民政党の移動調査班は国民の実生活調査のため、日本全国均等に設置されることになった。ここに、町田民政党は、丸山真男氏がいう「政党が国民生活のなかに根をおろして、日常的に活動し、不断に問題を提示する」ことと、政党・議会内にとどまらない「職域と地域の幾重ものレヴェル」でおこなわれるディスカッション(government by discussion)[42]を重視する方向へと舵を切った。

また、「政務調査の指導原理案」は「国民政治能力の総動員」を第一に掲げ、「人間の良心と国民性の長所を政治の上に具現し、国民の全能力を総動員して政治の推進力たらしめ、一君万民の大義の下、憲政の大道に基き、時弊を革新し、理想の達成に努める」と主張する。[43]これは、人々が世の中をどの方向に動かすかということに積極的な関心をもっていると仮定したローウェルの議論[44]に通じる。町田民政党は、亡き川崎が企図した機能主義的政党の方向にむかっていたのである。

民政党は「国民政治能力の総動員」の一環として、「特に全国の青年層に呼びかけて立憲政治の認識を高め、ひいて政治に対する自覚と努力の精神を涵養することが極めて緊要である」という自覚から、学生座談会の開催を企図した。『東京朝日新聞』は民政党青年部による「青年部の活動計画要綱」を紹介している。[45]

町田民政党の政務調査会構想のモデルは、一九二九年にネヴィル・チェンバレンの手で創設されたイギリス保守党における党調査部(the conservative Research Department ― 以降、CRDと略記する)と考えられる。CRDは政府官僚機構に依存しない政策調査を手掛け、党独自の政策形成に重要な役割をはたしている。[46]満州事変期に中野正剛が要求した政策決定過程における官僚に対する政党の優越という理念は、当該期の町田民政党の政務調査会強化路線に継承されていったと言える。

右のように、町田の政党改良は、政務調査会の「大衆化」という形で具体化されつつあった。民政党は機能主義的政党理解に基づき、「政権中心の政党」ではない「政策中心の政党」を追求していこうとしていた。若槻民政党の政党改良は、町田民政党において成果を見せはじめていたのである。

しかし、同年七月の日中戦争の勃発が町田の政党改良を妨げた。日中戦争勃発直後の八月八日の民政党議員総会においても町田は「吾々政党は現下の時局に対し、正確なる認識に基き、我々自身が此の難局を担当する立場に立ちて時艱打開の根本政策を樹立し、之を国民の総意に訴へ、又政府の政策を検討して其是非を決すべきである」と演説している(47)。また、日中戦争が長期化していた一九三九年五月、内ヶ崎作三郎民政党幹事長は「今や革新政策断行の機」の中で、「議会政治には政党の存在を必要とし、政党は民意を代表して之を暢達するに間然する所があつてはならぬ。之が為に政党は先づ第一に政策を調査研究して、政府と協力して之を国政の上に実現することに努むるのである」と、町田の政党理解に基づいた主張を展開している(48)。戦中期においても、政策中心政党を志向する町田の姿勢は揺らがなかったと言えるだろう(49)。

本節において概観したように、町田は側近の松村謙三がいう「二大政党間の政権争奪が政治行動の目標となった」政党(50)から、政策中心の政党への「発展」を企図した。町田は政策主導型の政治指導者だった浜口の遺志を継承していったのである(51)。

町田は政党改良が国民の政党不信を払拭し、政党内閣の復活をもたらすだけではなく、二大政党制のさらなる発展(政策本位に二大政党が競合する政治体制)をもたらすという長期的見通しをもっていた。町田の政党改良は短期間であったが、民政党の政務調査会の強化という成果を挙げた。第二節で後述するが、町田総裁の党指導は党外人の助力を不要とし、民政党はかつての中野の要求を実現させる。

他方、町田の政党改良には「政権争奪」(行き過ぎた政権競争)を自重する結果として政党本来の戦闘力を弱める側面があり、非常時においては民政党を自壊に追いやる危険性をもっていた。また、企画院の存在は、町田の

「政策中心政党」の存在理由を無効にする危険性をもっていた。(52) さらに、日中戦争勃発以降の町田は政党改良どころか、民政党と立憲政治の存亡の危機に対処しなくてはならなかった。

第二節では二・二六事件後に政治進出をはたした陸軍の政党排撃論、第三節では日中戦争の長期化という未曽有の危機に際して、町田民政党がどのように対応していったかについて考察する。

第二節　陸軍の政治進出と民政党

本節では、一九三六年の二・二六事件から一九三七年六月の第一次近衛文麿内閣成立に至るまでの民政党に着目する。

坂野潤治氏は『日本政治「失敗」の研究』の中で第六九議会における斎藤隆夫の「粛軍演説」に着目し、「三六年二月の第一九回総選挙で第一党に返り咲いた民政党は、相当に腹を据えた軍部批判を展開し始めたのである」と主張している。(53) たしかに、町田総裁や斎藤を中心にみた時、当該期の民政党には反軍的側面がある。だが、他方で一九三五年一〇月の基本政策大綱にみられるように、軍部に同調する姿勢を示していたことも見逃せない。「日満支経済ブロック論」者の永井柳太郎の台頭に象徴されるように、当該期の民政党は町田総裁の意に反して幣原外交に逆行していた。

後者の側面を象徴する史料として、日中戦争直前の一九三七年七月七日に民政党の鶴見祐輔が直筆で作成した「民政党改造私案」が挙げられる。同案の中で、鶴見は「挙国一致の意義検討」について論じている。第一に、「時代認識の回顧」として「今日の日本の実状は、一大転換期なる故、従来の如き国内各勢力の対立抗争を許容する余裕なきこと」を挙げ、「転換期の理由」として「対外関係の大変化」、すなわち、「ソ連の出現」、「支那国民党の恐化」を挙げている。第二に、「五・一五事件以後の実状」として「内容に根本的指導原理無く、只一時を隔絶して、旧時代への復帰を待ちつつありしこと。これが為に軍部予算の増加を単純に悪魔視し、多少にてもこれを緩和するをもって能るとせる事。多面より軍事費膨張の基因を把握し、且つ他方、日本の実力を精査し、統一策を発見する様、勉めざりし事」を挙げている。第三に、「今日の必要」として「上記の如き軍事費は、軍部その宿敵は政党、といふ如き対立関係を持続したるまま今日に至りたることが、日本の社会内に相克摩擦を発生したる事。よって、この両者の相互理解――これは日本の実状自身の再認識から出発すべきこと――によりてのみ政局は安定すべきなり」を挙げている。(54)

ワシントン体制から排除されていたソ連と中国国民党の台頭による対外関係の変動の結果として日本国内の勢力対立の余裕がなくなったと捉えていた鶴見は、五・一五事件以後の民政党の軍事費膨張批判が「軍部その宿敵は政党」という認識を生み出したと主張した。軍部と政党の「相互理解」によって国内政局を安定させ、対外情勢の変動に対処していこうという鶴見の意見書は斎藤の「粛軍演説」と対置されるものであり、町田総裁の党指導に対する本質的批判をも含んでいた。

本書は当該期における民政党について、軍部との対決姿勢を示す側面だけではなく軍部との共生をはかろうとする側面（これまで過小評価されてきた永井の動向）にも着目する。右のことを前提に、町田総裁と富田幸次郎の政党改良について検討する。

第一項　広田弘毅内閣の成立と町田民政党

本項では、広田弘毅内閣成立直後における民政党の動向について、町田ら民政党主流派を中心に概観する。

広田内閣発足直後、民政党員の期待を担っていた人物が川崎卓吉であった。川崎は、広田内閣の副総理格として内相に就任することになっていた[55]。内務省幹部は少壮官僚の川崎内相反対運動を阻止し[56]、二・二六事件以後も民政党との協調体制を堅持する姿勢を見せた。だが、内務省内から川崎幹事長の入閣に反対する声があがったことは、民政党の政治家たちに大きな不信感を与えた[57]。川崎内相反対運動は岡田内閣期から動揺の兆しをみせていた内務省と民政党との関係を悪化させる結果となった[58]。

第一九回総選挙において政友会という「共通の敵」の打倒に成功した両者の関係が動揺することは予想された事態であり、党外人の伊沢多喜男は民政党の中心人物の川崎に対して、同党と内務省との関係を安定化させる役割を期待していたと考えられる。一九三六年三月五日の伊沢の手帳には「広田外相、大命ヲ拝シ、組閣ニ着手ス。川崎君ニ電話、対策ヲ援ク」という記述がみられる[59]。だが、翌六日に寺内寿一陸相が川崎の内相就任に反対する。この時、陸軍の反対運動の中心にいた人物は、陸軍省軍務局員の武藤章中佐だった。武藤は、二・二六事件の参加将校に同情的な陸軍内の声を抑えるため、政党に対して強硬な態度を示した[60]。同日、伊沢は「川崎君ニ電話、政党無視ニ抗議セシム」と記している[61]。川崎の抗議の効果はなく、翌七日の木戸幸一内大臣秘書官長の日記によると、広田は「川崎の内務と云ふのを他に回し、軍部と妥協」した[62]。陸軍は政党からの入閣者が政友会・民政党からの各二名となっているのを各一名にするように要求したが[63]、川崎の強硬な反対の結果[64]、民政党は川崎(商相)と頼母木桂吉(逓相)を閣僚におくることに成功した。陸軍がこれ以上の干渉をおこなわなかったことは、二・二六事件による内部混乱のためであろうが[65]、政党出身閣僚の数が陸軍と民政党の争点となっていることは注目される。

広田内閣の成立に先立って、民政党においては、基本国策調査が進められた。三月四日の政務調査会において、永井柳太郎政務調査会長は「内に於ける国民今後の安定向上、外に於ける日本民族生存権の確立を目標とする革新的、進取的国策を樹立する必要を認め」、基本国策調査特別委員会を強化させる方針を打ち出した[66]。これをうけて、一八日の政務調査会は基本国策調査特別委員に対して、新たに入党した者、総選挙によって新たに当選した者の中から追加委員を指名した。その際、頼母木逓相は永井政務調査会長に対して、「政務調査会との関係を一層緊密にしたき旨の希望意見」を述べている。[67]永井が民政党の政策立案の中心にいること、広田内閣の閣僚の頼母木が永井と連携していることは、両者と町田総裁との関係を考察する際に重要である。五月の「立憲民政党々報」は、「我党では議会を振作し政党政治を権威あらしめるには政党の政務調査を完全にする事が先決であるとの見地より」、「政務調査会を政党本部内の機構より之を議会内の活動にまで延長するの決議をなして其拡大強化を計つた。従つて従来の議院内の議案審査部は廃止され議会内に於ける議案審査はあげて強力なる政務調査会に一任するの立前をとるに至つた」と報じている。[68]政務調査会の強化は、町田の「政党改良」の核心部であった。

町田民政党は、政務調査会と緊密に連携した党出身閣僚が内閣に同党の政策案を反映させるという手法を導入した。このことは「閣議による重要国策先議」の改革[69]に対応するものである。しかし、政務調査会の実権は永井にあり、民政党の政策は町田の意図から乖離しはじめていた。

他方、政友会は同年二月の第一九回総選挙の敗北と二・二六事件を機に、挙国主義を党是とする民政党に同調した。政友会は島田俊雄(農相)と前田米蔵(鉄相)をおくり、民政党とともに広田内閣の与党となる道を選択した。政友会が広田内閣を支持したことは民政党の単独与党化を推進してきた伊沢にとって誤算であった。三月二七日に川崎卓吉が病死したことは、内務省と民政党との協調関係の破綻を決定づけることになった。また、伊沢が信頼し、「新官僚」のリーダーだった後藤文夫は二・二六事件を機に威信を失墜させた。[70]後藤内相兼首相代理の参内の遅れは、二・二六事件という非常時における臨時閣議に深刻な影響を及ぼした。[71]

ここで着目したいことは、内務省の「中堅少壮」の存在である。古川隆久氏が『昭和戦中期の議会と行政』の中で指摘したように、「新官僚」グループの中でも、岡田内閣の内相だった後藤と唐沢俊樹警保局長ら「中堅少壮」との間に対立が生じていた。後藤の世代がかつては政党色をもっていたことに対して、唐沢以下の世代はその度合いがすくなかった。[72]二・二六事件直後における後藤の権威失墜によって、「中堅少壮」を統制する存在は退場した。この結果、内務省は反政党勢力の温床とされるようになった。[73]政党擁護に邁進していた大麻唯男幹事長ら民政党主流派は、唐沢以下の世代が武藤軍務局長の政党排撃論と共鳴し、川崎の内相就任を阻んだとみなしたのだろう。[74]民政党主流派は、同年五月の特別議会において、政友会と提携して内務省提出の法案に反対するという手段に出る。[75]政民両党の目的は倒閣ではなく、内務省への攻撃であった。[76]さらに、六月二九日の民政党政務調査会は従来の消極方針を転換させ、内務省と衝突する地方分権を主張した。[77]川崎の死と後藤の失脚以後、民政党主流派が内務省への攻勢を強めていったことがわかる。

他方、川崎という次期総裁候補の死は、民政党内における永井の地位を向上させた。[78]民政党の基本国策調査は、永井政務調査会長の主導の下で進められた。委員の一人の斎藤隆夫は「午前十時より日本倶楽部に於て川崎克、前田房之助氏と共に基本国策に付協議す。各自項目を持寄りたるが、更に永井会長に交渉の上、協議決定することとす」と四月一〇日の日記に記している。[79]二二日の政務調査会において、永井は八項目に関する具体的審議をおこなうことを決定した。第一項において「日本民族生存権の確保並に東亜の安定を根幹とする自主的外交政策の確立」が掲げられ、[80]基本政策大綱に提示された対外方針が継承された。六月二三日の民政党幹部会は「民政党としては昨年来基本国策の決定を見てとり、其の大綱に基づき政務調査会は二四日より数日間連日に亘つて総会を開き、其の具体的政策を決定し、右の中より政府に進言すべきものは直ちに頼母木逓相を通じて政府に伝達する事」を決定した。[81]民政党において政務調査会と党出身閣僚の役割が重視されていることがわかる。同時期の民政党は、農漁村更生策・文教交通関係の国策・国防関係の対策を決定している。[82]

八月四日の民政党総務会は、永井幹事長の提議によって「外交国策の確立に関する声明」を満場一致で可決し、同夜、永井が広田首相にこれを提示した。同声明には基本政策大綱に基づく「日本民族の生存権確保」、「東洋の平和維持」、「隣接諸邦との間に相互依存の経済関係を建設する事」、新たに導入された「新興亜細亜建設」など、永井の持論が色濃く反映された内容となっている。[83]

八月四日は、陸軍の第二次国防計画提出の近いことが『読売新聞』に報道された日である。[84] 同日、寺内寿一陸相と会談した西原亀三は、陸軍省が広田内閣を見限りつつあると認識していた。[85] 陸軍は漸進的な華北分離工作に執着しており、[86] 寺内陸相は広田内閣の実行力を不安視していたのだろう。しかし、七日に作成された「第一次対支実行策」には陸軍省の要求である漸進的な華北分離路線が掲げられ、[87] 広田内閣は命脈を保つに至った。翌八日、民政党は「外交国策の確立に関する声明」に基づいた要望書を政府に提出している。[88]

対英米協調を志向する川崎の死は、町田にとって大きな痛手であった。[89] 永井の台頭の結果、民政党外交における国際協調の側面は後退し、対外強硬の側面が表面化した。また、七月三日のいわゆる国策閣議において、頼母木逓相は電力民有国営案を提案したが、町田の真意は頼母木案に反対であった。[90] 町田の反論は、同案が従来の政党基盤の切り崩しを意味していたことに基因している。[91]

陸軍や「革新官僚」という反政党勢力と提携した永井や頼母木が民政党の政策を主導していったことは、町田にとって皮肉な結果であったと言える。

第二項　宇垣内閣流産と民政党

広田内閣期における政民両党の内部では、宇垣擁立運動が再燃していた。加藤陽子氏は『模索する一九三〇年代』の中で「政友会からは砂田(重政)・鳩山、民政党からは池田(秀雄)・川崎(克)・富田(幸次郎)らが中心となっていた」ことを指摘しているが、[92]具体的な考察はおこなっていない。本項では、富田を中心に宇垣新党運動を検討する。

宇垣新党運動が再燃した背景には、一九三六年五月一日の富田の衆議院議長就任があった。富田は議長就任の抱負として、「二・二六事件で各政党が自覚しかけたこの機会に吾輩が多年希望している政党の大同団結を完成し、現内閣は勿論、将来の内閣の基礎とするならば内外の難局も突破し自然に憲政の常道にも帰るだらう」と主張している。[93]富田は、衆議院議長就任を契機に民政党の党籍を離れ、長年の持論である「政党の大同団結」を実現させようとしていた。城南隠士の情報ではあるが、富田は自らの衆議院議長就任を機に継続委員会制(常置委員会設置)という衆議院の機能強化によって軍部に対抗しようとしていた。[94]村瀬信一氏が『帝国議会改革論』の中で指摘したように、当該期には「議会制度革正ニ関スル決議案」が衆議院に提出された。五月二三日、同案の趣旨説明に立った俵孫一は、「この機を逃さず議会制度全体の実質的な改革に着手すべきであると強く要望」した。[95]「議会において政治の批判をし、行政の監視をするといふことが極めて必要な方法」であるということが俵の持論だった。[96]行政に対する広範なチェック機能をもつ常置委員会設置が実現すれば、軍部に対する抑止力となる。衆議院副議長に就任した岡田忠彦は鳩山派であり、議会振粛運動と宇垣新党運動との一体性を示している。富田は自らの行動基準である議院内閣制に基づき、常置委員会設置を主導した。[97]

また、城南隠士は富田らが冬の議会までに常置委員会の設置を実現させようとしていると観測している。[98]宇垣新党運動を支持する声は、民政党内に拡大していた。民政党の鶴見祐輔は六月五日の宇垣宛書簡の中で「既成政党の無反省と現内閣の無力とは相誤つて今日の時局に対し識者の不安を増大致し居候。故に識者の憂ひと致し候は第二の二・二六事件の勃発せざるやに有之候。これを防止するが為めには有力なる内閣を作り一大英断を以て革新の実を挙ぐるの外なしとの結論に到達致申候」、「若し人傑出現して二大政党を一丸とし徹底的政治を実行せば、朝野は挙げてこれを歓迎致すべしと存申候」、「閣下御英断の期は今年中に到来致すべしと存申候。対政友会策さへ御成算相立ち候はば、民政党は勿論挙党閣下の傘下に走るべしと存候」と主張している。[99] 鶴見は政友会が宇垣新党に積極的になりさえすれば、民政党は宇垣を支持するだろうと観測していた。

七月に入って議院制度調査会が発足し、常置委員会設置にむけての運動が本格化するとともに、[100] 広田内閣期における政友会最大派閥の鳩山派[101]が宇垣新党運動に積極的となる。七月二二日、鳩山一郎の腹心で富田の同志の砂田重政は、前田鉄相の情報から宇垣が広田の後継首班に指名されるだろうことを宇垣に報告した。[102]

鈴木総裁の統制力が弱化したことは、政友会内に後継首班問題を生じさせた。同日、『報知新聞』の森徹夫が宇垣におくった書簡によると、当該期の政友会の後継総裁問題は深刻であり、国民同盟の安達謙蔵の擁立までが取りざたされる始末であった。[103] 二四日、西原は鳩山と富田と「大同団結」について話し合った。[104] 鳩山は町田と提携して広田内閣を支持し続ける方法が自らの党内地位の低下をもたらすことを恐れ、砂田が富田と進めている宇垣新党運動のほうに積極的になったのではないだろうか。かつて民政党内の総裁不在状況（一九三四年一一月）が宇垣新党結党の好機となったように、今回は政友会内の権力核不在状況が同様の結果をもたらしたのである。

他方、陸軍の親宇垣勢力である林弥三吉は七月二五日の宇垣宛書簡の中で「関東にても関西にても今や閣下の御出馬を望むもの多く未た嘗てなき好情況と存候。只民政党内にはノントー内閣を夢みるもの若干あり」と述べている。[105] 林は、民政党内に宇垣擁立の機運が醸成されている一方で、「ノントー内閣」（麻生豊の漫画の主人公「ノンキナトウサン」は、町田の渾名であった）、すなわち町田内閣実現をめざす勢力の存在も指摘していた。なお、民政党の鶴見祐輔が二六日の宇垣宛書簡の中で「民政党に於いては現内閣を積極的にたほさんとするの意志之無様存ぜられ候」と述べているように、[106] 町田総裁は広田内閣との協調を重視していた。八月一日の宇垣宛川崎克書簡によると、民政党内の宇垣新党派は倒閣運動を自重していた。[107] 一九三四年と同様、町田総裁の動向は宇垣擁立の障害となったと言える。

ここで、宇垣新党運動の担い手の一人である俵孫一に着目したい。「立憲民政党々報」によると、俵は「最近南支各地に勃発せる狂暴なる排日テロ事件に対する根本方針聴取の為め」、一宮房治郎・松本忠雄・野村嘉六・加藤鯛一ら民政党の同志とともに有田八郎外相を訪問した。[108]「狂暴なる排日テロ事件」とは、八月二四日の四川省成都における日本人新聞記者二名の殺害事件(成都事件)、九月三日の広東省北海における日本人殺害事件(北海事件)を指している。成都事件を契機として南京において川越茂中国大使と張群外交部長の間で交渉がおこなわれたが、これと同時に北海事件が勃発した。北海事件が判明すると、海軍は艦隊を海南島の海口に集中させた。俵らが有田外相を訪問した九月二四日は、海軍軍艦の示威の下でおこなわれた現地調査が終了した日だった。[109]同日の軍令部方針は「対支庸懲の国家的決意」の確立、河北省・山東省・海南島の保護占領まで視野に入れていた。[110]日中交渉が行き詰まりはじめた一〇月、俵は海軍の小林省三郎から宇垣との会談斡旋を依頼されている。かつて海軍革新派のリーダーとして期待されていた小林[111]は右翼の横断的結合体として誕生した時局協議会(既成政党清算をめざす一方で「日本主義」にめざめた個々の政党員との提携は容認)の中心人物であり、宇垣擁立に積極的となっていた。[112]後述するように、翌一九三七年、小林は俵とともに対英同志会の幹部となる。海軍の華中・華南に対する関心が増大していた当該期[113]に小林と接触した俵の存在は、宇垣新党運動の対外硬的側面を示している。

ここで、陸軍の動向についてみてみよう。陸軍が政党排撃論を明示する時期は、一九三六年一〇月末から一一月初頭にかけてである。一〇月三〇日の『東京朝日新聞』によると、陸軍の議会制度改革案は、議会が政府の行政監督権の行使に力点を置いてきた結果、「政権争奪場」と化したと指摘し、政党内閣を完全に否定する立場を明らかにした。陸軍の議会制度改革案は議会の行政監督権強化をもたらす常置委員会構想に対する反論であった。[114]

一一月四日の『読売新聞』は「軍首脳部の有力意見」として、陸相を介して陸軍が政治干渉をおこなうことが

「国防の充実」のための非常手段であり、これは既成政党の「腐敗」・「堕落」・「無気力」に基因するのだという意見を紹介している。陸軍の政党排撃論の根底にあったものは、政党内閣制の否定であった[115]。また、『読売新聞』は、政党出身閣僚の否定を企図する陸軍の衆議院改革案を紹介している[116]。政党出身閣僚を通して民政党の政策を内閣に反映させていこうという町田の路線は、陸軍によって明確に否定されたのである。

陸軍の政党排撃姿勢が「国防の充実」と一体の関係にあったことは、一九三六年七月における軍務局の改編と関係している。大前信也氏は「陸軍省軍務局と政治」の中で、「陸軍の政治介入の強化には、軍部大臣現役武官制の導入とともに、その陸相の政治活動を支えるスタッフ、すなわち軍務局の改編が重要な役割を果たしているはずである」という視角の下で[117]、「昭和一一年七月の陸軍省官制の改正による軍務局改編は、同局を軍事課、軍務課の二課編制とした」、「軍務課の「国防政策に関する事項」や「帝国議会と交渉に関する事項」は、従来の官制に見られる軍務局の管掌事務とは異質の事項であった。それらは軍務局の政治担当機能の制度的強化を示しているといえる」と主張している[118]。八月、軍務課長に石本寅三・軍務課高級課員に若松只一と岡本清福・軍務課政策班長に佐藤賢了が就任した。佐藤は、九月二一日に陸海両相が広田首相に提出した「行政機構改革共同意見書」の起案者となるなど、軍務課において中心的な役割を担っていた。

これに対して、一一月一四日の民政党幹部会は「軍一部の政党排撃的議会改革論に対する協議」をおこなった。「立憲民政党々報」は「軍人の政治不関与の問題が議会に於いて論議せられた際、林・寺内二代の陸相は「陸相が国務大臣として意見を述べるのみである」と言明している」という意見が生じたことを報じている[119]。民政党主流派が倒閣に積極的にならなかったことは「政党排撃的議会改革論」が陸軍の「一部」であり、陸軍の総意ではないという現状認識があった。陸相を介しての意見のみが陸軍の総意であるという認識は、民政党の大部分が七月の軍務局改編(軍事課の新設にともなう陸軍の政治担当の制度的強化)を危険視していなかったことを示している。

右のことは、一一月六日の閣議で寺内陸相が「政治に関する意見については陸海軍大臣を通して発言する従来の建前に何等変化なし」と発言したこと[120]と関係している。だが寺内陸相は陸相権力を強化する改革をおこなおうとしたものの、軍務局長さえもコントロールできないという有様であった[121]。

一一月七日の丸の内会館の招待懇親会席上において町田総裁は、「政党に対する非難も政党自身に対する非難でなく政党内に於いて政治道徳に反したる不徳行為をなしたる一部の政党に対する非難である」と演説している[122]。町田は、政党に対する非難が政党の存在そのものではなく、政治道徳に反した政党――政権争奪に没頭する政党――にむけられていると捉えていた。だが、陸軍は政党員の入閣そのものを否定しており、町田が志向する政策中心の政党も攻撃対象となっていた。町田総裁の言は陸軍の「政党排撃的議会改革論」に対する危機意識の低さを示している。

町田の認識は陸軍の政党排撃論を「立憲政治の本質を覚らざる暴論」と切り捨てた上で「我国立憲政治を死守せんとする決意」をみせていた富田と対象的である。富田は「憲政の岐路に立ちて」の中で、「国民代表たる政党を排撃して民の声を聞かんとする事は耳を掩ふて鈴を盗むの類に似て笑止千万である」と、広田内閣を批判した[123]。一一月一四日の綏遠事件(関東軍の支援をうけた内蒙古軍が綏遠において傅作儀軍に惨敗)と一二月三日の海軍の青島上陸を契機に、川越・張会談は決裂した[124]。西原は「富田・砂田両君を訪ひ時局懇談」と同日の日記に記している[125]。富田と砂田は西原を介して、陸軍の不統制に基因する広田内閣の外交の失敗を軸に鳩山と桜内に働きかけ、両者の提携に成功した[126]。加藤陽子氏は『模索する一九三〇年代』の中で、一二月一四日の久原房之助の不起訴処分を重視し、「二大政党が交代で政権の座につくという慣例=「憲政の常道」の崩壊以来、宇垣を戴いた一大政党の結成を考慮していた久原を接合符として、政友会の総裁派・久原派と民政党主流派とのあいだに提携関係が生まれ、宇垣政権成立は現実をおびつつあった」と述べている。[127] 協力内閣運動以来の同志である久原の政界復帰が富田に力をあたえたことは確かだろうが、宇垣と久原の結びつきが強くないことを考慮すると、久原個人の求心力が宇垣政権の成否まで左右したようには思われない。民政党主流派についても、町田総裁は宇垣擁立に消極的であった。久原の復帰以前に鳩山と桜内との提携がすでに成立していることから、宇垣新党運動の主導権は富田と砂田にあったと言える。日独防共協定成立にともなう日本のドイツへの接近に対する危機感も、宇垣新党運動の背景にあったのだろう。

一二月になると、民政党において倒閣の機運が高揚した。斎藤は「倶楽部に趣き、六時より常盤亭の院内外総務会を開く。対議会の協議を為す。外交問題を以て内閣弾劾論多数を含む」と一二月二六日の日記に記している。[128] また、翌二七日の民政党臨時幹部会においては、「現内閣の外交失敗を痛烈に糾弾し、中には対政府関係を清算し、内閣をして責任をとらしむべし」という強硬論者が出現した。[129] 一九三七年一月一四日の民政党有志代議士会では「わが党は頼母木、小川両出身閣僚を引揚げ、対政府関係を清算して政府に対すべし」という強硬意見が登場し、[130] 同日の斎藤（代議士会の発起人の一人）の日記にも民政党の総務会と幹部会において「外交問題政府門責に干し議論沸騰」したという記述がみられる。[131] 他方、斎藤は「町田総裁、永井幹事長其他総裁周囲の者等は、政権欲に引かされて闘志なし」とも記している。[132] 依然として町田総裁は、倒閣に消極的な姿勢をみせていた。[133]

町田の意向をよそに、第七〇議会において宇垣推戴派は、解散封じと外交問題による倒閣というルートから宇垣政権樹立を企図していた。当該期の宇垣は広田内閣の日独防共協定強化路線に反対しており、自身の組閣にあたっては外務省国際協調派の佐藤尚武駐仏大使の外務次官起用を企図していた。[134]「南次郎日記」を用いた加藤陽子氏は、『模索する一九三〇年代』の中で、宇垣推戴派が宇垣内閣の与党として二大政党の解党・新党結党を企図していたことを明らかにしている。[135] これは第二章において検討した富田の宇垣新党構想に基づく内容であり、国際協調を重視する宇垣の対外態度とも関連して、富田にとっては再度の好機到来を意味していた。

一月二一日の寺内陸相と浜田国松の「割腹問答」は広田内閣の総辞職をもたらし、二四日には富田の悲願だった宇垣への大命降下が実現した。民政党内において宇垣擁立を企図していた川崎克は、翌二五日の宇垣宛書簡の中で「大蔵大臣は山本男の意見として、第一、結城」、「第二、町田」と述べている。[136] 山本は蔵相の第一希望として東京商業会議所会頭の結城豊太郎を推し、町田を第二希望としていた。宇垣もまた町田の入閣を希望する一方で、結城を蔵相に推していた。[137] この要因として、宇垣や山本が馬場財政の修正を目的に政府と財界の連絡役としての結城[138]に期待していたことなどが考えられるが、町田の財政政治家としての自尊心を傷つけたであろう。[139]

他方、陸軍省軍務局の幕僚グループは二三日に石本軍務課長室に集合し、宇垣の排斥と党籍を離脱しない政党員が閣僚となることを忌避する方針を定めた。宇垣への大命降下の情報が伝わった二四日、幕僚グループは一致して宇垣の組閣阻止を決定した。[140] 政党を嫌悪する佐藤軍務課政策班長は宇垣と民政党との関係が深かったことに反感をもち、宇垣内閣反対運動を推進した。[141]

軍務課を中心とする陸軍の反対運動の前に宇垣内閣流産が現実味を帯びはじめた二七日、後年に同交会に所属することになる民政党の川崎克は宇垣宛書簡の中で「臥床中、幹部議長等に電話にて交渉し、各派交渉会を開き議会を開く事に交渉せしも、昨日の処見は又々町田総裁の弱腰の為め其事に至らず遺憾至極に存候も、今本日も之を強行すべく最善を尽し居申候」と述べている。[142] 川崎は二三日、小山完吾に対して「自分等は、陸軍側の人々との会談において、あざむかれたるものとおもふ」と事態を悲観しており、[143] 各派交渉会は川崎らにとって起死回生の手段であったと言える。また、斎藤隆夫は「本部に寄る。有志代議士会開くの相談あり。之に賛成す。倶楽部に至る。総裁町田氏より電話あり、四時前邸に至り時局談を為す。有志代議士会見合せの意あり」と二八日の日記に記している。[144] 町田が有志代議士会開催を見合わせさせたことがわかる。町田総裁は各派交渉会や有志代議士会が開かれ、宇垣内閣支持の機運が民政党内に高揚することを恐れたのだろう。
町田が宇垣内閣に反対した理由として、町田の政党改良が二大政党制を前提としており、宇垣新党にともなう一党優位政党制への再編を好まなかったこと、国際協調の観点から、宇垣新党運動の対外硬的側面(俵の関与)を警戒したことなどが考えられる。

町田総裁の最終判断によって富田や川崎らは反転攻勢の機を逸し、民政党は陸軍の反対運動を傍観し、二九日に宇垣は大命を拝辞した。右のことは宇垣の政党不信を強め[145]、富田ら民政党の宇垣推戴派は逼塞を余儀なくされた。広田内閣の下で進められていた常置委員会設置構想を中心とする議院制度改革もまた、結実することなくおわる[146]。

第三項　林銑十郎内閣と町田民政党

本項は政党排撃を実行にうつした林銑十郎内閣と挙国主義を基軸とする二大政党との相克について、当該期の民政党を中心に検討する。

宇垣内閣流産の後をうけ、陸軍の支持を得て組閣した人物が林銑十郎だった。林内閣は政党から一切閣僚をとらず、「祭政一致」を掲げ、超然内閣の形態をとった。一般的に、林は石原グループの言いなりであったという否定的な評価が定着している。

これに対して、近年の研究では林の再評価が進んでいる。林靖夫氏は『日本陸軍と日中戦争への道』の中で、林陸相が陸軍を統制するために、リーダーシップを発揮していたことを指摘している[147]。また、林内閣成立について、松浦正孝氏は『「大東亜戦争」はなぜ起きたのか』の中で「政治的中立性や非党派性を強調する林の政治的立場が、汎アジア主義や政党政治批判を含む政治性を強く持つようになったことは、日本政治の一つの特性の例としても注目に値する」と評している。[148]

本書は両氏の見解を踏まえた上で、林内閣が従来の陸軍中堅層の政党排撃論を実践する役割を担ったことに着目する。

陸軍中堅層が一九三四年一月段階で完成させていた「政治的非常事変勃発ニ処スル対策要綱」の「第五、革新大綱」の中には、「既成政党ヲ解散ス」[149]、「議会ニシテ革新ヲ妨クルトキハ衆議院ノ解散ヲ断行ス」という記述がある。[150] 陸軍中堅層は、政党解消と衆議院解散を基本方針に掲げていた。

林内閣の組閣参謀だった浅原健三は、林首相の「対政党根本方針」と題して、「議会ニ於テ政党ノ反対ノ為政策協賛ヲ得ルコトカ出来ナイ場合ハ議会ヲ解散スル」、「現在ノ政党ニ対シテハ敢テ協力ヲモ求メス、党員ニシテ閣僚タルニ適スル人物カアルナラハ、党籍離脱ヲ求メテ迎ヘルカ宜シイ」と一九三七年一月三〇日の日記に記している。[151] 林は陸軍中堅層の衆議院解散を実行に移そうとしていただけではなく、政党出身閣僚をも排除しようとしていた。結局、林内閣の閣僚として入閣した政党員は、昭和会の山崎達之輔のみであった。

林内閣が政党内閣否認の政綱を公表した二月三日、宇垣は広田内閣以来の陸軍の政党排撃論に対する政党側の危機意識の欠如が自身の組閣失敗、林内閣の政党出身閣僚排除をもたらしたと観察していた。[152] 前節でみたように、一九三六年一一月段階(広田内閣期)において、政党排撃姿勢を明示した陸軍の議会制度改革案が明らかになった際、民政党の大部分はこれが陸軍の総意であると認識しておらず、町田も例外ではなかった。だが、陸軍が排撃した「政党」には「政策中心の政党」――政党出身閣僚を介して閣議に影響力を浸透させようとする民政党――も含まれていた。陸軍の政党排撃姿勢に対する町田総裁の危機意識は、林内閣の成立に至るまでかなり低いものであった。

他方、民政党内において林首相の支持者となった人物が永井幹事長であった。二月二日、永井は新聞紙上において「個人としては林大将を援けたい」と語りつつ、入閣要請を断念した[153]。斎藤隆夫は「正午倶楽部に趣き、午后一時より総務会出席。林内閣に対する党の態度決定に付、予は政党内閣主義の実現方法と対内閣方針に干する意見を述ぶ。意見続出。中途にして永井幹事長の声明夕刊に現はれ、問題と為る。議決せず。内閣の施政方針を見て再会《ママ》することに決す」と同日の日記に記している[154]。永井は広田内閣時代の一九三六年一二月から一九三七年一月にかけて有馬頼寧邸で開かれた「荻窪会談」に参加し、林との関係を強化していた[155]。斎藤らが問題としたことは、民政党幹部の永井が個人として林支持を公言した点にあったと考えられる。

林内閣の基本方針が「挙国一致」と矛盾すると指摘しながらも[156]、民政党が倒閣の挙に出なかったことは林首相と個人的関係をもつ永井の力によるところが大きかったように思われる。他方で斎藤は「本部総務会に於いて過日の永井幹事長の単独声明に対し、党則上より論難す」と同日の日記に記すなど[157]、反林内閣・反永井の姿勢を明示していた。柴田久雄は二月一五日の宇垣宛書簡の中で宇垣内閣流産が大権干犯であると捉え、「この点を議会で衝けば議会解散の他政府には執るべき途がない。併も斎藤隆夫氏が之を突く恐れあり、林と同県人の永井柳太郎はこの形勢を見て遂に斎藤氏の質問を封じていると見る者もあります」と主張している[158]。斎藤は川崎克らの演説について「何れも攻撃的気魄なし。政党に義士なし」と一五日の日記に記しており[159]、永井は倒閣につながるような演説を封じていたようである。林内閣は、林首相と同郷(石川県出身)の永井によって民政党との協調関係を維持していたと言える。

だが、超然主義の林内閣は、挙国主義の民政党と相いれない存在だった。三月五日の『民政』の社説は、政党出身閣僚を「直接に民衆に触れ民意を知る天子様の御手伝ひ役」と位置づけ[160]、林内閣の政党排撃姿勢を批判している。陸軍中堅層の「革新大綱」に基づき、林内閣が予算案と増税案がすべて通過した後で議会を解散した（いわゆる「食い逃げ解散」）ことを機に、民政党は倒閣方針を明確に示した。町田総裁は四月五日の党大会にかかわる連合会において、挙国一致を遵守してきた民政党が「公党の責務」をはたしてきたと主張する一方で、林内閣が挙国一致に反する行動、すなわち、「食い逃げ解散」に出たからこそ倒閣に動いたと演説している。(161) 政府による政党懲罰のための突然の解散は、町田にとって「非立憲極まる行為」(162) であった。当該期における『民政』の社説は、「今次の総選挙は専制勝つか、憲政勝つか、軍閥官僚対政党、林内閣対国民の、天下分け目の関ヶ原の一大決戦でなければならぬ」と熱烈に主張している。(163)

他方、政友会は二月二八日に鈴木総裁体制から代行委員制（鳩山一郎・前田米蔵・島田俊雄・中島知久平）に移行した。なお、四人の代行委員の中で、林内閣打倒の先頭に立った人物が鳩山であった。鳩山は五月四日の政友会議員総会において、「自ら挙国一致を破れる現内閣の存在は、国政運用の重大支障となります」と演説した。(164) 町田と同様、鳩山も林内閣が挙国主義に反したという視点から同内閣を攻撃していたことがわかる。政友会の総裁争いが代行委員制という一応の決着をみたことによって、鳩山は宇垣新党運動から距離を置き、町田との共闘を選択した。一九三六年一一月段階から鳩山は、「私、いま矢張り両大政党がそこに協力しなくちゃ駄目だと思つています」、「私は札幌で演説した時に、民政党の悪口をいふなと大会の席上党員にいつて来ました。反対党の攻撃をする際にかういふ政策をやらなければいけないと政策の争ひだけをいつてくれればよい。私はそんな風に思っているのです」(165) と、町田の政策提携路線に合流する発言をしている。

他方、宇垣内閣流産を機に、民政党内における富田の存在感は低下していた。一九三七年三月一三日の民政党政務調査会の大勢は議会振粛委員会案――衆議院における政務調査機関設置――に反対であり、「立憲民政党々報」は「富田議長の原案に対しては党内に反対の意向が強いことは注目されるに至つた」(166) と報じている。このことは、民政党において衆議院に内閣のチェック機能をもたせようという富田の路線が後退したことを示している。衆議院に政務調査機関を設けようという富田の案は政党の政務調査会の形骸化をもたらす危険性があり、政党出身閣僚が政党の政務調査会において立案された政策を閣議に反映させていく町田の路線と対立するものであった。

宇垣新党運動が後退し、二大政党は挙国主義を基軸とする政民連携によって第二〇回総選挙に臨んだ。同選挙において民政党は二〇五議席から一七九議席に減退し、一七四議席を獲得した政友会との差は五議席となった。同選挙における二大政党の勝利の結果、林内閣がめざす政党解消は失敗におわった。五月七日、町田総裁は新代議士会席上において「時局打開の政策を実行せんとするならば、先づ其以前に自ら挙国一致を破り国民より不信任の意思を表示せられたる林内閣の退却を前提としなくてはなりません」と主張し、林内閣に対して退陣をせまった。[167] 翌八日の『東京朝日新聞』社説は「ただ形容詞的に挙国主義の語を用いていたのとは可成り違つて来たといへよう」と町田演説を支持している。[168] 五月一八日の民政党幹部会は五箇条の誓文の「万機公論」を政党の正統性の根拠として掲げ、政党を「日本固有の国体精神に副はぬもの」とみなす林首相と対決した。[169] 同日の『東京朝日新聞』社説は「政党側は、挙国主義の建前から林首相式の独裁臭味の多い超然独善主義に対し時局認識の誤謬を論議しているのである」と評し、民政党を支持している。[170]

二八日の政民両党大懇親会は、林内閣打倒の気勢をあげた。[171] 政民両党は挙国主義擁護で共闘し、三〇日には林内閣を総辞職に追いこんだ。三一日の『東京朝日新聞』社説は「従来、挙国主義への建設的目標と云つても、多羊亡羊の感を免れなかつた」、「けれども、苦き幾度かの不祥事件の戦慄と、特に最近の目標なき解散後の経緯は、漸くにして、挙国主義なる名辞に対し、経験に基く具体的通念を与ふるに至つたものの如くである」と二大政党の林内閣打倒を評価している。[172]

六月一日には近衛文麿に大命が降下し、近衛は二日に政民両党から閣僚をとることを明言した。近衛首相が閣僚に選択した民政党員は永井であった。町田の伝記を著した松村謙三は「永井、中島両氏も全く政党に交渉せずにごぼう抜きであつた。唯、林内閣と異なるところは党籍離脱の要求をしなかったことだけである」と記している。[173] 二日の緊急幹部会において町田総裁は永井を通じて民政党の主張を実現させていくと述べ、[174] 斎藤隆夫は「近衛内閣組織中。党員は政党関係に憤慨すれども、反発するの気力なし。前途容易ならず」、「我党より永井一人己人の資格を以て入閣す。政党の無気力言ふに及ばす」と同日の日記に記した。[175] 同時期の『民政』の社説は「政党閣僚の覚悟」と題し、「政府対政党の摩擦を曲りなりにも緩和し減縮し得る安全弁たる事が出来る」と永井逓相に対する期待感を述べているが、[176] 林内閣の閣外支持者だった永井に対して党出身閣僚本来の役割を期待することは不可能であった。例えば、有馬頼寧農相は「永井君より政党の代表者を入れる事の無意味だとの話あり」と一九三八年七月二九日の日記に記している。[177] 入閣以後の永井と町田との関係は険悪なものになっていったという。[178]

一九三七年六月八日、斎藤隆夫が「常盤の民政有志懇談会に出席、会者十数名。近衛内閣に対する意見の交換を為す。何れも新内閣に不平なるも一致反対運動を起すやは疑し」と日記に記したように、[179] 近衛内閣に対する党内の反感が倒閣運動に発展することはなかった。一七日の民政党有志代議士による自由懇談会において解党論や新党論が主張されていることは、[180] 第一次近衛内閣の政党軽視によって町田総裁の党指導に対する党員の反感が高まったためであろう。斎藤は「倶楽部に趣き、五時より東京会館の民政有志時局談話会に出席す。会者五十名許り、政党更生に干し議論を為す。意見未だ統一せず。併し相変らず戦闘意識を欠く」と同日の日記に記している。[181] 本章の冒頭でみた鶴見祐輔の「民政党改造私案」は、党内の空気を反映したものだったと言える。

政権よりも政策を重視してきた町田総裁だが、民政党の対外政策は自身の意図から乖離していた。六月一八日の政務調査会において桜井兵五郎・中村三之丞(永井派)・村松久義(永井派)・山本実彦・多田満長(永井派)・岡野龍一(永井派)・野田文一郎(永井派)、高橋守平・小山邦太郎の小委員によって修正された上で可決された「政務調査の指導原理案」の「三、対外国論の統一と外交の大刷新」は「対英関係における我主張の確立、日米関係の親善」を掲げ、「五、資源の獲得と人口問題の解決」は「新たに海洋方面において重要資源の獲得を期せねばならぬ」と主張した。[182]これらのことは、対英強硬論と結びついた南進論、永井和氏が『日中戦争から世界戦争へ』の中で定義した日中戦争直後の右翼の理念型の「「反英」タイプ」[183]が永井派の主導の結果として民政党の正式な政策決定機関において浮上してきたことを意味している。

他方で、「政務調査の指導原理案」の「二、資本主義制経済の是正」には「資本主義制経済の弊害を除去すると共に国民生活安定のために積極的施設を急務とする。即ち、農、漁、山村の本質に適応する革新方策を樹立し、中小商工業者及び勤労大衆の生活権を擁護するため、革新的政策への転換を計る」という主張が見られる。[184]日中戦争期の一九三八年四月一日に第一次近衛内閣の下で国民健康保険法が公布されており、[185]民政党の政策は社会政策面で一定の成果をおさめたように思われる。[186]

挙国主義を基軸とする町田総裁の党指導は、政党出身閣僚を排除した林内閣の退陣という成果をもたらした。だが、ただ一人民政党から第一次近衛内閣に入閣した永井は政党排撃論者の象徴である林と親しい対英米強硬論者であり、政党出身閣僚を介して閣議への影響力浸透を企図してきた町田の意図は対外政策面で後退した。町田側からみると、二・二六事件以後の陸軍の政党排撃論を軽視した代償は大きかったと言えるだろう。政党排撃論を掲げる陸軍側からみれば、林内閣は衆議院解散・総選挙によって二大政党を解党に追い込むことができなかったが、大きな打撃を与えることに成功したと言える。

町田民政党は政友会と共闘することによって、日本古代国家における「祭政一致」の伝承に政治の範型を求めた林内閣を倒し、立憲政治の逆転を回避したが、[187]史上空前の対外危機、日中戦争は目前に迫っていた。

他方で、宇垣内閣流産によって頓挫した富田の政党改良は、一九三八年三月二三日の富田自身の病死によって終焉をむかえる。

第三節　日中戦争期における民政党

本節では、対外態度をめぐる相克（戦争拡大か、早期終結か）を中心に、日中戦争期の民政党を検討する。日中戦争の長期化にともなう対英米関係の悪化を機に、政党は存亡の危機に直面した。ゆえに町田は、政党指導者として戦争の早期終結を政党改良に優先させなくてはならなかった。右のことから、戦争拡大と対米関係悪化をもたらす反英論は、戦争の早期終結をめざす町田にとって脅威であり、当該期の政治過程の分析に欠かすことができない要素であると考える。

第一項　日中戦争勃発と町田民政党

一九三七年七月七日の盧溝橋事件を機に、日本は中国との全面戦争に突入した。一一日、第一次近衛内閣は盧溝橋事件以来の事態を「北支事変」と命名して事実上の派兵声明をおこない、貴衆両院代表は政府支持・援助を約束した。[188]町田総裁は、二七日の民政党連合会において、「今日の重大なる時局に当りては挙国一致の力を以て時艱克服に努めねばならぬ秋であります。それ故に近衛内閣に対しても、其の主義、主張に大なる相違無き限り誠意を以て之を援助するは国家の為に公党の採るべき態度であると考へ永井柳太郎君の入閣を認め、又政府の希望に感じ、多数の党員を政務官に送った次第であります」と演説した。[189]日中戦争勃発の結果、民政党が党出身閣僚を軽視されたことを理由に第一次近衛内閣と対決する道は断たれることになった。

八月二六日のヒューゲッセン事件（駐華英大使ヒューゲッセンが南京から自動車で上海にむかう途中、日本軍飛行機の銃撃で負傷した事件）を機にイギリスは日本軍が戦闘員と非戦闘員の区別を無視していると批判した。

三〇日には中国が日本の戦争行為に対する声明を国際連盟に提出した。[190]第一次近衛内閣が戦争呼称を「北支事変」から「支那事変」に改めた九月二日、俵は「暴支膺懲国民大会」において、ハル米国務長官の声明を好意的に解釈する一方で、事件の原因が英国旗を利用する中国軍とヒューゲッセン自身の不用意さにあるのではないかという英米可分論に基づいた主張を展開した。[191]俵が幹部だった対英同志会の「対英スローガン」にも「為替決済を倫敦から紐育に移せ」という英米可分論が掲げられている。[192]日中戦争が対英戦争に拡大することを想定していた末次信正さえ、アメリカの動向に楽観的であった。[193]

一〇月五日と六日、国際連盟総会は日本の行動を九カ国条約・不戦条約違反と認定した。五日にはアメリカのローズヴェルト大統領が「シカゴ演説」の中で侵略的な国家への対抗の必要性を表明し(非戦闘員に対する日本への空爆批判を含む)、六日にはアメリカ国務省も日本の行動が条約違反という点で連盟総会の結論と一致するという声明を発表した。一一月三日には、日本を除く九カ国条約締約国とソ連が参加したブリュッセル会議が開催された。同会議の特徴は、国際連盟主催会議と異なり、アメリカがオブザーバーではなく、イギリスとともに主催者の一員として会議を主導する役割を担っていたことにあった。[194]アメリカはイギリスと共同歩調をとる一方で、「満洲国」の黙認まで譲歩していた。[195]英米可分論は現実的ではなかったが、俵ら反英論者たちがアメリカの動向を楽観視していた背景には、一程度の根拠があったと言えるだろう。

急転する国際情勢に直面して、日本国内では一〇月一五日に臨時内閣参議制が制定され、町田は宇垣・荒木貞夫・安保清種・末次・前田米蔵・秋田清・郷誠之助・池田成彬・松岡洋右とともに内閣参議に任命された。[196]町田の伝記を著した松村謙三は「翁は参議に任ずる際、相当の抱負を持ち、更にかなり大きい期待をかけていたやうである、即ちこれに依つて戦局の拡大を制限し、日支の事端を解決することに多大の希望を持つたのである」と述べている。[197]内閣参議制に着目した松浦正孝氏は、『日中戦争期における経済と政治』の中で、イギリスとの仲介による早期和平工作を主導した池田成彬が外交と政治の両面において自己を補完する政治家を常に必要とし、宇垣・近衛・町田・前田の四者がその役割をはたしていたことを指摘している。(198)

本書が特に着目する点は、町田と池田の関係である。下重直樹氏が「経済攻究会覚書」の中で指摘しているように、町田と池田は、自由主義を基軸とする政策形成集団である経済攻究会の主要メンバーであり、経済上の時事問題について意見交換をおこなっていた。(199)町田と池田は日中戦争以前から緊密な関係にあった。町田が一九三七年八月八日の政党議員総会において「若し北支事変がこれ以上拡大するに於ては我国の政界、財界等は素より一般社会にも新たなる影響が相当広く惹起する事は必至である」と演説していることは、(200)参議の中で池田・郷・町田の三人が「事変」を「戦争」へと拡大させことに反対していたという池田の回想と一致する。(201)戦後、池田は「町田さんもどうしても戦争を避けたいといふ意見であり、その根拠は戦争の罪悪といふことは勿論根本であるが、第一経済問題を考へて見ても、日本の状況は英米と比較して勝てる訳がない、実に心配に耐えぬといはれて常に憂慮されたものだ」、「私も政党総裁を沢山知っているが、原敬などとは、一寸趣は異なるが、長くやっていれば、町田さんを中心として政党も固まって行くやうに思はれた」と回想している。(202)池田は経済合理主義の観点から、対英米戦争につながる日中戦争の長期化を回避するため、政界における最大の協力者として町田を信頼していたのである。

また、民政党の一宮房治郎が小山完吾に語った情報によると、一宮と宇垣は「参議中、宇垣、池田、町田の三氏を、別格の相談相手として、参議制を運用することしかるべし、との議を策し」、近衛も賛意を示していたという。(203)後年、参議の秋田清が「参議制運用に就テ」という意見書の中で「重要国務ニ対スル政府ノ計画ハ予メ参議ニ諮ルコト」、参議が「無用の長物タルニ堕スル処ナシトセズ」、「国務参画ノ実ヲ挙ゲシムルヤウ深ク用意サレンコトヲ望ム」と訴えたことも、(204)町田・池田・宇垣と秋田ら他の参議との待遇の格差を物語っているように思われる。ただ、町田側近の松村謙三によると、町田は「近衛公には迂闊にものがいへぬ。筒抜けで機密を他に洩すから秘密が保てぬ。あれでは打明けた話は出来ない」と近衛を警戒していたという[205]。

他方、一〇月以降の俵は対外強硬論を展開する。民政党の斎藤隆夫は、「俵代議士より時局問題に付奮起の相談あり」と一〇月七日の日記に記している[206]。俵は一八日の衆議院の各派交渉会において「来る丹日《ママ》ブリュッセルに九国条約会議が開催されることとなつたが、支那事変における帝国の行動は連盟の称するが如く九国条約並に不戦条約の精神に背反するものでは断じてない、よつてこの際衆議院としても何等かの意思表示を為し、列国に対し、わが国の正常な立場を開明すべきである」と主張しており[207]、七日に斎藤に語った内容は衆議院の総力を結集して国際連盟の決議に抗議することであったと考えられる。一一月一六日の対支問題各派有志代議士会（対英同志会の清瀬一郎を含む[208]）は「国際間の条約は事情の変化により廃棄せうるべしとの公法規範に則り、帝国は直ちに九国条約を廃棄し、今後彼等が口を九国条約に籍り日支間の事件に介入、容喙するの途を杜塞すべきなり」とブリュッセル会議批判を明示しており[209]、俵の発言は衆議院に波紋を呼んだと言える。永井も、一〇月一四日の国民精神総動員講演会において、ハーグ空戦法会議において調印を拒否しながら国際連盟において日本の空爆を非難していたイギリスの姿勢を皮肉的に批判している[210]。

政友会において俵の提携相手となった人物が山本悌二郎である。陸軍における宇垣支持者で、小林省三郎と同様に時局協議会の中心人物であり、後に対英同志会幹部となる建川美次は、一九三六年二月二日の小磯国昭宛書簡の中で「山本悌二郎来阪会見候節、政友会の将来に及び、彼は「政党だけの内閣は近き将来に於て到底望む得ず、他の勢力と合作の外なし」と申せしに付「然らば例へば宇垣大将か起ち政友会と合作を希望せは之に応じ得るや」と申せしところ、其は寧ろ歓迎するところなりとの言に付「其点は間接に大将に通して可なりや」と反問せしに大に可なりとのことに有之候」と述べていた[211]。山本派の砂田重政が宇垣新党運動に関与していたことを考慮すると、山本は第一九回総選挙の敗北以前から、政友会単独内閣の可能性に見切りをつけていたように思われる。

ここで本書は山本が組織し、俵が幹部を務めた対英同志会に着目する。永井和氏は『日中戦争から世界戦争へ』の中で、一九三七年一〇月の青年アジア連盟と対英同志会の結成が「固有の意味での反英運動の登場する出来事」であったと評している。(212) 青年アジア連盟については松浦正孝氏の研究があるが、(213) 対英同志会の考察については残された課題となっている。本書では、国立国会図書館憲政資料室所蔵の「山本悌二郎関係文書」を用いて対英同志会に関する若干の考察をおこなう。

一〇月三〇日、山本は対英同志会を組織し、二大政党側における反英運動の主導者となった。山本は、同日に開催された自身主催の「時局問題有志大会」における「対英宣言」の原稿の余白に「況ンヤ共産党ヲ包容シテ抗日の支柱トスル蒋政権ヲ飽クマデ支持セントスル以上、英国モ亦正シク吾ガ国策ノ敵ナリト断セザル能ハズ」と、直筆で記している。(214)

一一月一二日、山本は対英同志会代表として工業倶楽部に対英問題に関する協議会を開き、俵や小林らとともに対英国民大会を開催することを決定した。(215) 対英同志会代表の山本は「今次支那事変発生以来吾国に対する英国の態度行動は国民一般深く遺憾とする所に有之。因て帝国臣民の総意を表示する為め左記の通り対英国民大会を開催仕候」という二〇日の書簡を各方面に送付した。(216)

一一月二二日、対英同志会主催の「対英国民大会」が聴衆三〇〇〇余名を集めて日比谷公会堂においておこなわれた。(217)「山本悌二郎関係文書」所収の「対英書類」には、「対英国民大会」の「時間表」が残されているので次頁に引用する。(218)

民政党からの演説者は俵のみであり、政友会からは山本・宮田光雄・小久保喜七、国民同盟からは清瀬一郎が参加している。俵は、富田の政党改良に協力しながら、反英運動の先頭に立つという特殊な立場に立っていた。なお、陸軍の建川と海軍の小林は時局協議会のメンバーである。外務省関係者では本多熊太郎（一九四〇年から汪兆銘政権下の中国大使）、民間右翼の今泉貞助の名がみられる。別の「時間表」には宮田と俵の名に丸印がつけられている。[219] この中で、小久保喜七は「英国の立前は勅語に対しては細大となく国務大臣が責任を負ふことになり居ることは、三尺の童子も尚ほ之を知る、英国政府に向って反駁するに於て何の憚る処がある」と、イギリス国王ジョージ六世による日本軍の空爆を批判した勅語を攻撃する演説を展開している。[220]

また、「山本悌二郎関係文書」所収の「対英書類」には「対英国民大会開催ニ就テ」というメモが残されている。同史料には、「一、対英問題ニ関スル委員ノ選任、幹事ノ選任」、「一、委員長ノ選挙」、「一、委員会」（「イ、大会議長決定」、「ロ、資金ノ徴集」、「ハ、大会開催ノ方法」、「ニ、大会開催ノ日」、「ホ、言論機関ノ操縦」、「一、駐日英国大使ニ対スル示唆運動（決議文交附）」、「一、駐英吉田大使ニ対スル大会ノ決議・通告」、「一、駐日各国大公使ニ対スル行為」と記されている。[221]「対英国民大会」が対英同志会によって周到に準備されたものであり、イギリスだけではなく、日英経済提携工作の急先鋒であった吉田茂駐英大使ら「親英派」との全面対決を意図したものだったことがわかる。[222]

別の「対英書類」には「対英国民大会」の委員・幹事・委員長の氏名が記されているので、次頁に一覧表を作成した。[223]

表 3-1

		予定時間	終了時間
1	開会		12 時 10 分
2	君が代	20 分	12 時 30 分
3	山本悌二郎氏	20 分	12 時 50 分
4	座長選挙	5 分	12 時 55 分
5	宮田光雄氏	20 分	1 時 15 分
6	俵　孫一氏	20 分	1 時 35 分
7	小久保喜七氏	20 分	1 時 55 分
8	建川美次氏	20 分	2 時 15 分
9	今泉定助氏	15 分	2 時 30 分
10	清瀬一郎氏	30 分	3 時
11	小林省三郎氏	15 分	3 時 15 分
12	本多熊太郎氏	30 分	3 時 45 分
13	決議	10 分	3 時 55 分
14	天皇陛下万歳	5 分	4 時
15	閉会		

表 3-2

委員長	山本悌二郎
財界委員	津田信吾 宮島清次郎 白石元治郎
政界委員（衆議院）	山崎達之輔 小泉又次郎 安達謙蔵 望月圭介 大口喜六 清瀬一郎
政界委員（貴族院）	川村竹治 宮田光雄 後藤文夫 吉田　茂 山岡萬之助
言論界・思想界・学界委員	今泉貞助 小川平吉 徳富蘇峰 藤井　章
幹事長	清瀬一郎

財界からは、反英運動の最右翼として著名な鐘紡の津田信吾[224]、日清紡績の宮島清次郎、日本鋼管の白石元治郎が参加している。政界からは、民政党幹事長の小泉又次郎と国民同盟党首の安達謙蔵という「周縁社会」とつながりのある政治家[225]が参加している。小泉は俵とともに宇垣擁立を企図した経歴があり、一一月の日独伊防共協定締結に際しては「不退転の協力」を要望していた[226]。政友会からは山本委員長のほか大口喜六・川村竹治（元台湾総督）・対英同志会の宮田、昭和会からは山崎達之輔[227]と望月圭介が参加している。さらには後藤文夫と吉田茂という内務省系の「新官僚」や司法官僚出身の山岡万之助・民間右翼の今泉・元政友会の小川平吉・元国民新聞主筆の徳富蘇峰・倫理学者の藤井章の名もみられる。幹事長には対英同志会幹部の清瀬が就任している。なお、東方会の中野正剛と民政党の川崎克は二重線で消されており、未定だったのか軍部委員は空白となっている。メモの欄外には東亜興業の白岩龍平の名がみられる[228]。

右のように、「対英国民大会」は、政界・財界・官界・言論界・学界の反英論者を網羅していた。注目すべきは、二大政党の政治家たちだけではなく、国民同盟・昭和会という少数政党の政治家たちまでが反英派として結集していることである。イギリスという共通の敵は、衆議院に単一政党をつくる目的となり得た。一二月に入り、俵は富田とともに常盤会に参加し、政友会鳩山派とともに政界再編を企図する[229]。俵だけではなく、川村・宮田という政友会における反英運動の担い手たちや山本に近い東武が常盤会に参加していることは、反英運動と政界再編の結合を意味している[230]。

一般的に、常盤会の目的は南京陥落、日中戦争の早期解決を見込んで戦後経営を政党内閣でおこなうことにあったとされている。[231] 俵自身が「戦後の後始末」に言及しており、[232] 常盤会には右の側面が確かにある。同時に、強硬な反英論者の末次信正[233]が首班に想定されていたこと、反英論者の俵や川村が常盤会の中心となっていたことを考慮すると、常盤会には反英的な性格も強かったことがわかる。国際協調をはかる富田の意志は、日中戦争の拡大にともなって、政界再編から切り離されつつあった。

日中戦争早期解決を企図する町田は、政界再編の反英化を危惧していた。民政党幹部会において俵が政民合同論を主張した時、町田は強硬に反対した。[234] 一二月一四日には山本が急死したが、翌一五日に対英同志会と対支国際動向研究会が共催した「対英国民大会」は六〇〇〇名を動員した。[235] 同日の民政党有志代議士会の開会の挨拶において、俵は常盤会における政民合同論の経緯を説明し、政党の「大同団結」による「挙国一党」を主張したが、[236] 同会に参加した斎藤が「会者十三名、政、民合同の論議あり。意見一致せず。予は望なきことを言明す」と同日の日記に記したように、[237] 民政党が政界再編に積極的になることはなかった。町田総裁は常盤会の運動を排撃し、[238] 二五日には民政党幹部会が新党運動の否定を決定した。[239]

右の結果、民政党からの常盤会参加者は激減していった。[240] 反英運動も一九三八年二月には鎮静化し、[241] 町田は一時的な勝利をおさめた。町田は政界再編よりも国際協調を優先させたのである。

だが、一九三七年末のトラウトマン和平工作は失敗し、一九三八年一月一六日に第一次近衛声明が出され、町田の意に反して日中戦争は長期戦の段階へと突入した。内務省が作成した「右翼運動の現況について」によると、二月二一日、「大日本主義運動」の結成式がおこなわれた。顧問には平沼騏一郎・林銑十郎・末次信正内相、世話人には俵とともに、対英同志会の宮田光雄の名がみられる。彼らは対英同志会の建川美次・小林省三郎との交渉を予定していた。反運動の鎮静化を機に、対英同志会メンバーは「大日本主義運動」に転じていった。[242] 政党解消を目的とする中溝多摩吉ら防共護国団が「政党本部推参事件」を引き起こした二月一七日、俵・小林・一条実孝・久我通顕・堀内文次郎が開催した緊急国民大会の宣言は「内外の非常時局を指摘し、国難突破の必要を力説し(就中既成政党の如きは直ちにその対立を解消し、民意の趨向するところに従ひ以って天皇親政の下に帰一すべし)」とあり、大会決議は「(一)挙国の大本に基き、昭和維新の断行を期す。(二)既成政党は即時解散し恭順以って挙国一致の実をあぐべし。(三)政府は一切の抗日勢力を殲滅し以って、東亜の恒久平和を確立すべし」というものであった[243]。富田が病床にあったこと(三月二三日死去[244])、俵が小林・建川ら対英同志会幹部とともに政党解消運動を展開したことは、政界再編を遠ざけることになった。富田も政党解消を企図していたが、それはあくまで宇垣新党という政党改良の前提であった。同じ政党解消であっても、一九三八年の俵の場合はそれ自体が目的となっており、宇垣新党は念頭になくなっていた。宇垣新党運動の停滞と反英運動の高揚は、俵の反政党化をもたらしたのである。

なお、対英同志会と密接な関係にあった末次信正内相[245]は、政党解消運動の擁護者とみなされていた。三月四日の衆議院本会議において民政党の武知勇記は、末次内相に対して防共護国団事件取り調べ内容についての報告を求めた上で「世間つたへられるところによれば、防共護国団の首領中溝某は事件発生以来、林銑十郎氏・松岡洋右氏・秋山定輔氏の保証の下に逃走中で未だ逮捕せられないといふが如何」とせまったが、末次の答弁は「取り調べ中」というものだった[246]。民政党の斎藤隆夫は「本会にて内相に対し、政党本部占拠事件其後の報告を求むる緊急質問あり。内相の答弁は取調中なりとの趣旨なり。政、民両党は此上之を門責するの決意なきが如し。無気力」と同日の日記に記している[247]。末次内相期の内務省は、防共護国団事件を黙認することで政党解消運動を間接的に支持した[248]。

政党解消運動とともに町田民政党は国家総動員法案問題にも直面していた。一般的に知られているように、第七三議会において二大政党は同法案の成立に抵抗した。一九三八年三月四日、近衛は末次・風見章とともに国家総動員法案の審議促進について話し合った。この時に末次は議会解散を主張、近衛はこれを拒絶した。[249]だが、一日の閣僚の会合において近衛は一転して新党・解散の決意を語った。このことが二大政党の態度急転の直接的原因となったことはよく知られている。[250]仮に対英戦争に積極的な末次内相の下で解散・総選挙が断行された場合、民政党内における反英論者（永井・俵）が解散による既成政党打破をめざしていた末次に合流することが予想された。解散・総選挙が実行にうつされた場合、町田ら親英派の早期終戦構想の実現可能性が断たれるだけでなく、民政党そのものが存亡の危機に立たされただろう。対外的には対英協調を前提とした中国との早期和平、国内的には政党解消運動抑止の目的から、町田は国家総動員法に反抗することよりも解散回避を優先させたと考えられる。二七日の民政党議員総会において町田総裁は、第七三議会について「此の間に対処する我党の態度は一に挙国一致の実を挙ぐるを以て、此の時局に対する最大の緊要事と信じ、此の方針を確守し、友党と緊密なる提携を計り、以て近衛内閣を支援して議会を乗り切ったのであります」と演説した。[251]解散回避の結果、反英運動が再燃し、政党解消運動と連結するという町田にとって最悪の事態は避けられた。町田は国家総動員法成立について譲歩したことよりも、解散を回避したことを政治的成果と捉えたのだろう。国家総動員法の成立に最も激しく抵抗した斎藤隆夫は、「総裁の演説あれども自画自賛聴くに堪へず」と同日の日記に憤懣を記している。[253]

当該期の町田は楽観的な対外態度を示している。四月一八日の民政党大会において町田総裁は「思ふに支那との戦争は或る時期に終結を見ましても、其戦果を完くし、大陸経営を完成して、真に東亜安定の大目的を達成するは、更に幾多の歳月と其間絶えざる国民全体の努力と犠牲とを必要とするのであります」と述べ、「大陸経営を中枢とする内治、外交、国防、財政経済に亘る革新的総合政策を研究樹立」する必要性を主張した。[254]町田総裁の大陸経営のための「政策」は、日中戦争の早期終結を前提としていた。五月一一日の大陸国策調査会の席上においても、町田総裁は日中戦争が長期化せずに比較的近い将来終結するであろうという見通しを述べ、国民に戦後への覚悟を促す演説をおこなった。[255]

町田の対外態度の背景に、伝統的な対英米協調路線の復活があった。五月末から六月にかけて近衛首相は内閣改造を断行して宇垣を外相、池田を蔵相に起用し、中国との和平工作を開始した。[256]この結果、末次内相は閣内における主導権を喪失しつつあった。例えば、真崎甚三郎は「牧九時半ニ来訪、今回ノ改造ハ旧重臣派ノ陰謀ニテ漸次元ニ戻サントシツツアリ、今回末次迄モ追出サントセリ、末次ハ苦境ニアル故彼ニシテ真ニ決意アラバ大ニ彼ヲ支援セザルベカラズト論セリ」と、五月三〇日の日記に記している。[257]六月末から七月にかけての五相会議は第三国の仲介による日中戦争収拾のための政策を次々と決定していた。[258]内閣参議であった町田は、日中戦争の早期終結にかなりの自信をもっていたのだろう。「親英派」の町田総裁の「大陸国策」とは蒋介石政権との早期講和、イギリスとの協調に基づく大陸経営方針であり、政党復権の手段でもあったと考えられる。

他方、四月一九日の民政党総務会は、「今後の時局特に長期応戦下における大陸国策の基幹を確立するとともに政党の更生躍進を期すべき具体的方策につき協議の結果」、「大陸国策樹立に関する一大特別委員会」を設置した。[259]民政党総務会の「政策」は長期戦遂行のための手段だった。町田総裁の早期終戦への期待とは逆に、民政党幹部の大部分は一九三八年一月の第一次近衛声明や四月以降の徐州作戦が日中戦争の長期化をもたらすだろうという見通しをもっていた。永井は中野とともに反英運動に関与し、宇垣主導の日英国交調整の妨害を企図していた。[260]すなわち、民政党の「大陸国策」の内容は一九三八年夏の時点において確定しておらず、町田総裁の意図が貫徹されるかどうかは宇垣・クレーギー(駐日英大使)会談の成否にかかっていたと言える。

だが、「親英派」の早期和平工作は九月三〇日の宇垣外相の辞職によって破綻し、町田の見通しも崩れる。一〇月三一日の民政党の臨時総務会・幹部会は「大陸国策を中枢とする革新政策」を決定した。その中の「第二章対支方策」は、「一、蒋政権の壊滅を徹底すると同時に占領地域に於ける治安の確保、経済開発、文化施設等の諸工作に、我主力を傾注し以て新支那建設を図るべし」、「二、支那は歴史的、地理的、経済的関係に於て、地域的政権に分治せらるるは自然の傾向なるを以て、之に大なる自治権を認めて育成すべし」、「三、地域的諸政権を連絡綜合し共通の国務を行ふ中央政権の樹立を促し、帝国は此の政権を承認し、東亜連盟の一環として之と新国交を訂し、更に第三国をして之を承認せしむべし」とされた[261]。一一月一日の『読売新聞』は「民政党の一大転換！　大陸国策へ邁進」と大きく報じ、「大陸国策を中枢とする革新政策は従来民政党が主張し来つた政策を殆ど全面的に更改せるもの」と評している[262]。永井の「日満支経済ブロック」論は、民政党の外交政策として確立をみた。また、『翼賛国民運動史』は、民政党の「大陸国策を中心とする革新政策」について「東亜新秩序の建設、対英強硬を叫び、従来の所説を変貌して時局に便乗する」ものと捉えていた[263]。「大陸国策を中心とする革新政策」の登場は民政党が国際協調を基軸とする町田総裁の対中早期和平路線を放棄し、東亜新秩序建設の先鋒である永井の反英米的な対中長期戦略路線を選択したことを意味していた。

他方で町田民政党と党外人伊沢多喜男との関係もまた、転機をむかえていた。一九三九年四月五日、伊沢は松尾鉱業社長の中村房次郎に宛てた書簡の中で「町田君とは断乎絶交之決心」とその理由が「或第三者」への町田の対応に基因していると述べている[264]。町田側近の松村謙三の回想によると、両者の対立は一九三八年八月、伊沢の推薦した太田正弘の東京市長就任を太田の病気を理由に町田が拒絶したことが原因であった[265]。太田は伊沢の推薦で関東庁長官・台湾総督に就任した経歴があった[266]。伊沢が町田と絶縁状態となったことは、自身が軽視されたことに対する怒りからであったように思われる。

当該期の町田が伊沢に対して著しく硬化した主因として、一九三八年三月の電力国営案問題をめぐる紛糾の中で、官僚と政党の相互不信が絶頂に達したことが考えられる[267]。政党側には、末次内相の下で政党解消運動を野放しにしていた内務官僚に対する不信感も含まれていたであろう。一九三九年一〇月、民政党革新政策案の「第四章行政機構の改革」中の「三、文官制度の改革」は「(一)文官任用令を根本的に改正し、自由任用、特別任用の範囲を拡大する」、「(二)高等試験制度を改正し、試験の重点を単に学理を記憶するか否かに置かず、其人格徳操及行政各部門に必要なる知識能力を発揮し得るや否やに置く」、「(三)官吏に対し、任官後も必要なる知識につき再教育を施す」、「(四)官吏身分保障令を撤廃する」を掲げた。[268] 一九四〇年五月には、民政党の勝正憲逓相が米内光政内閣下における官吏制度改革の一翼を担っている。[269] 民政党が官僚への態度を硬化させていったことがわかる。

他方で伊沢は、太田の一件を機に町田との絶縁を決意し、両者の関係は修復不能となった。[270]「反軍演説」によって衆議院議員を除名された直後の斎藤隆夫は「正午倶楽部に至り、一時伊沢多喜男氏を訪問し除名事件等に付交談一時間余、氏は町田総裁及民政党に悪感情を有す」と一九四〇年五月八日の日記に記している。[271] 民政党と伊沢の蜜月関係は完全に終焉したのである。

伊沢と町田の衝突から、「官僚の反政党化」と「政党の反官僚化」が同時進行していった過程の一端を知ることができる。町田民政党は政策中心政党を企図しながら、政策遂行者である官僚の排撃をおこなうという自家撞着に陥っていた。だが、政策を遂行するはずの官僚は、政策の決定者へと変貌していた。[272]「革新官僚」は伊沢や後藤文夫と異なり、もはや政党を必要としなかった。

反面、民政党が党外人の助力を必要としなくなったことは、民政党の立憲政党としての発展を意味している。一般的に、党内民主制度が欠けた政党は、党外の政治システム・社会において民主主義の担い手となることはない。[273] その意味において、党員の主張が党外人の存在によって党の意思決定から妨げられている限り、民政党は「議会中心主義」の担い手になることができない。町田は政務調査会の強化によって政党独自の政策形成を企図し、党外人の存在理由を喪失させた。かつて中野が指摘したように浜口狙撃事件の時点において党内民主制度が欠けていた民政党は、町田総裁の下で「議会中心主義」の正当な旗手としての資格を手に入れたと言えるだろう。

だが、民政党がソフトとして充実をみる一方、日本の二大政党制はハードとして機能不全に陥っていた。さらに、一九三八年の一一月三日の東亜新秩序声明は「日満支(＝中国)三国の政治・経済・文化的提携・欧米帝国主義からのアジアの解放」というものであり[274]、アメリカとの対立を決定的なものにした。日本の国策は永井の持論である「日満支経済ブロック」論と一致するに至ったのである[275]。町田の国際協調路線は根底から崩れ、対英米戦の危機は現実のものとなった。以後の町田は、政党存亡の危機、さらには立憲政治の危機との対決を余儀なくされることになる。

第二項　日中戦争の長期化と民政党の解党

本項では、長期化した日中戦争への民政党の対応について考察し、民政党の終焉を明らかにする。

宇垣外相による早期和平工作の失敗、さらには東亜新秩序(第二次近衛)声明の結果、町田総裁は国際協調を基軸とする外交政策を掲げることができなかった。だが、このことは町田総裁の屈服を意味しない。一九三九年三月一三日、町田と会談した宇垣は「氏は此夏頃にもなれば政党の存在が世間から買はれる様に成るならんと期待しありしが如し」と日記に記しており[276]、町田が政党復権に自信をみせていたことがわかる。

町田が政党復権を予告した一九三九年夏、北支那方面軍の天津租界封鎖を機に、日本国内では史上空前の反英運動が巻き起こった[277]。結果的に、一九三九年夏の反英運動は町田の親英主義に基づく早期和平構想に致命的な打撃を与えた。それでも、永井和氏が『日中戦争から世界戦争へ』の中で指摘しているように、民政党は政友会に比べても反英運動に主導的役割をはたさなかった[278]。この事実は、町田が党内の反英論者(永井や俵)を統制したことの証左であろう。

右のことは、町田が内閣参議として平沼騏一郎内閣の内情に通じていたことと関係しているのではないだろうか。町田は、定例参議会にほとんど休むことなく参加していた。[279]町田からの再三の会見要請に応じた真崎甚三郎は、「時[事]変勃発後ニ於ケル閣議、参議会ノ内容ノ概略ニ就テ説キ来リ、時局、外交、経済ノ見透等傾聴スベキモノ尠カラズ」、「只予ガ初テ知リシハ、平沼男ハ独ソノ条約発表迄何等知ル所ナカリシト云フモ、既ニ久シキ以前ヨリ独ソハ交渉シツツアルコトノ報告ハ来リアリ、首相知ラザル理ナク、又独伊ノ大使ヨリハ二ヶ月モ我政府ヨリ返事ナキハ大使ヲ侮辱スルモノナリ等ノ電報モ来リアリト云フ」と九月五日の日記に記している。[280]町田が真崎に語ったところによると、平沼首相は独ソ接近を独ソ不可侵条約締結の二か月以前も前から知っていた。当該期の平沼は日英協調によって三国同盟推進派を牽制しようとしており、[281]町田と比較的近い立場にあった。反英勢力にとって、三国軍事同盟はイギリス打倒のための切り札であり、独ソ不可侵条約の締結は反英運動を鎮静化させることとなる。[282]内閣参議としての町田が一九三九年夏の反英運動の時点において独ソ接近の情報を得ていたことが、民政党総裁としての町田が党内の反英勢力を統制することに成功した背景にあった。

町田は、独ソ不可侵条約締結が日本の外交政策を反英米(親独伊)から親英米に転換させる好機であると捉えていた。八月二二日の民政党幹部会において、町田総裁は「ソ連邦とドイツとの不侵略条約締結にして事実なりとすれば、我が国外交国策に関しては再検討の必要がある。殊に対米、対英の外交関係については確乎たる方針を掲げてこれに対処せねばならぬ時である」と主張している。[283]町田の認識は、当該期に外交一新を訴えていた『東洋経済新報』の石橋湛山と一致する。[284]

町田の対外態度と関連して本書が着目したいことは、同年七月のアメリカの日米通商航海条約廃棄通告である。通商条約破棄はアメリカが日本に対する軍需物資の提供を停止する条件を整えたことを意味していた。日本にとって反英運動と東亜新秩序声明の代償は大きかったのである。翌一九四〇年一月、日米通商航海条約失効に際して、町田は「米国との国交が支那事変以来動もすれば円滑を欠き、両国の通商条約すらも遂に廃棄せらるるに至れるは誠に遺憾に堪へざる所であります。八十年来の特殊なる友好関係に鑑み、両国の政治家が極めて冷静なる態度と公正なる判断の下に事態を改善し、その親交を敦くすることを希望するものであります」と演説している。[285] 野村実氏は「日米開戦への里程標」の中で「日本政府の経済面に対する顧慮の薄さが、米国の経済的対日抑止政策が成功せず、日米開戦に至った大きな素因でもある」と指摘している。[286] 八月一五日の民政党神戸支部主催の貿易経済懇談会(総務の小川郷太郎・政務調査会長の前田房之助・副会長の宇賀四郎らも参加)に至っては、日米通商条約の廃棄がむしろアメリカの不利になるという主張が登場している。[287] 対米楽観論が大勢であった日本(民政党の大部分も例外ではなかった)において、町田は通商条約破棄にともなう対米関係悪化を深刻にうけとめていた。

このような危機意識に基づき、町田は対英米戦争という最悪の可能性を回避すべく、抵抗を開始する。東亜新秩序から国際協調への転換をはかる町田の有力な協力者が吉田茂である。吉田は対英関係を打開しうる実力者として宇垣に期待していた。[288] 民政党において臨時外交調査委員会が開かれていた一九三九年八月二五日、吉田は宇垣宛書簡の中で「今朝帰京午後樺山伯に出会致候。伯には過日山下方にての御打合の筋合にて帰京後二二日先池田、町田及岡田前首相を歴訪せられ此際の後継首相には宇垣大将を煩はすの外なしとの意見開陳之処、三氏共無論異議ある筈なければ直に協力を誓はれたる」、「大命愈々降下之砌には、閣下には先つ近衛公訪問、其援助を懇望せらるると共に、池田、町田両氏をも往訪せられ、親敷閣員之人選及政策政綱充分包臓なく御協議相成、世間宇垣陣営に財界政界に有力なる支援あることを表示し、以て反対勢力を威圧せられざる可らずと存候」と述べている。[289] 町田が池田・吉田と連携し、平沼内閣の後継として宇垣擁立をはかっていたことがわかる。二二日、池田も小山完吾に対して「新内閣の首班者は、外務大臣を兼任するか、ないし自己の方針にもとづき、適当なる外務大臣を選任し、その人を全面的に強力に支持し、軍部の妄論を排しうる人たることを要し」と語り、宇垣を後継首班に推した。[290] 一九三八年夏の早期和平工作の破綻、翌一九三九年夏の反英運動にもかかわらず、町田は池田・吉田とともに日中戦争の早期解決、対英米戦争の回避に努力していた。他方で、吉田は小山に対して「自分の身辺には、護衛の巡査六名もつきをり、奔走自由ならず、困却なり」と語っている。[291] 吉田の政治行動の自由が大きな制約をうけていることがわかる。

八月三〇日の阿部信行内閣の成立、永井の入閣と第三次近衛声明に基づく汪兆銘工作の推進は町田に大きな失望を与えたであろう。他方、永井は臨時外交調査会委員長となり、民政党の外交政策を主導していった。直後の九月三日、欧州では英仏が対独宣戦布告をおこない、第二次世界大戦がはじまった。

他方で、三月二六日の議院総会において町田総裁が国内改革の意向を表明したことを機に、五月二日の民政党幹部会は「革新政策大調査会」の設置を決定した。五月一五日から一七日まで開催された「革新政策大調査会」の総会の座長となった人物が、永井(当時は総務)であった。同会の調査要綱は、「経済革新策」(六月一五日、中村三之丞が主査となる)、「国民中堅の再建設」(高橋守平)、「行政機構の改革」(末松偕一郎)、「民族発展並に国民体位の向上」(三好英之)、「教育並に文化改新策」(添田敬一郎)の五項目だった。[292] 中村と末松は永井派であり、末松と添田は一九三八年二月の大日本主義運動の世話人だった。[293] 正式には桜井兵五郎が調査会委員長だったが、実質的には永井が主導権を握っていた。永井は「革新政治の急務」の中で、「革新政策」樹立のためには民政党員以外の政治家との連携も辞さないと公言した。[294] 「革新政策大調査会」の総会には蠟山政道・高橋亀吉・本位田祥男ら各方面の権威者が招かれていた。[295] 蠟山と高橋は、一九三五年から既成政党排撃を掲げていた昭和研究会のメンバーである。[296]

一九三九年一〇月に完成した民政党の「革新政策」の「第二章　政治、経済革新策」「二一、新計画経済の確立」には「日満支の間に於て、生産分担を定め、三国全体として自給自足を図ると共に、我国内に於て、国防の需要を充足し、且つ我経済力を進展せしむべく経済計画を樹立する」と明記された[297]。永井が「日満支経済ブロック」論を民政党の政策として確立した背景には、一九三九年夏の反英運動という後押しがあった[298]。

これに対して、町田は宇垣に対して汪兆銘工作打倒を期待していた。吉田は九月二〇日の宇垣宛書簡の中で「将又町田、池田両氏との御会合は夫れ夫れ可相成早目に御取運相成度ものと希望仕候[299]」、一二月二二日の宇垣宛書簡の中で「町田池田両老との連繫充分なるに於ては其余は御懸念に及ぶ間敷」と述べている[300]。池田・吉田と連携した町田は、一〇月一八日の民政党幹部会において左のように演説した[301]。

政党政治の発達した英国の如き国家のあらゆる階級は、いづれも政党に所属するか、またはこれに何等かの関係を持っているために挙国一致の体勢をとる場合、その政党を基礎とする各派の連立内閣さへ出来れば、それが即ち挙国一致となるのである。私の理想としては我国のあらゆる階級が政党に属するか、あるひはこれに関係するやうにまで導きたい、従つて自分は余生を国家憲政のために捧げ、理想の達成に向つて邁進したいと思ふ。

町田がイギリスの「挙国一致政府」を理想としていたことがわかる。「あらゆる階級」と政党が関係をもつという町田の主張を具体化させる手段こそが、政務調査会の「大衆化」であった。町田の理想の立憲政治はイギリスの議会政治であり、町田は民政党の政綱第一項の「議会中心政治」に忠実であったのである。

他方、幹部会に出席した斎藤隆夫が「日支事変処理、政党蘇生に干して論議す。町田総裁の意見あり。例に依つて要領を得ず。此等の問題に付ては今後一層の推進を要す」と同日の日記に記しているように[302]、町田は親英米的な早期終戦工作を党に対して明確に打ち出すことができなかった。

町田民政党と阿部内閣の対立が表面化する事件が町田総裁入閣問題である。一一月二五日、畑俊六陸相は左のように記している。(303)

本日午後、永井遞相来訪、町田説得には其後変化なきも、民政党内の事情複雑にして、小山衆議院長、内ヶ崎、野村、松村等の幹部は陸軍が折角すすめるのものならば出ては如何と町田に勧誘しあるも、これを又阻止するものあり、更に陸軍より押す為陸相の意中の在郷大将より町田を説き、同時参議会議の後にても首相、陸海軍大臣の三人より更に町田を説き、どこまでも執拗に説くが可ならずやとの意見を総理に述べたるに、総理は余と相談すべしとのことにて相談に来りたるものなり。

右の記述から、永井が町田の入閣に固執していたことがわかる。風見章は西義一陸軍軍事参議官が「影佐少将等は汪政権成立後の大使としては、町田忠治又は永井柳太郎氏等を可とするものと真面目に考慮し居れりと」語ったと一一月二四日の日記に記している。(304) 汪兆銘政権樹立工作を担当する梅機関の影佐禎昭は、(305) 町田か永井を汪政権成立後の大使に起用しようとしていた。永井が陸軍と結託して町田の入閣を推進した背景には、閣僚の椅子と引き換えに町田に対して汪工作への協力を取り付けさせようという意図があったと考えられる。汪工作は町田にとって容認できるものではなかったが、小山松寿・内ヶ崎作三郎・野村嘉六・松村謙三ら民政党主流派が入閣を支持するなど、自身の側近までもが永井に同調していた。(306)

だが、汪工作とは別に、阿部内閣の支持基盤は脆弱であり、閣僚の椅子は魅力的なものではなくなっていた。この結果、民政党において町田総裁入閣反対の声が高揚した。例えば、斎藤は「阿部首相自ら町田総裁を訪問し、入閣を懇請す。大勢は拒絶に決す」と一一月二三日の日記に記している。(307)

阿部内閣の命脈が尽きたことは町田に反撃の機会を与えた。一九四〇年一月一一日、吉田は牧野伸顕宛書簡の中で左のように述べている。[308]

今朝樺山[愛輔]伯被参、大磯ニて昨日宇垣[一成]大将ニも出会たるが、其他よりの聞込みニてハ軍部より又又反対出宇垣出馬固[ママ]障生したるが如し、之を近衛[文麿]等ニ一任し置かバ徒らに無事無難を希ふて阿部[信行]同様の八方美人を出す事と可相成、内外の情勢最早此儘ニ不可捨置、小生自ら内府[湯浅倉平]ニ親謁、外交上之見地より出先を控制し得る丈けの強力内閣出現を力説可致と頻りニ慫慂有之、小生も重臣層か再ひ軍部ニ聴従の形と相成候てハ政界の唯一安定勢力たる重臣層ニ対し国民の信頼を去らしむへく、今度こそは多少の磨[ママ]擦ハ之を忍ひても断乎たる方針堅持相成度ものと奉存候、実ハ内府親謁の義、両三日前松平[康昌]内府翰長迄一旦申入候得共、雲行切迫急転の昨今ニ内府の迷惑を慮り昨日一旦取消、松平候ニ面談致候事ニ仕、返事唯今待居候次第ニ有之、面談之節重而内府進謁の希望申出候心組ニ候、重臣層之今後之措置態度ニ付何卒御留意被下、可然御口添願敷奉存候、ワザと参上致候を差控書中奉得貴意候。鈴木[貫太郎]海軍大将ニハ去七日往訪、大将ハ同感の意を被申候、町田[忠治]翁ニハ九日往訪、従来同様の意を漏らされ内府ニ親謁可然と申され唯唯努めて用心をと注意有之候。

吉田が「親英派」の湯浅倉平内大臣に対して軍部を統制することができる宇垣内閣の実現を働きかけようとしていたこと、町田が吉田を支持していたことがわかる。一九三六年の二・二六事件の際に宮内大臣だった湯浅は、殺害された斎藤実にかわって内大臣の職務を代行していた。殺害された高橋是清にかわって蔵相の職務を代行するなど、岡田啓介内閣の指導的な立場にいた町田（当時は商相）とともに、湯浅は時局収拾に努力した。[309] 湯浅と町田は緊密な関係にあったのである。

ところで、町田は宇垣に対して何を期待していたのだろうか。一九四〇年一月の日米通商条約の失効は日米関係を決定的に悪化させた。三一日の民政党大会において町田は「僅か一ヶ年の間に、戦時の内閣が三度び迄も更迭致すが如きは決して喜ぶべき現象ではありません」、「真にこの時局を担当し得る戦時内閣は、乃ち軍と、国民に基礎を有する政党との、堅き結合に待たなくてはなりません」と演説しており[310]、宇垣に対して陸軍の統制と対英米戦争の回避を期待していたと考えられる。

また、吉田が「重臣」の態度について岳父の牧野元内大臣の助力を期待していたこと、軍部に迎合的な近衛[311]を避けたこと、牧野グループの鈴木貫太郎元侍従長の支持をうけていたことを考慮すると、親英派は湯浅主導による「重臣会議」(あるいは牧野を含む)によって宇垣内閣を実現させようとしていたように思われる[312]。元来、町田は「重臣会議」開催に積極的であった。

だが、茶谷誠一氏が『昭和戦前期の宮中勢力と政治』の中で「湯浅を中心とする宮中勢力においては、後継首相奉請権や牧野が志向したような御前会議招集論など、軍部を抑制しうる有効な権限を放棄したに等しかった」と述べているように[313]、御前会議招集という「天皇親政強化路線」をめざした内大臣時代の牧野の役割を湯浅内大臣に期待することは不可能であった。一九三九年七月の親英派暗殺未遂事件の際に標的とされていた湯浅には[314]、陸軍と対決してまで宇垣を推す意志がなかった[315]。町田が吉田に対して湯浅への工作を慎重におこなうように助言したことも、自身の身の危険を感じていたからだろう。ただ、湯浅内大臣は阿部内閣の後継首班奉請の際に牧野の意見を聴取しようとして元老西園寺公望に反対されており[316]、吉田の意図通りに牧野の介入が実現していれば、少なくとも牧野は宇垣を推していたように思われる。

吉田が牧野に書簡をおくった一月一一日、斎藤隆夫は宇垣に対して「人心の傾向を静観するに閣下に対する期待は依然として衰へざるものあり。今や人心内に鬱結して其の忍苦に耐へさらんとす。一歩対策を誤らば其の趨く所、測るべからず。重臣の責任極めて重大なり」という書簡をおくっている。[317] 斎藤もまた、蒋介石との直接交渉をめざす宇垣と「重臣」に対して早期終戦への強い期待をもっていた。なお、斎藤は、宇垣だけではなく、近衛・湯浅内大臣・畑陸相にも同様の書簡をおくっている。[318]

結局、吉田が期待した湯浅主導の「重臣会議」は開催されず、対外面で必ずしも親英米的とはいえない米内光政内閣の成立となった。[319] 町田は蔵相に桜内幸雄・逓相に勝正憲をおくって民政党の影響力確保に成功した。[320] だが、汪工作は米内内閣の下で推進され、早期終戦は絶望的となった。さらに、斎藤が二月二日の衆議院本会議においておこなった「反軍演説」は政党解消を加速させる結果になった。古川隆久氏は『戦時議会』の中で「反軍演説」を斎藤の個人的行動とみなし、[321] 演説強行の結果、「既成政党の政治復活は、諸に就いたところで水を差される結果となった」と述べている。[322]

だが、本書で検討してきたように、町田と斎藤が必ずしも一体であったと断定できないが、米内内閣成立直前における両者は、奇しくも宇垣擁立で一致していた。両者は、宇垣と蒋介石との直接交渉による日中戦争の解決、すなわち、[323] 汪工作の打倒を期待したのである。「反軍演説」の内容が汪工作を中心とする戦争収拾策への根本的な批判であり、町田の対外態度と合致するものだったことを考慮すると、「反軍演説」は斎藤の単独行動と断定できないのではないだろうか。

ここで注目される点は、町田の同志の吉田と斎藤がともに「重臣」の役割を重視していたことである。民政党において「重臣」の資格がある人物は、首相経験者の若槻礼次郎である。かつて町田とともに「重臣会議」開催による国際連盟脱退阻止をめざした若槻は、[324]「反軍演説」を積極的に支持していた。斎藤は「正午倶楽部に至り、午后一時過ぎ若槻礼次郎男を訪ひ予の事件を交談す。男は予に対し満腔の熱意を以て予の言動を賛し、不退転を勧告す。予は大に意を強くす」、「民政党は除名には反対すべし」と二月一〇日の日記に記し、[325]民政党の情勢を楽観視していた。対米英協調論者の若槻は、町田と同様に経済攻究会の主要メンバーでもあった。[326]財界通の「重臣」である若槻の支持も、「反軍演説」が斎藤の単独行動ではなかったことを示している。

ここで、米内内閣成立後の町田と斎藤の関係についてみてみよう。斎藤は「三時過本部幹部会出席後、俵院内主務と予の質問演説に付協議す。町田総裁に内容を話して呉れと言ふ色彩なり」と一月二三日の日記に記している。[327]反英論者の俵が斎藤演説に反対することは当然であるが、ここで着目したい点は、俵が斎藤に対して町田に演説内容を話すようにすすめていることである。町田は池田や吉田とともに水面下で早期終戦工作を進める一方で、反英米的な民政党の外交政策の下で汪工作を容認してきた。俵は斎藤の演説が民政党の外交政策と根本的に反するものであるがゆえに、町田が斎藤の演説を制止するとみたのだろう。二六日の斎藤の日記には「町田総裁、俵院内主任総務と予の質問演説に付て協議す。総裁は衷心予の演説することを喜ばず。去れども予は断行すべし」という記述がみられる。[328]町田に批判的な斎藤の主観から離れてこの記述を読むと、町田が斎藤の演説に難色を示したものの、総裁権限をもって斎藤を制止するという強硬手段をとらなかったことがわかる。斎藤から演説内容を事前に知らされていながら、町田総裁は二月三日、内ヶ崎幹事長の名において斎藤演説が党政策に違反したという声明を出し、斎藤への態度を硬化させた。演説前後の町田の行動の矛盾は懲罰委員会にかけられた際に斎藤自身が指摘している。[329]

民政党解党直前、町田は「斎藤問題が起つた時に、自分は深く決心したんだ。国内に二つの議論があるやうに見られることは如何にも残念だ。何んとしても明にせにやならぬと深く決心してやつたのだ。何れの日にか自分の真意と云ふものが判つて来るだらう。マァそれまでは自分が一身に引受ければ良いと深く決心してやつたんだ」と語っている。[330]町田の談話と関連して、斎藤の支持者の一人であった鳩山一郎の日記に着目したい。前年

（一九三九年）の一〇月九日に近衛と会った鳩山は「日独ソ連合論、英米打倒論と其反対論の対立が国論の統一を妨げ国家を難関に導くならん、左翼より右翼に転向した連中は皆前者に属し、東亜の新秩序は英米（最近英と米を切り放し難きを知り英米と云ふに至る）の打倒に依て目的を達し得るのである、露は支那に決して共産党を植え付けず、と主張する由。参議の松井石根も過般総理に独ソと結び英米を討つべしと意見書を出したるとか」と記している。[331]「反軍演説」の要点が前者（東亜新秩序）の批判にあったことを想起すると、後者（親英米論者）の町田が斎藤の側に立っていたことは明白である。

右のことから、町田が斎藤に「白紙委任状」を与えたと解釈することもできる。町田が斎藤に対して冷淡な態度を示したことは、反英論者の俵に対する総裁としての「建前」にすぎなかったように思われる。町田にとって「反軍演説」とは議会の力を利用して東亜新秩序を批判することを意味しており、早期終戦工作（すなわち対英米戦の回避）の切り札だったのではないだろうか。「反軍演説」は町田が親英米論という「本音」を汪工作支持という「建前」に優先させた結果だった。町田は自らの行動原則に背離せざるをえないほど、政治外交面で追いつめられていたと言える。

しかし、「反軍演説」の黙認は、総裁としての町田にとって致命傷となっただけではなく、政党存亡の危機を招来させた。鳩山は「斎藤氏昨日の演説中、東亜新秩序建設の意義不明なりと述べたるは不当なりとして議長より懲罰に付せらる。議場外の圧迫と議場内之れを不得止とする空気の多数なるを見て、議会は最早無用の長物の感を抱く。何れの日、代議政治復活するや」という感想を二月三日の日記に記している。[332]

政府からの除名圧力もあり、二月一四日には各党において斎藤除名論が優勢となった。三月三日（懲罰委員会の翌日）、斎藤は「民政党側の運動益々猛烈となる。何れになるも波瀾は免れず。大事件と為れり」と日記に記している。[333]この背景として、一月二一日の浅間丸事件（日本領海付近においてイギリス軍艦が日本船浅間丸を臨検し、交戦国人のドイツ人船客二一人を逮捕した事件）を機に東亜建設国民連盟を中心に反英運動が再燃したことが挙げられる。末次信正を中心とする東建連は各地で演説会を開き、英帝国主義打倒・既成政党解体を主張した。[334]再度、反英論と政党解消は結合した。このため、町田は民政党を防衛するため、斎藤という個人を犠牲にせざるを得なかった。

三月七日、斎藤は衆議院議員を除名されたが、問題は斎藤に演説をゆるした町田総裁の責任問題へと発展していった。[335]城南隠士は「民政党としても、斎藤問題以来、町田の統制力が衰へている」と評している。[336]武藤章軍務局長が一九日の衆議院決算委員会において「若しも政党にして今日なほ且つ党利党略に堕してをる政党があるならば速かに反省さるべきものである、どうしても反省されぬと云ふならばこれは合法的な措置においてこの非常時局においても解散してもらわねばならぬと私は思つている」と主張するなど、[337]陸軍の政党排撃論は激烈なものとなった。二五日、斎藤除名推進派は聖戦貫徹議員連盟（聖貫連）を発足させ、政党解消運動を推進した。町田の意に反して、斎藤の除名は日中戦争の長期化を決定的にさせるとともに、民政党の解党をはやめる結果になった。

右の潮流は、欧州におけるドイツ軍の攻勢を背景に、新体制運動（近衛新党運動）に発展していく。一九三九年五月に久原派と中島派に分裂していた政友会は、近衛新党運動に迎合する姿勢を見せはじめた。まず、政友会久原派総裁の久原房之助が、翌一九四〇年四月三〇日の臨時党大会において、政友会の解党を示唆する演説をおこなった。五月二八日、政友会中島派総裁の中島知久平もまた、解党の決意を近衛側近の風見章に伝えた。[338]同日は、ドイツ軍の攻勢の前に英仏軍がダンケルクから撤退した日でもある。

二九日の会合において、近衛・風見・有馬頼寧は民政党主流派と鳩山派を新党に誘わないことを申し合わせた。[339]翌三〇日、[341]風見は永井と会談し、町田総裁に民政党の解党を進言するように依頼した。[340]町田は政党解消に強硬に反対しており、風見の永井への依頼は、町田に断られることを前提としていたと考えられる。六月二日、永井と桜内幸雄（米内内閣の蔵相）は民政党の即時解党で合意し、永井は一両日中に町田総裁と会見することを風見に伝えた。風見はこのことを近衛に報告している[342]。結局、永井の即時解党要求は町田に拒絶された[343]。ここまでの経緯は風見や有馬の想定内であり、彼らは民政党が町田総裁の指導の下で解党に反抗するだろうと考えていたようである。

しかし、町田総裁の指導力は昔日のものではなかった。近衛が新党の絶対条件として既成政党解党を挙げた六月四日、民政党幹部会では新党問題が協議されたが、町田は参加していない。町田にかわって近衛新党運動への対処に奔走していた人物が大麻唯男筆頭総務である。二二日、民政党では大麻を委員長とする「指導精神委員会」が発足した[344]。同会委員の堤康次郎は、近衛新党がナチス型の一国一党をもたらすものであるならば、民政党は護憲の立場から応じることができないと述べていた[345]。ドイツがフランスを屈服させたことを背景に近衛新党運動を主導し、ナチス型の一国一党を理想としていた有馬[346]への対抗理念として、堤は護憲論を持ち出した。堤の一国一党批判は、観念右翼が問題とした幕府論の後押しをうけていたと考えられる[347]。

他方で、堤は近衛新党が憲法の範囲内におさまるものになるならば、民政党が合流してもよいと述べていた[348]。堤の発言は、指導精神委員会の中で民政党の解党が話し合われていたことを示唆している。なお、同委員会の目的は、民政党の新宣言・新政綱の作成にあった[349]。七月一一日、警視庁官房主事は「民政党の党内情勢に関する件」の中で、「党首脳部に於いては先に調査会を設け研究中の新綱領、宣言を来る十五日迄に急速に正式決定し新綱領により新政治体制に順応すべく努力中なると一面総裁直系の大麻は軍部及び財閥の一部を訪問し新党組織の阻止運動を展開しつつあり」と述べている[350]。風見や有馬によって近衛新党構想から排除されていた民政党主流派は護憲論を持ち出すことで、近衛新党運動との対決姿勢を明示したと言える。

ここで着目したい点は、この時期の近衛が一国一党的な新党結党の意志を放棄しはじめていたことである。近衛は、単一強力政党による政権掌握が明治憲法に抵触することを恐れた。七月上旬に近衛と会談した矢部貞治は、「憲法論を多少無視して一国一党で行ったらと言ふとそれは困ると言ふ。その上での方式なら大政翼賛会の方式以外にはないのだと言ふことを力説」したと記している。[351] 六月末から七月初めにかけて、風見や有馬に接触していた大麻は、近衛が改憲を恐れて新党を断念したことを知ったのだろう。[352] 大麻には護憲論を掲げれば、近衛が新党実現を断念するだろうという見通しがあった。

他方、永井派は近衛新党運動を支援するべく、大麻ら民政党主流派に反撃を開始する。七月一〇日、永井派が中心となって有志代議士会が開かれ、「我党は挙党一致国内新政治体制に参画すべし」という決議をおこなった。一三日の会合では「一三、四日の両日に瓦り開会される党の指導精神に関する小委員会、特別委員会において党の宣言政綱の起草に携って居る山道襄一、中村三之丞両氏から有志代議士会の要望する新政治体制確立に対する積極的態度を開陳し、一両日中に発表される、右宣言中に党の正式態度としてこの積極論を織り込むやう努力すること」を決定した。[353] 山道は「支那事変処理に単一政党の結成が絶対必要であると認むるが故に民政党を同方面に転換せしむべく努力中である」と主張している。[354] 永井派は民政党を有馬らが進める近衛新党の方向へと導くため、指導精神委員会において積極的な運動を展開していた。

しかし、七月一六日の民政党総務会が承認した宣言は「我国体は万国に冠絶し尊厳無比である、其の精華を中外に掲揚し、憲法の本義を永遠に遵奉して万民翼賛の臣節を竭し、千載一遇の時会に方りて国運の大進展を期するは我党の大精神である、或は共産の理念を趁ひ、或は独裁の思想に趨るが如きは断じて之を許さない」とされ、[355] 新政綱の第一には「国体の精華を掲揚し、立憲の本義に則り、大政を翼賛すべし」が掲げられた。[356] 護憲と「独裁」の否定が民政党の新宣言と新政綱に導入されたことは、永井派が近衛新党運動を援護することに失敗したことを意味する。同時に、結党時から民政党の象徴であった「議会中心主義」は消滅するに至った。

七月二二日、米内内閣にかわって第二次近衛内閣が成立し、翌二三日には近衛首相が一国一党を否認する声明を出した[357]。同日、町田総裁は「病気なので、俵孫一に一切委せてある」と語った[358]。二七日、第二次近衛内閣と大本営との連絡会議は、独伊との政治的結束強化を外交の基本方針に掲げる「時局処理要綱」を決定した。七月から八月にかけて、ドイツ空軍はイギリス本土への爆撃を開始した。このような内外情勢の下で、町田が党内の反英論者を抑え込むことは不可能であった。反英論者の俵に党運営を丸投げしたことは、町田の親英米路線が完全に行き詰ったことを示している。さらに重要なことは、俵が政党解消論者だったことである。この時期の町田は、民政党の存続を断念していた。

町田が民政党を犠牲にしてまで護ろうとしたものは何か。ここで着目したいことは、永井らが憲法改正をも企図していたことである。俵は政党解消論者であったが、憲法改正には強硬に反対していた。日中戦争勃発直後から戦争拡大を志向していた俵と小泉又次郎は、民政党に残留したことで聖貫連を除名されている[359]。近衛新党＝幕府論が主張されはじめた七月、城南隠士によると「俵や、小泉は」、「頻りに護憲の熱を挙げ、政友久原派の鳩山一派と結べば、鎧袖一触ぢゃないか」と主張していたという[360]。かつて宇垣新党をめざした俵・小泉・鳩山派は、護憲論を掲げて近衛新党運動に抵抗した[361]。七月二五日、一国一党に固執する永井派の四〇名は民政党主流派について「直ちに解党を断行し、新政党の結成を促進するの意思なきこと従前の通りである」という声明を発表し、民政党を脱党した[362]。同日、俵は「殊に一国一党は第二幕府であり」、「若し近衛公中心の新政治体制が斯くの如く浅薄なるものであったとすれば、我等は敢然之に反対せざるを得ない」と述べ[363]、永井派批判を明示した。反英（日中戦争拡大）という対外態度で一致していた俵と永井は立憲政治の存亡をめぐって決裂した。新体制倶楽部を組織した永井は、二八日の懇親会において「従来の政党の合同に見るが如き旧政党のカタマリを新体制中に持ち込み、督軍的存在を持続せんとするが如き行動は、厳に之を戒めなければならぬ」と演説した[364]。永井は、俵・鳩山ら旧宇垣新党派の動向を警戒していたのだろう。翌二九日、永井は同志の有馬頼寧宛書簡の中で、町田総裁と周囲の人々のために、民政党を近衛新党に合流させることができなかったことを詫びた(365)。町田は解党直前の民政党の運営を俵に托しており、町田の「周囲の人々」には俵も含まれる。すなわち、町田は立憲政治擁護のために政党解消論者の俵と共闘し、憲法改正を企図する永井を退けたが、その代償として民政党を解党に追いやってしまった。池田・吉田の政治的拠点であった町田民政党の解党は、対英米戦争への流れを抑止する防波堤が決壊したことを意味する。

町田と俵の奇妙な合流の結果、町田の立憲政治は政党政治と同義語ではなくなった。七月二四日、民政党は近衛の提唱する新政治体制に応じ、解党するという党議決定をおこない(366)、八月一五日に解党をむかえた。町田総裁は、近衛に改憲の意志がないと判断したことを解党の理由としていた(367)。近衛新党運動の挫折が決定的となる時期は、一〇月一二日の大政翼賛会結成以降のことである。だが、近衛自身が新党結党の意志がないと形式的に表明した段階に解党したという点において民政党は、近衛が新党運動に乗り出した時点(改憲が前提の段階)において解党を決定した他の政党とは、解党の意味合いを異にしていたと言える(368)。民政党解党直後の『民政』には「斯くして我党は大河の水を決するが如く、新政治体制の中へ溶け込んで行つたのである。が併し、町田総裁の毅然たる態度と相俟つて、我党の如く終始一貫、立憲的に進退したる政党が他にあるであらうか。吾等は此の問題に付ては他日史家の批評に俟つこととして筆を擱く者である」という主張がみられる(369)。

近衛新党運動という立憲政治の危機にあって、結果的に町田は「政党なき立憲政治」を擁護することに成功した。しかし、そのことは、政党改良によって立憲政治を完成させようという民政党本来の理念から乖離していた。近衛新党の失敗の結果として成立した大政翼賛会は、政治的求心力をもたなかった。また、日独伊三国同盟が締結され、町田の英米協調路線は敗北を余儀なくされた。

明治憲法下における最後の政党指導者であり、国際協調主義者でもある町田の敗北は、政党消滅という立憲政治の逆転を決定的なものにする一方で、日本が対英米戦争を回避する可能性を著しく弱めたのである。

（1）照沼康孝「第一三章二・二六事件以後」、「第一四章日中戦争の開始」町田忠治伝記研究会『町田忠治』（伝記編）櫻田会、一九九六年。
（2）伊香俊哉「新体制運動前史覚書」『立教日本史論集』（三）一九八五年。
（3）朴羊信『永井柳太郎論』（一）（二・完）『北大法学論集』（四三―四）（四三―五）一九九二年。坂本健蔵「日中戦争と永井柳太郎」『法政論叢』（三七―二）二〇〇一年、「永井柳太郎の日満ブロック論」『法政論叢』（四六―一）二〇〇九年。また、田村裕美「民政党の二つの民主主義」坂野潤治編『自由と平等の昭和史』講談社、二〇〇九年が斎藤と永井に着目している。当該期の日本政治史を概観したものとして升味準之輔『日本政党史論』（第七巻）東京大学出版会、一九八〇年。
（4）酒井正文「新体制運動下の民政党と大麻唯男」大麻唯男伝記研究会『大麻唯男』（論文編）櫻田会、一九九六年。
（5）古川隆久『戦時議会』吉川弘文館、二〇〇一年、『昭和戦中期の議会と行政』吉川弘文館、二〇〇五年。
（6）井上寿一『政友会と民政党』中央公論新社、二〇一二年。
（7）伊藤隆『近衛新体制』中央公論新社、一九八三年。
（8）永井和『日中戦争から世界戦争へ』思文閣出版、二〇〇七年。
（9）松浦正孝『「大東亜戦争」はなぜ起きたのか』名古屋大学出版会、二〇一〇年、七四六頁。
（10）前掲・永井『日中戦争から世界戦争へ』二六一、二六二頁。
（11）同右、三二八頁。
（12）当該期の池田については松浦正孝『日中戦争期における経済と政治』東京大学出版会、一九九五年、吉田については柴田紳一「吉田茂の宇垣一成擁立工作」『国学院雑誌』（九〇―四）一九八九年を参照。
（13）季武嘉也「第八章秋田および財界での活動」前掲『町田忠治』（伝記編）一八四、一八五頁。
（14）鹿野政直「国家主義の台頭」橋川文三・松本三之介編『近代日本政治思想史Ⅰ』有斐閣、一九七一年、二八八頁。
（15）前掲『小山日記』（一九三五年一月一七日）一〇七頁。

(16) 山室建徳「第一一章統制経済化に抗する商工大臣」前掲『町田忠治』(伝記編)二九六頁。
(17) 加藤陽子『模索する一九三〇年代』山川出版社、一九九三年、前掲・古川『戦時議会』。
(18) 季武嘉也「第六章政界への進出」『町田忠治』(伝記編)一〇八頁。
(19) 丸山真男『丸山真男講義録』[第三冊]東京大学出版会、一九九八年、一〇八、一一一頁参照。
(20) 斎藤隆夫「政党の解体と武士道の精神」『斎藤隆夫政治論集』斎藤隆夫先生顕彰会、一九六一年、九一頁。
(21) 丸山真男「忠誠と反逆」『忠誠と反逆』筑摩書房、一九九八年、五六頁。
(22) 斎藤隆夫「政党の解体と武士道の精神」『斎藤隆夫政治論集』九二、九三頁。
(23) 馬場恒吾『立上がる政治家』中央公論社、一九三六年、一〇五頁。
(24) 宇垣一成宛俵孫一書簡(一九三五年四月二〇日)前掲『宇垣文書』二八二〜二八七頁。
(25) 「財部彪日記」(一九三三年二月一七日)国立国会図書館憲政資料室所蔵「財部彪関係文書」五一頁。
(26) 町田忠治「我党の提唱する当面の重大国策」『民政』(九—一〇)一九三五年、九頁。
(27) 「立憲民政党々報」『民政』(一〇—四)一九三六年、一〇五頁。
(28) 同右。
(29) 町田忠治「挙党政策を以て邁進」『民政』(一〇—七)一九三六年、三頁。
(30) 前掲・山室「第一二章民政党総裁へ」『町田忠治』(伝記編)三二四、三二五頁。
(31) 同右。
(32) 『東朝』(一九三六年一一月四日)。
(33) 町田忠治「現日本に処する我党の政策」『民政』(一〇—一一)一九三六年、二二、二三頁。
(34) 真辺将之「政党認識における欧化と反欧化」安在邦夫・真辺将之・荒船俊太郎編『近代日本の政党と社会』日本経済評論社、二〇〇九年、一九七頁。
(35) 同右。
(36) 前掲・季武「第六章政界への進出」『町田忠治』(伝記編)九一頁。
(37) 前掲・真辺「政党認識における欧化と反欧化」一九八頁。
(38) 川崎卓吉「立憲政治と輿論」(一九三五年一一月二一日)二〇、二二、二三頁(前掲「川崎文書」所収)。

(39)「立憲民政党々報」『民政』(一一―三)一九三七年、一一八頁。
(40)前者は一九日の民政党の臨時政務調査会で正式決定されたが、後者は決定を見送られている(『東朝』(一九三七年六月二〇日))。
(41)『読売』(一九三七年六月一九日)。
(42)前掲・丸山『丸山真男講義録』[第三冊]八三頁。
(43)『読売』(一九三七年六月一九日)。
(44)前掲・丸山『丸山真男講義録』[第三冊]六七頁。
(45)『東朝』(一九三七年六月一四日)。
(46)渡辺容一郎「イギリス保守党調査部創設の政治史的背景」『法政論叢』(三七―一)二〇〇〇年、一〇五頁。
(47)町田忠治「不退転の決心を以て邁進!!」『民政』(一一―九)一九三七年、二、三頁。
(48)内ヶ崎作三郎「今や革新政策断行の機」『民政』(一三―五)一九三九年、一五頁。
(49)季武嘉也氏は、町田の「脳裏には理想とする政党の姿があり、それに近づいていこうという点では非常に熱心で辛抱強い」と評している(前掲・季武「第六章政界への進出」『町田忠治』(伝記編)一〇八頁)。
(50)松村謙三『町田忠治翁伝』町田忠治翁伝記刊行会、一九五〇年、三五八頁。
(51)一一月九日の浜口雄幸五周年追憶会において、町田は浜口への想いを語っている(前掲・照沼「第一三章二・二六事件以後」『町田忠治』(伝記編)三四〇頁)。
(52)企画院については、古川隆久『昭和戦中期の総合国策機関』吉川弘文館、一九九二年を参照。
(53)坂野潤治『日本政治「失敗」の研究』講談社、二〇一〇年(初版は二〇〇〇年)一七八頁。
(54)鶴見祐輔「民政党改造私案」(一九三七年)国立国会図書館憲政資料室所蔵「鶴見祐輔文書」所収。
(55)前掲『川崎卓吉』五〇三頁。
(56)前掲・古川『昭和戦中期の議会と行政』二五三頁。
(57)「官僚と政党の相克」(上)『東朝』(一九三六年五月三〇日)。
(58)須崎慎一『日本ファシズムとその時代』大月書店、一九九八年、二六一頁。
(59)「手帳(昭和一一年)伊沢多喜男」(一九三六年三月五日)前掲「伊沢文書」(資料番号六三〇)。

(60) 筒井清忠『昭和十年代の陸軍と政治』岩波書店、二〇〇七年、二一一頁。
(61) 「手帳(昭和一一年)伊沢多喜男」(一九三六年三月六日)前掲「伊沢文書」(資料番号六三〇)。
(62) 前掲『木戸日記』(上)(一九三六年三月七日)四七五頁。
(63) 前掲・筒井『昭和十年代の陸軍と政治』一四頁。
(64) 前掲『川崎卓吉』五〇七頁。
(65) 堀田慎一郎「二・二六事件後の陸軍」『日本史研究』(四一三)一九九七年、二八頁。
(66) 「立憲民政党々報」『民政』(一〇―四)一九三六年、一〇六、一〇七頁。
(67) 同右、一〇七頁。
(68) 「立憲民政党々報」『民政』(一〇―六)一九三六年、九六頁。
(69) 大前信也『昭和戦前期の予算編成と政治』木鐸社、二〇〇六年、一七三頁。
(70) 前掲『松本日記』(一九三六年二月二九日)一四九、一五〇頁、宇垣一成宛森徹夫書簡(一九三六年七月二二日)前掲『宇垣文書』四五六頁。
(71) 松村謙三『三代回顧録』東洋経済新報社、一九六四年、二〇六頁。
(72) 前掲・古川『昭和戦中期の議会と行政』二四八、二四九頁。
(73) 前掲「官僚と政党の相克」(上)。
(74) 前掲『大麻唯男』(伝記編)一一二、一一三頁。
(75) 前掲・古川『昭和戦中期の議会と行政』二五七頁。
(76) 前掲「官僚と政党の相克」(上)。
(77) 前掲・古川『昭和戦中期の議会と行政』二五八頁。
(78) 前掲・加藤『模索する一九三〇年代』二二八頁。
(79) 前掲『斎藤日記』(下)(一九三六年四月一〇日)一八四頁。
(80) 「立憲民政党々報」『民政』(一〇―五)一九三六年、一〇七頁。
(81) 「立憲民政党々報」『民政』(一〇―七)一九三六年、一〇〇頁
(82) 前掲・照沼「第一三章二・二六事件以後」『町田忠治』(伝記編)三三一頁。

(83)「立憲民政党々報」『民政』(一〇―九)一九三六年、九六頁。
(84)『読売』(一九三六年八月四日)。
(85)宇垣一成宛西原亀三書簡(一九三六年八月四日)前掲『宇垣文書』三三〇、三三一頁。
(86)前掲・堀田「二・二六事件後の陸軍」三三一頁。
(87)同右、三三二頁。
(88)前掲・照沼「第一三章二・二六事件以後」『町田忠治』(伝記編)三三三頁。
(89)前掲・松村『三代回顧録』二〇九頁。
(90)前掲・照沼「第一三章二・二六事件以後」『町田忠治』(伝記編)三三四、三三六頁。
(91)橋川文三「新官僚の政治思想」『近代日本政治思想の諸相』未來社、一九六八年、二八八頁。「新自由主義」を掲げる経済攻究会も同案への反対を表明していた(下重直樹「経済攻究会覚書」『史境』(五八)二〇〇九年、一一六頁)。
(92)前掲・加藤『模索する一九三〇年代』二二九頁。
(93)『読売』(一九三六年五月二日)。
(94)城南隠士「政界夜話」『文芸春秋』(一四―七)一九三六年、四六頁。
(95)村瀬信一『帝国議会改革論』吉川弘文館、一九九七年、一四三〜一四五頁。
(96)俵孫一「責任ある政治」黒田重吉『時局百眼』秋豊園出版部、一九三九年、一七一頁。
(97)戦後の松本蒸治国務相の憲法草案に常置委員会構想が登場していることは注目される(長尾龍一『日本憲法思想史』講談社、一九九六年、三〇頁)。
(98)前掲・城南隠士「政界夜話」四六頁。
(99)宇垣一成宛鶴見祐輔書簡(一九三六年六月五日)前掲『宇垣文書』二九三、二九四頁。
(100)前掲・村瀬『帝国議会改革論』一四二頁。
(101)奥健太郎『昭和戦前期立憲政友会の研究』慶應義塾大学出版会、二〇〇四年、一一九頁。
(102)宇垣一成宛砂田重政書簡(一九三六年七月二三日)前掲『宇垣文書』二四六、二四七頁。
(103)宇垣一成宛森徹夫書簡(一九三六年七月二二日)前掲『宇垣文書』四五六、四五七頁。
(104)前掲『西原日記』(一九三六年七月二四日)五五〇頁。

(105) 宇垣一成宛林弥三吉書簡(一九三六年七月二五日)前掲『宇垣文書』三五〇、三五一頁。
(106) 宇垣一成宛鶴見祐輔書簡(一九三六年七月二六日)前掲『宇垣文書』二九五頁。
(107) 宇垣一成宛川崎克書簡(一九三六年八月一日)前掲『宇垣文書』一七一頁。
(108) 「立憲民政党々報」『民政』(一〇―一〇)一九三六年、一〇一頁。
(109) 臼井勝美「日中戦争と軍部」三宅正樹『昭和史の軍部と政治(二)大陸侵攻と戦時体制』第一法規出版、一九八三年、五九、六〇頁。
(110) 宇垣一成宛西原亀三書簡(一九三六年一〇月一四日)前掲『宇垣文書』三二一、三二二頁。
(111) 三月事件の際、小林は末次信正海軍大臣の下で海軍次官に就任することになっていた(小林道彦『政党内閣の崩壊と満州事変』ミネルヴァ書房、二〇一〇年、一七九頁)。
(112) 前掲・加藤『模索する一九三〇年代』二三三、二三五頁。
(113) 前掲・酒井『大正デモクラシー体制の崩壊』一四〇頁。
(114) 『東朝』(一九三六年一〇月三〇日)。
(115) 前掲・坂野『昭和史の決定的瞬間』六四頁。
(116) 『読売』(一九三六年一一月四日)。
(117) 大前信也「陸軍省軍務局と政治」『日本政治研究』(四―一)二〇〇七年、六一頁。
(118) 同右、七七頁。
(119) 「立憲民政党々報」『民政』(一〇―一二)一九三六年、一〇五頁。
(120) 広田弘毅伝記刊行会編『広田弘毅』一九六六年、二四三頁。
(121) 森靖夫『日本陸軍と日中戦争への道』ミネルヴァ書房、二〇一〇年、一六三〜一六五頁。
(122) 「立憲民政党々報」『民政』(一〇―一二)一九三六年、一〇八頁。
(123) 富田幸次郎「憲政の岐路に立ちて」『文芸春秋』(一五―一)一九三七年、九三、九六頁。
(124) 臼井勝美「日中戦争と軍部」日本国際政治学会太平洋戦争原因研究部編『太平洋戦争への道』(四)朝日新聞社、一九六二年、六〇頁。
(125) 前掲『西原日記』(一九三六年一二月三日)五五頁。

(126) 前掲『西原日記』(一九三六年一二月五日)五五頁。
(127) 前掲・加藤『模索する一九三〇年代』二三〇頁。
(128) 前掲『斎藤日記』(下)(一九三六年一二月二六日)二一六頁。
(129) 「立憲民政党々報」『民政』(一一―二)一九三七年、一二三頁。
(130) 「立憲民政党々報」『民政』(一一―三)一九三七年、一一八頁。
(131) 前掲『斎藤日記』(下)(一九三七年一月一四日)二二二頁。
(132) 同右。
(133) 前掲・照沼「第一三章二・二六事件以後」『町田忠治』(伝記編)三四三、三四四頁。
(134) 井上寿一『危機のなかの協調外交』山川出版社、一九九四年、三〇五、三〇八頁。
(135) 前掲・加藤『模索する一九三〇年代』二四四頁。
(136) 宇垣一成宛川崎克書簡(一九三七年一月二五日)前掲『宇垣文書』一七二、一七三頁。
(137) 前掲・坂野『日本政治「失敗」の研究』二〇四頁。
(138) 松浦正孝『財界の政治経済史』東京大学出版会、二〇〇二年、一〇二頁。
(139) 岡田内閣時代の一九三四年一一月、牧野伸顕内大臣は商相だった町田に蔵相を兼任させようとしていた(前掲・山室「第一一章統制経済化に抗する商工大臣」『町田忠治』(伝記編)二九六頁)。「民政党華なりし頃から、町田蔵相説は幾度もあつた。大蔵大臣に適はしい人柄である。頭脳の中には数字がシッカリ叩き込まれている」という同時代人の評価もみられる(篠原亀三郎「民政党総裁町田忠治論」『カレント・ヒストリー』(二―二)一九三五年、四九頁)。
(140) 秦郁彦『軍ファシズム運動史』原書房、一九八〇年、一八八頁。
(141) 三浦顕一郎「宇垣内閣流産」堀真清編『宇垣一成とその時代』新評論、一九九九年、一九七頁。
(142) 宇垣一成宛川崎克書簡(一九三七年一月二七日)前掲『宇垣文書』一七三、一七四頁。
(143) 前掲『小山日記』(一九三七年一月二三日)一五二頁。
(144) 前掲『斎藤日記』(下)(一九三七年一月二八日)二三四頁。
(145) 前掲『宇垣日記』(二)(一九三七年一月三一日)一一三五頁。
(146) 前掲・村瀬『帝国議会改革論』一五七頁。

(147) 前掲・森『日本陸軍と日中戦争への道』一五二頁。
(148) 前掲・松浦『「大東亜戦争」はなぜ起きたのか』三六八頁。
(149) 付録資料「政治的非常事変勃発ニ処スル対策要綱」秦郁彦『軍ファシズム運動史』原書房、一九八〇年、三一七頁。
(150) 同右、三一八頁。
(151) 「浅原健三日記」(一九三七年一月三〇日)前掲・秦『軍ファシズム運動史』三八三頁。
(152) 前掲『宇垣日記』(二)(一九三七年二月三日)一一三五、一一三六頁。
(153) 『読売』(一九三七年二月二日)。
(154) 前掲『斎藤日記』(下)(一九三七年二月二日)二二五頁。
(155) 前掲・朴『永井柳太郎論』(二・完)一〇一頁。
(156) 「立憲民政党々報」『民政』(一一―四)一九三七年、九六頁。
(157) 前掲『斎藤日記』(下)(一九三七年二月五日)二二六頁。
(158) 宇垣一成宛柴田久雄書簡(一九三七年二月一五日)前掲『宇垣文書』二二七、二二八頁。
(159) 前掲『斎藤日記』(下)(一九三七年二月一五日)二二七頁。
(160) 「林内閣の舌と手」『民政』(一一―三)一九三七年、六頁。
(161) 町田忠治「国民の公正なる判断に訴ふ」『民政』(一一―四)一九三七年、一一頁。
(162) 同右。
(163) 「憲政史上稀有の怪解散」『民政』(一一―四)一九三七年、九頁。
(164) 「林内閣倒壊から近衛内閣成立まで」『政友』(四四三)一九三七年、一一頁。
(165) 鳩山一郎「議会今昔座談会」東京日日新聞社・大阪毎日新聞社編『明治・大正・昭和議会政治裏面史』一九三七年、八七頁。
(166) 「立憲民政党々報」『民政』(一一―五)一九三七年、九五頁。
(167) 町田忠治「厳粛なる国民の判決に服せ」『民政』(一一―五)一九三七年、一一頁。
(168) 社説「町田総裁の演説」『東朝』(一九三七年五月八日)。
(169) 「立憲民政党々報」『民政』(一一―六)一九三七年、一三頁。

(170)　社説「訓示政治と時局の認識」『東朝』(一九三七年五月一八日)。
(171)　「立憲民政党々報」『民政』(一一―六)一九三七年、一三、一四頁。
(172)　社説「政局の建設的目標」『東朝』(一九三七年五月三一日)。
(173)　松村謙三『町田忠治翁伝』町田忠治翁伝記刊行会、一九五〇年、三四二、三四三頁。
(174)　『東朝』(一九三七年六月三日)。
(175)　前掲『斎藤日記』(下)(一九三七年六月二日)二四〇頁。
(176)　社説「新内閣と政党関係」『民政』(一一―六)一九三七年、九頁。
(177)　有馬頼寧著・尚友倶楽部・伊藤隆編『有馬頼寧日記』(四)山川出版社、一九九七年(一九三八年七月二九日)八二頁(以降、『有馬日記』と略記し、巻数・年月日・頁数のみ略記する)。
(178)　『永井柳太郎』編纂会編『永井柳太郎』勁草書房、一九五九年、四四四頁。一九三八年二月の電力国家管理法案問題を機に、両者の対立は決定的となる(前掲・照沼「第一四章日中戦争の開始」『町田忠治』(伝記編)三七七、三七八頁)。
(179)　前掲『斎藤日記』(下)(一九三七年六月八日)二四一頁。
(180)　『東朝』(一九三七年六月一八日)。
(181)　前掲『斎藤日記』(下)(一九三七年六月一七日)二四一、二四二頁。
(182)　「立憲民政党々報」『民政』(一一―五)一九三七年、九五頁。
(183)　前掲・永井『日中戦争から世界戦争へ』二六六、二六七頁。
(184)　前掲「立憲民政党々報」九五頁。
(185)　国民健康保険法案については、高岡裕之『総力戦体制と「福祉国家」』岩波書店、二〇一一年を参照。
(186)　戦中期二大政党の社会政策については井上寿一氏が指摘しているが(前掲・井上『政友会と民政党』二一四〜二一六頁)、詳細な検討(例えば、唯一の民政党出身閣僚である永井の国民健康保険法案への関与など)は今後の課題であろう。
(187)　林内閣の「祭政一致」と町田民政党が正統性の源泉とした「五箇条の誓文」は明治維新に含んでいた政治思想であったが、前者は日本の近代化の結果、後退していった(橋川文三「反近代と近代の超克」『近代日本政治思想の諸相』未来社、一九六八年、七、八頁)。
(188)　前掲・永井『日中戦争から世界戦争へ』三五五頁。

(189) 町田忠治「正に挙国協力の秋」『民政』(一一―八)一九三七年、二頁。
(190) 臼井勝美「日中戦争と軍部」日本国際政治学会太平洋戦争原因研究部編『太平洋戦争への道』(四)朝日新聞社、一九六二年、一二二頁。
(191) 俵孫一「対支用兵の意義と覚悟」『民政』(一一―一〇)一九三七年、一二～一四頁。
(192) 「対英書類　対英国民大会関係書類」国立国会図書館憲政資料室所蔵「山本悌二郎関係文書」(資料番号二―七)。以降、「山本文書」と略記し、資料番号のみ表示する。
(193) 細谷千博「日本の英米観と戦間期の東アジア」細谷千博編『日英関係史一九一七～一九四九』東京大学出版会、一九八二年、二三頁。
(194) 臼井勝美『新版　日中戦争』中央公論新社、二〇〇〇年、八八、八九頁。
(195) 森靖夫「満州事変と日中戦争」蓑原俊洋編『「戦争」で読む日米関係』朝日新聞出版、二〇一二年、八四、八五頁。
(196) 前掲・加藤『模索する一九三〇年代』二六六頁。
(197) 前掲・松村『町田忠治翁伝』三四六頁。
(198) 前掲・松浦『日中戦争期における経済と政治』二六四頁。
(199) 前掲・下重「経済攻究会覚書」一〇六、一〇八頁。
(200) 町田忠治「不退転の決心を以て邁進!!」『民政』(一一―九)二、三頁。
(201) 前掲・照沼「第一四章日中戦争の開始」『町田忠治』(伝記編)三七五頁。
(202) 同右、四〇四、四〇五頁。
(203) 前掲『小山日記』(一九三七年一一月一八日)一九四頁。
(204) 秋田清「参議制運用に関する阿部内閣との覚書」国立国会図書館憲政資料室所蔵「秋田清関係文書」(資料番号四九)。
(205) 前掲・松村『町田忠治翁伝』三四八頁。
(206) 前掲『斎藤日記』(下)(一九三七年一〇月七日)二五三頁。
(207) 『読売』(一九三七年一〇月一九日)。
(208) 『東朝』(一九三七年一一月一七日)。
(209) 「声明書類　対支問題各派有志代議士会関係書類」前掲「山本文書」(資料番号七―一)。

(210) 永井柳太郎「アジア再建の義戦」国民精神総動員中央連盟、一九三七年、八頁。北海道大学附属図書館北方資料室所蔵「高岡・松岡旧蔵パンフレット」(資料番号六六五)所収。
(211) 小磯国昭宛建川美次書簡(一九三六年二月二日)宇垣一成宛小磯国昭書簡[別紙](一九三七年三月六日)前掲『宇垣文書』一九五、一九六頁。
(212) 前掲・永井『日中戦争から世界戦争へ』二七六頁。
(213) 前掲・松浦『「大東亜戦争」はなぜ起きたのか』。
(214) 「対英書類　十月三十日の決議文他」前掲「山本文書」(資料番号二一―二)。
(215) 『東朝』(一九三七年一一月一三日)。
(216) 「対英書類　対英国民大会関係書類」前掲「山本文書」(資料番号二一―七)。
(217) 『東朝』(一九三七年一一月二三日)。
(218) 「対英書類　対英国民大会関係書類」前掲「山本文書」(資料番号二一―七)。
(219) 同右。
(220) 一文字欽也『小久保城南』婦人往来社、一九三八年、四一六、四一七頁。
(221) 「対英書類　対英国民大会関係書類」前掲「山本文書」(資料番号二一―七)。
(222) 前年の大使就任時から吉田は対英関係の改善を企図していた(前掲・細谷「日本の英米観と戦間期の東アジア」『日英関係史一九一七～一九四九』一九頁、北岡伸一『政党政治の再生』中央公論社、一九九五年、一六五頁)。
(223) 「対英書類　対英国民大会関係書類」前掲「山本文書」(資料番号二一―七)。
(224) 前掲・松浦『「大東亜戦争」はなぜ起きたのか』七四八頁。
(225) 同右、四二八頁。
(226) 『読売』(一九三七年一一月七日)。
(227) 山崎については、官田光史「「翼賛政治」体制の形成と政党人」『史学雑誌』(一一三―一二)二〇〇四年を参照。
(228) 「対英書類　対英国民大会関係書類」前掲「山本文書」(資料番号二一―七)。
(229) 『読売』(一九三七年一二月一〇日)、『大阪朝日新聞』(一九三七年一二月一五日)。
(230) 『読売』(一九三七年一二月二〇日)。

(231) 前掲・古川『戦時議会』三九、四〇頁。
(232) 『東朝』(一九三七年一二月一五日)。
(233) 前掲・松浦『「大東亜戦争」はなぜ起きたのか』六〇三頁。
(234) 城南隠士『新体制秘録』(一九三七年一二月一〇日)新興亜社、一九四一年、七一、七二頁(以降、年月日と頁数のみ表示する)。
(235) 前掲・永井『日中戦争から世界戦争へ』二七八頁。
(236) 『東朝』(一九三七年一二月一六日)。
(237) 前掲『斎藤日記』(下)(一九三七年一二月一五日)二六〇頁。
(238) 城南隠士は、「殊に、町田などはアノ運動を蛇蝎の如く嫌っているとみえて、言一度、常盤会云々と云ふ問題となると、急に暗い顔をして、プイと横を向いて了ふと云ふ有様だから、アノ運動が進めば進むだけ、町田の方とは乖離すると云ふ結果になるんぢゃないかね」と述べている(前掲・城南隠士『新体制秘録』(一九三八年一月九日)八九頁)。
(239) 『東朝』(一九三七年一二月二五日)。
(240) 城南隠士は、「先日も一寸話して置いた例の新政党運動ぢゃが、例の常盤会組は相変らず、会合を続けてはいるらしいが、ネッカラ気勢は挙らんちゆぢゃないか。殊に、民政党方面が、宇垣擁立運動と、町田に誤解を受けたために、会を重ねる度に、一人減り二人減り、ちか頃では、政友会が三分の二を占めちよるちゆし、政友会側も各々目標が違っているので、一向に捗々しく行かぬと云ふ話だぜ」と述べている(前掲・城南隠士『新体制秘録』(一九三八年一月一〇日)八二、八三頁)。
(241) 前掲・松浦『日中戦争期における経済と政治』一二八頁。
(242) 前掲・伊藤『近衛新体制』七二、七三頁。
(243) 『東朝』(一九三八年二月一七日)。
(244) 病床の富田は防共護国団事件や黙れ事件に憤慨していたという(田村秀吉「富田先生を憶ふ」『民政』(一二—四)一九三八年、八三、八四頁)。同時期、砂田が政民合同に絶望的な見解を公言していることも(前掲・奥『昭和戦前期立憲政友会の研究』一三三頁)、富田の政治行動停止と関係しているように思われる。
(245) 一九三八年六月二四日、末次内相は羽生雅則次官、富田健治警保局長を更迭した際、建川、小林ら対英同志会メンバーの助言をうけている(前掲・古川『昭和戦中期の議会と行政』二七二頁)。

(246) 『読売』(一九三八年三月五日)。
(247) 前掲『斎藤日記』(下)(一九三八年三月四日)二七三頁。
(248) 前掲・伊藤『近衛新体制』七三頁。二月一八日の民政党代議士会では、すでに防共護国団の政党解消運動と末次内相との関係が取り上げられていた(『東朝』(一九三八年二月一九日))。
(249) 前掲・古川『昭和戦中期の議会と行政』一四、一五頁。
(250) 同右、二二、二三頁。前掲・永井『日中戦争から世界戦争へ』三七三頁。
(251) 前掲・永井『日中戦争から世界戦争へ』三七三頁。
(252) 町田忠治「軍国議会と公党の責務」『民政』(一二―四)一九三八年、二頁。
(253) 前掲『斎藤日記』(下)(一九三八年三月二七日)二七六頁。
(254) 町田忠治「大陸経営綜合政策の確立へ」『民政』(一二―五)一九三八年、四頁。
(255) 前掲・照沼「第一四章日中戦争の開始」『町田忠治』(伝記編)三八四頁。
(256) 前掲・松浦『日中戦争期における経済と政治』八四頁、前掲・永井『日中戦争から世界戦争へ』二八七頁。
(257) 真崎甚三郎著・伊藤隆編『真崎甚三郎日記』(第三巻)山川出版社、一九八二年(一九三八年五月三〇日)三二五頁。以降、『真崎日記』と略記し、号数・年月日・頁数のみ表示する。
(258) 前掲・松浦『日中戦争期における経済と政治』一四〇頁。
(259) 「立憲民政党々報」『民政』(一二―五)一九三八年、一〇九頁。
(260) 前掲・細谷「日本の英米観と戦間期の東アジア」『日英関係史一九一七〜一九四九』二八頁。
(261) 「我党の大陸国策を中枢とする革新政策」『民政』(一二―一一)一九三八年、一〇、一一頁。
(262) 『読売』(一九三八年一一月一日)。
(263) 翼賛運動史刊行会編『翼賛国民運動史』一九五四年、六頁。
(264) 中村房次郎宛伊沢多喜男書簡(一九三九年四月五日)前掲『伊沢文書』七〇、七一頁。
(265) 前掲・松村『三代回顧録』三一三、三一四頁。
(266) 加藤聖文「植民統治における官僚人事」大西比呂志編『伊沢多喜男と近代日本』芙蓉書房、二〇〇三年、一一六頁。
(267) 前掲・橋川「新官僚の政治思想」『近代日本政治思想の諸相』二九二頁。

(268)「我が党の革新政策全貌」『民政』(一三―一二)一九三九年、一八頁。
(269)前掲・古川『昭和戦中期の議会と行政』二七七頁。
(270)前掲・松村『三代回顧録』三一二～三一五頁。
(271)前掲『斎藤日記』(下)(一九四〇年五月八日)三六五頁。
(272)前掲・橋川「新官僚の政治思想」『近代日本政治思想の諸相』三〇四頁。
(273)前掲・丸山『丸山真男講義録』[第三冊]一七八頁。
(274)前掲・森「満州事変と日中戦争」『「戦争」で読む日米関係』八八、八九頁。
(275)前掲・坂本「日中戦争と永井柳太郎」一九〇頁。
(276)前掲『宇垣日記』(三)(一九三九年三月一三日)一三一八頁。
(277)前掲・永井『日中戦争から世界戦争へ』二九六～二九九頁。前掲・松浦『「大東亜戦争」はなぜ起きたのか』七四六頁。
(278)前掲・永井『日中戦争から世界戦争へ』三〇四、三〇五頁。
(279)前掲・照沼「第一四章日中戦争の開始」『町田忠治』(伝記編)三八四頁。
(280)前掲『真崎日記』(四)(一九三九年九月五日)二〇二頁。
(281)前掲・永井『日中戦争から世界戦争へ』二一三頁。
(282)同右、三二三頁。
(283)『東朝』(一九三九年八月二三日)。
(284)松尾尊兊「十五年戦争下の石橋湛山」『民本主義と帝国主義』みすず書房、一九九八年、四七六頁。
(285)町田忠治「国民の心理を把握して国政燮理へ」『民政』(四〇―一)一九四〇年、六頁。
(286)野村実「日米開戦への里程標」『新防衛論集』(七―一)一九七九年、一六頁。
(287)『神戸新聞』(一九三九年八月一六日)。神戸大学附属図書館新聞記事文庫
http://www.lib.kobe-u.ac.jp/das/jsp/ja/DetailSearch.jsp?LANG=JA&DID=ALL&EID=ALL&AID=06
(288)前掲・北岡『政党政治の再生』一六八頁。
(289)宇垣一成宛吉田茂書簡(一九三九年八月二五日)前掲『宇垣文書』四九一頁。
(290)前掲『小山日記』(一九三九年八月二二日)二二三頁。

(291) 前掲『小山日記』(一九三九年八月二八日)二二五頁。
(292) 「我が党の革新政策全貌」『民政』(一三―一一)一二、一三頁。
(293) 「右翼運動の現況について」吉見義明他編『資料日本現代史』(一一)大月書店、一九八四年、二一七頁。
(294) 永井柳太郎「革新政治の急務」『時潮』(五―五)一九三九年(東京大学総合図書館所蔵)一九頁。
(295) 前掲「我が党の革新政策全貌」一三頁。
(296) 前掲・伊藤『近衛新体制』三二頁。
(297) 前掲「我が党の革新政策全貌」一四、一五頁。
(298) 民政党の革新政策には、中小商工業者の維持や農村問題解決など、戦後に連続性をもつ主張も含まれていた(前掲・照沼「第一四章日中戦争の開始」『町田忠治』(伝記編)三九二頁)。
(299) 宇垣一成宛吉田茂書簡(一九三九年九月二〇日)前掲『宇垣文書』四九二頁。
(300) 宇垣一成宛吉田茂書簡(一九三九年一二月二二日)前掲『宇垣文書』四九三頁。
(301) 「立憲民政党党報」『民政』(一三―一二)一九三九年、九八頁。
(302) 前掲『斎藤日記』(下)(一九三九年一〇月一八日)三三六頁。
(303) 『畑俊六日記』(一九三九年一一月二五日)伊藤隆他編『続・現代史資料』(四)みすず書房、一九八三年、二三八頁。
(304) 北河賢三・望月雅士・鬼嶋淳編『風見章日記・関係資料』みすず書房、二〇〇八年(一九三九年一一月二四日)一三八頁。(以降、『風見日記』と略記し、年月日と頁数のみ表示する)。
(305) 前掲・松浦『「大東亜戦争」はなぜ起きたのか』三二九頁。
(306) 前掲・酒井「新体制運動下の民政党と大麻唯男」一四七頁。
(307) 前掲『斎藤日記』(下)(一九三九年一一月二三日)三四〇頁。
(308) 牧野伸顕宛吉田茂書簡(一九四〇年一月一一日)吉田茂『吉田茂書簡』中央公論社、一九九四年、六五三、六五四頁。また、石橋湛山は前年の暮れから吉田に接触している。また、石橋は斎藤の「反軍演説」を支持している(前掲・松尾「十五年戦争下の石橋湛山」四七八、四七九頁)。
(309) 前掲・松村『三代回顧録』二〇六頁。前掲・松村『町田忠治翁伝』三〇二頁。
(310) 前掲・町田「国民の心理を把握して国政燮理へ」四、六頁。

(311) 茶谷誠一『昭和戦前期の宮中勢力と政治』吉川弘文館、二〇〇九年、二八八頁。
(312) 一九三三年の国際連盟脱退の際、吉田は「重臣会議」開催を牧野に働きかけていた(同右、九九頁)。
(313) 同右、二一五頁。
(314) 同右、二八九頁。
(315) 矢部貞治『近衛文麿』読売新聞社、一九七六年、四二三頁。
(316) 前掲・茶谷『昭和戦前期の宮中勢力と政治』三一六、三一七頁。
(317) 宇垣一成宛斎藤隆夫書簡(一九四〇年一月一一日)前掲『宇垣文書』二一〇頁。
(318) 前掲『斎藤日記』(下)(一九四〇年一月一一日)三五〇頁。
(319) 前掲・松浦『日中戦争期における経済と政治』二六八頁。
(320) 桜内は永井や頼母木に近く、桜内を介して町田の意図が貫徹されたとは思えない。(前掲・照沼「第一四章日中戦争の開始」『町田忠治』(伝記編)三七五頁。)また、本書でみたように、桜内は宇垣新党運動にも関与していた。
(321) 前掲・古川『戦時議会』九三、九四頁。
(322) 同右、九四頁。
(323) 前掲・松浦『「大東亜戦争」はなぜ起きたのか』一九一頁。
(324) 前掲・茶谷『昭和戦前期の宮中勢力と政治』一〇二頁。
(325) 前掲『斎藤日記』(下)(一九四〇年二月一〇日)三五三、三五四頁。日中戦争当初から若槻は宇垣に期待していた(宇垣一成宛若槻礼次郎書簡(一九三七年一〇月一六日)前掲『宇垣文書』五一三頁。
(326) 前掲・下重「経済攻究会覚書」一〇八頁。
(327) 前掲『斎藤日記』(下)(一九四〇年一月二三日)三五一頁。
(328) 前掲『斎藤日記』(下)(一九四〇年一月二六日)三五一頁。
(329) 草柳大蔵『斎藤隆夫かく戦えり』グラフ社、二〇〇六年(初版は一九八一年)二〇二頁。
(330) 町田忠治「斎藤問題の時深く決心」『政界往来』(一一—九)一九四〇年、五一頁。
(331) 前掲『鳩山日記』(一九三九年一〇月九日)一〇九、一一〇頁。
(332) 前掲『鳩山日記』(一九四〇年二月三日)一四一頁。

(333)　前掲『斎藤日記』(下)(一九四〇年三月三日)三五七頁。
(334)　前掲・松浦『「大東亜戦争」はなぜ起きたのか』八〇二頁。
(335)　「斎藤問題と民政党の責任」『読売』(一九四〇年三月七日)。
(336)　前掲・城南隠士『新体制秘録』(一九四〇年四月一〇日)四〇四、四〇五頁。
(337)　『読売』(一九四〇年三月二〇日)。
(338)　前掲・古川『戦時議会』一〇一頁。
(339)　同右、一〇一頁。
(340)　前掲・伊藤『近衛新体制』一〇六～一〇八頁。
(341)　前掲・松村『町田忠治翁伝』三六八、三七二頁。
(342)　前掲『風見日記』(一九四〇年六月二日)一五八頁。
(343)　「立憲民政党々報」『民政』(一四―七)一九四〇年、九一頁。
(344)　同右、九四頁。
(345)　堤康次郎談「近衛公の新党問題と民政党に就いて」(官報第二一七三号・一九四〇年六月二一日・警視庁官房主事)前掲『資料日本現代史』(一一)五七、五八頁。
(346)　前掲・伊藤『近衛新体制』一三二頁。
(347)　赤木須留喜『近衛新体制と大政翼賛会』岩波書店、一九八四年、一三三頁。
(348)　前掲・堤「近衛公の新党問題と民政党に就いて」五七、五八頁。
(349)　「民政党臨時総務会開催に関する件」(官報第二一八〇号・一九四〇年六月二一日・警視庁情報課長)前掲『資料日本現代史』(一一)五九、六〇頁。
(350)　「民政党の党内情勢に関する件」(官報第二四六一号・一九四〇年七月一一日・警視庁官房主事)前掲『資料日本現代史』(一一)一〇〇頁。
(351)　矢部貞治『矢部貞治日記』(銀杏の巻)読売新聞社、一九七四年(一九四〇年一二月一七日)三七九頁。矢部は、七月上旬の近衛との会談を回顧している。
(352)　前掲・酒井「新体制運動下の民政党と大麻唯男」『大麻唯男』(論文編)一六二頁。なお、風見は大麻が運動に参加することに反対していた(同右、一六五頁)。
(353)「立憲民政党々報」『民政』(一四—八)一九四〇年、一〇三、一〇四頁。
(354)山道襄一談「近衛公談に対する政党方面の意向」(官報第二四三一号・一九四〇年七月八日・警視庁官房主事)前掲『資料日本現代史』(一一)八四頁。
(355)「我が党の新宣言・新政綱」『民政』(一四—八)一九四〇年、二、四頁。
(356)同右。
(357)『読売』(一九四〇年七月二四日)。
(358)前掲『永井柳太郎』四四六頁。
(359)『東朝』(一九四〇年八月一日)。
(360)前掲・城南隠士『新体制秘録』(一九四〇年七月一四日)四三四頁。
(361)一九三八年八月ごろから、大麻も政友会鳩山派とともに宇垣新党運動を企図している(前掲・松浦『「大東亜戦争」はなぜ起きたのか』七二五頁)。元来、本党系の大麻と宇垣の距離は近かったのだろう。大麻と俵が解党直前の民政党の実権を握ったことは興味深いことである。
(362)前掲『永井柳太郎』四五〇頁。
(363)俵孫一談「近衛公の新党問題に就いて」(官報第二六八二号・一九四〇年七月二五日・警視庁官房主事)前掲『資料日本現代史』(第一一巻)一三〇、一三一頁。
(364)前掲『永井柳太郎』四五二頁。
(365)有馬頼寧宛永井柳太郎書簡(一九四〇年七月二九日)国立国会図書館憲政資料室所蔵「有馬頼寧関係文書」(資料番号四四—一)
(366)「立憲民政党々報」『民政』(一四—八)一九四〇年、一〇六頁。
(367)同右、一〇八頁。
(368)七月一日に日本革新党、六日に社会大衆党、一六日に政友会久原派、二六日に国民同盟、三〇日に政友会中島派が解党した。
(369)酔夢徹人「立憲民政党解答始末」『民政』(一四—八)一九四〇年、九三頁。

結論

本書では各時代における政党改良を中心に、一九二七年六月一日の結党から一九四〇年八月一五日の解党までの立憲民政党の全体史を検討してきた。本書の考察の結果として新たに明らかになったことを整理することで結論とする。

第一節　立憲民政党――党構造及び外交政策

民政党の初代総裁の浜口雄幸は立憲政治の完成(イギリス型の議会政治・政党政治)・国際協調体制(「日英米協調のリング」)の構築をめざしてきた。

結党直後の民政党は浜口総裁率いる憲政系と床次竹二郎率いる本党系の内部対立を抱えており、政党としての形態を維持するためには、党外人の助力が不可欠であった。憲政系が本党系に対して優位を確保していく過程は本党系の支持勢力であった研究会の民政党化を意味しており、貴族院に対する衆議院の優越と浜口の国際協調路線を確立させていく過程でもあった。右の過程において、伊沢多喜男と幣原喜重郎は直接的・間接的に重要な役割をはたした。民政党政権成立以降、官界・財界との関係を円滑にする党外人(伊沢・幣原・井上準之助)の重要性は増大した。党外人は浜口民政党の国際協調主義を支える一方で、党内においては民政党の意思決定から党人派の意思を排除する結果になった。一九三〇年の第一七回総選挙(第二回普通選挙)において民政党が衆議院二七〇議席を獲得したことは軍部や枢密院に対する自己主張を可能にする一方で、党人派の自意識を必要以上に高める結果となり、浜口総裁の統制を困難なものにしていった。すなわち、衆議院二七〇議席は民政党にとって両刃の剣であった。

党外人と党人派の関係を調整していた浜口総裁の狙撃事件(一九三〇年一一月)以降、民政党は構造上の問題を表面化させていった。伊沢が幣原を首相代理に擁立し、幣原が一九三一年二月の第五九議会において失言問題を引き起こしたことは、民政党の議会中心主義に忠実な中野正剛ら党人派との亀裂を決定的なものにした。同年四月の若槻礼次郎の総裁就任によって党の分裂は回避されたが、昭和恐慌の深刻化と同年九月の満州事変勃発によって浜口以来の看板政策である井上財政と幣原外交が行き詰まりをみせた時、民政党の構造問題と外交政策のヤヌス的性格は、協力内閣運動の担い手であった党人派(安達謙蔵・中野・富田幸次郎)と党外人(井上・幣原)との全面対決をもたらし、同年一二月に第二次若槻内閣は総辞職した。衆議院絶対多数を擁しての政権崩壊は、明治憲法体制の下でイギリスの議会政治をめざす浜口の路線が行き詰まりをみせたことを意味した。

戦前における議院内閣制論の旗手であった民政党は結党時から、議院内閣制の実践部分の党人派に対する官僚の代弁者の党外人の優越という構造問題を抱えていた。浜口総裁の卓越した調整力の結果、民政党は立憲政党として発展することなく、政権運営をおこなった。浜口狙撃事件以降の民政党は、構造問題を表面化させ(幣原首相代理問題・協力内閣運動)、立憲政治の逆転への道を拓いた。さらに、満州事変を抑止することができず、日本外交に国際的窮境への道を選択させてしまった。

政権陥落後の民政党は、一九三二年二月に犬養毅政友会内閣の下でおこなわれた第一八回総選挙において大敗し、少数党に転落した。その上、一九三三年一〇月の五・一五事件被告減刑運動に代表される陸軍主導による政党不信の醸成と政友会や海軍のロンドン海軍軍縮条約批判が知識人間の政権争奪批判を後押しし、民政党を逆境に追いやった。民政党主流派(若槻総裁・町田忠治・川崎卓吉)は、斎藤実・岡田啓介内閣という非政党内閣を支持し、政権争奪的な行動を自重することによって、民政党に対する信頼回復と国際連盟脱退後の対英米関係の改善に努めた。また、党外人の伊沢多喜男は川崎や「新官僚」のリーダーの後藤文夫内相と連携し、岡田内閣期における民政党の単独与党化に寄与した。

一九三四年一一月の若槻総裁辞任の結果、民政党は総裁不在状況に置かれることになった。この結果、岡田内閣の与党という順境を利用して総選挙によって政友会を打倒しようという従来の路線にかわって、政民連携を単一保守政党に発展させようとする富田の宇垣新党路線が台頭した。国際協調主義を軸に民政党と宇垣一成は合流しつつあったが、同年一二月の宇垣の出馬拒否、翌一九三五年一月の町田商相の総裁就任によって宇垣新党運動は失敗し、民政党は従来の路線に回帰した。民政党は岡田内閣の商相として発言力を強めていた町田総裁の下で内閣審議会設置を推進し、同年一〇月に基本政策大綱を発表するなど、政権中心政党から政策中心政党への転換を開始した。しかし、対外政策の主導権は永井柳太郎に握られ、民政党は反英米的方向に傾斜していった。町田民政党は一九三六年二月の第一九回総選挙において衆議院第一党に復帰したが、直後の二・二六事件による岡田内閣崩壊によって政治勢力としての地位を低下させていった。

若槻・町田両総裁は政策中心政党としての民政党を前面に出すことによって政権争奪批判を克服した。だが、彼らの政党改良は同党の政党としての「戦闘力」を弱める結果ともなった。右の事態に危機感をもち、宇垣新党運動という政党改良による政党復権を企図した富田も立憲政治の逆転への流れをとめることはできず、国際連盟脱退以後の日本の国際的孤立も脱却できなかった。

一九三六年の二・二六事件を機に政治的影響力を強めてきた陸軍は、政党排撃姿勢を明示した。政務調査会と党出身閣僚との連携を通して広田弘毅内閣に対する影響力確保をめざしていた町田民政党は陸軍の脅威に直面した。他方、政友会鳩山派と連携した富田は再度の宇垣新党を企図したが、一九三七年一月の宇垣内閣流産によって失敗に終った。林銑十郎内閣は政党員の入閣を拒否し、衆議院解散を断行するなど、陸軍の政党排撃論を実行にうつした。町田は政友会と連携して同年四月の第二〇回総選挙に臨み、林内閣を退陣に追い込んだが、同年六月の第一次近衛文麿内閣の組閣過程において民政党の地位低下は明白となった。すなわち、町田は、政党排撃論を掲げる陸軍の攻勢に有効な対応策をとることができなかった。さらに、民政党では反英米を目的とする「日満支経済ブロック」論者の永井が台頭し、町田総裁の国際協調路線は劣勢に立たされることになった。

日中戦争勃発以降、国際協調主義者の町田は内閣参議として池田成彬や吉田茂とともに戦争拡大に抵抗した。他方、民政党反主流派にして対英同志会幹部の俵孫一は政友会の山本悌二郎らとともに戦争拡大をもたらす一九三七年一一月の反英運動を主導する一方で、常盤会の一員として政界再編を企図した。町田は俵の運動を弾圧するとともに、一九三八年夏の宇垣外相による早期和平工作の破綻以降も戦争の長期化に抵抗し続け、翌一九三九年夏の反英運動に際しても平沼騏一郎内閣の内閣参議として独ソ不可侵条約の情報を入手し、民政党の反英化を抑制した。町田は対英米関係を好転させるために池田・吉田と連携し、平沼の後継として宇垣擁立を企図した。同年一一月の阿部信行内閣への入閣拒否、翌一九四〇年一月の吉田の宇垣擁立工作への関与にみられるように、町田は局面ごとに抵抗をみせたが、一九三八年一一月の東亜新秩序声明を機に対英米戦争の方向にむかう日本の進路を変更させることはできなかった。民政党を維持するため、陸軍に同調的な外交政策を党の方針として掲げる一方で、水面下において早期終戦工作を推進していくという町田の戦略は、一九四〇年二月、斎藤隆夫の「反軍演説」を間接的に擁護したことで破綻した。町田総裁の主導権喪失の結果、同年八月に民政党は解党を余儀なくされた。

浜口の遺志を継ぎ、イギリス保守党のCRDを理想とした町田の政務調査会強化方針は、日本の二大政党制にさらなる発展をもたらすはずであった。しかし、政党排撃論を掲げる陸軍と連携した「革新官僚」と民政党が協調関係を築くことは困難なことであった。さらに、日中戦争期の町田は戦争拡大への抵抗に忙殺され、政党改良は置き去りにされていった。戦争拡大の結果、町田の国際協調主義も敗北した。民政党解党と対英米戦争勃発は、浜口が警告した「憲政の逆転」と「国際上いうべからざる窮境」を意味する。

右のように、民政党は結果的に浜口の理念から逆行してしまった。国内要因として、民政党の構造問題が挙げられる。党外人という媒介役を通して官僚との協調をはかるという方法は短期的な政治的安定と引き換えに民政党の官僚依存をもたらし、長期的には政党政治の発達を阻害する結果になった。政党内閣崩壊以後も党外人の伊沢は若槻民政党の下で影響力を残存させ、民政党の改良を遅らせた。町田総裁の下で民政党が完全に党外人の助力を必要としなくなったころには、日中戦争の長期化にともなって政党勢力が存在理由を否定される時代となっていた。対外要因として、民政党外交の対外硬的側面が挙げられる。中野の協力内閣運動は満州事変を後押しし、永井と俵の反英運動は日中戦争の長期化とアメリカの硬化をもたらした。彼らの前に民政党の国際協調路線は次第にその優位を脅かされ、町田総裁のころには反英米路線を覆すことができなくなっていた。「反軍演説」にともなう町田の敗北の結果、民政党外交はヤヌス的性格を消失した。そのことは、永井の対英米強硬(東亜新秩序)路線が浜口以来の親英米(国際協調)路線を屈服させたことを意味していた。

第二節　政党改良三類型——政党復権と対外態度

民政党における政党改良は、立憲政治の完成を目的としながら、結果的には政党政治の衰退を助長させた側面があった。

本書では、第一に、民政党政権時代の党幹部である中野正剛に着目した。協力内閣運動期における中野の意図は、井上財政と幣原外交を打倒するだけではなく、党外人に依存せずに政権運営をおこなうことができる立憲政党に民政党を改良するとともに、浜口の理念であった議院内閣制論を実行にうつすことにあった。しかし、党外人排撃は民政党と官僚の協調関係を破綻させ、一九三一年一二月の民政党政権の自壊をもたらした。協力内閣運動は民政党の「反官僚化」の嚆矢であった。岡田内閣から広田内閣にかけて、民政党は官僚に対する強硬姿勢を示すようになり、一九三八年八月の町田総裁と党外人の伊沢との決裂によって、民政党の「反官僚化」は決定的となった。政党政治の発展に不可欠な官僚との協調関係を自ら破棄したことは、民政党の弱体化の一因となった。

第二に、政党内閣崩壊以降の民政党幹部である富田幸次郎に着目した。岡田内閣成立以降における富田の意図は、民政党の総裁不在状況を利用し、宇垣新党という単一保守政党をつくることにあった。その上で、宇垣という外部出身の強力な政治指導者と衆議院絶対多数の力によって短期的には政党内閣の復活、長期的には政党改良を企図した。宇垣新党実現の好機は一九三四年一二月に訪れたが、宇垣の出馬躊躇によって実現しなかった。宇垣新党失敗の要因として、宇垣に政界再編に有利な状況を創り出そうという意思が稀薄であったこと、それにもかかわらず富田が宇垣の動向に希望的観測をもっていたことが挙げられる。この他、華北分離工作を推進する陸軍中堅層など、政党の復権を好ましく思わない勢力からの妨害も考えられる。一九三七年一月の宇垣への大命降下時は陸軍の政党排撃論が高揚しており、一九三四年一二月こそが政党復権の最大の好機であったと言える。富田の宇垣新党構想は新党の前提として既成政党を解消しようとしていた。新党に失敗した結果、政党復権を企図した宇垣新党運動は政党解消を促進させる一因となった。

第三に、民政党最後の総裁の町田忠治に着目した。一九三五年一月の総裁就任以後の町田の意図は、民政党を政権中心政党から政策中心政党に改良することにあった。日中戦争の勃発で断絶するものの、イギリス保守党における党調査部（CRD）をモデルとする政務調査会の「大衆政党」化路線と、それにともなう政権争奪批判の克服・党外人からの自立は町田総裁の成果である。民政党は立憲政党に変貌しつつあったが、危機の時代の政党総裁としての町田には政党内閣復活のため、軍部を中心とする反政党勢力と闘う能力が要求されていた。皮肉なことに、従来の「軍隊的政党」が町田民政党に求められた政党像であった。一九三六年の二・二六事件後における陸軍の政治進出にともなう政党排撃論の高揚、一九三七年七月以降の日中戦争の勃発という政党危機の時代にあって、みずから自己防衛力を弱体化させたことは民政党にとって致命傷となった。

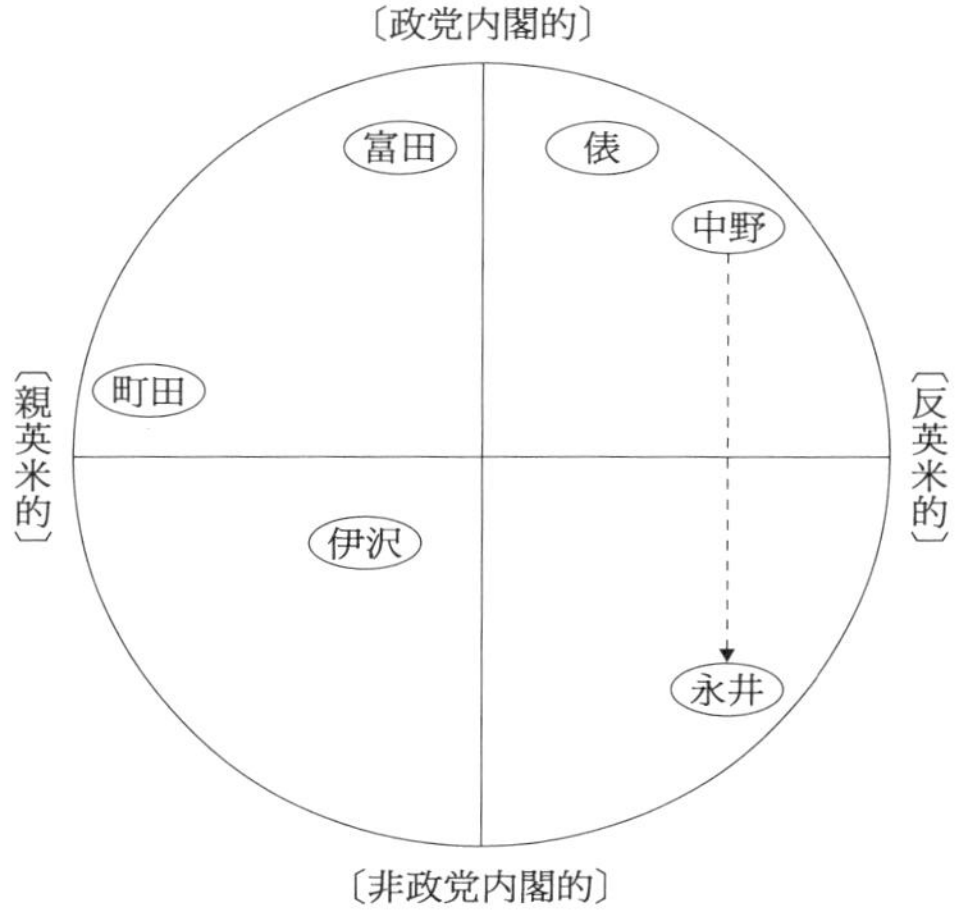

図　結-1

中野・富田・町田の政党改良は、各時代における対外情勢の変動によって規定されることになった。上記の図では、政党内閣の純度を縦軸、対英米態度を横軸に設定し、本書における主要登場人物の立場を座標軸として示した。

一九三一年の協力内閣運動時において、中野と富田はイギリスの議院内閣制を希求する立場から共闘した。中野と富田は、浜口の「衆議院優位」の理念を継承していたが、二大政党制の維持には執着していなかった。これに対して浜口から「政策重視」の理念を継承していた町田は二大政党制を前提とした政党改良を企図しており、一党優位政党制への再編を希求する富田が主導した一九三四年の宇垣新党運動には消極的な態度を示した。また、町田は富田と異なり、政党内閣復活への執着が乏しく、一九三六年の陸軍の政党排撃論にも対抗することができなかった。一九四〇年の近衛新党運動という立憲政治の危機において、町田は政党解消に積極的となっていた俵と組むことで永井の改憲論をしりぞけたが、その代償として民政党の解党を招いてしまった。

対外態度に視点をうつすと、国際協調主義者の富田はアジア・モンロー主義者の中野と政党改良で共闘したが、協力内閣に失敗した後に民政党に復党し、若槻・町田の親英米路線と合流した。民政党脱党以降の中野は、政党政治を強化する側から破壊する側へと転向した。党外人の伊沢は、幣原首相代理問題を引き起こすなど、政党内閣制に逆行する一方で、浜口・若槻・町田の親英米路線に同調した。国際連盟脱退以来の日本の国際的孤立に危機感をもつ富田の政党改良は、浜口以来の国際協調主義と一体の関係にあった。だが、富田の同志の俵は一九三七年の日中戦争勃発以降に反英化し、町田総裁の親英米路線に反逆していった。一九四〇年の斎藤隆夫の「反軍演説」の結果、町田総裁の親英米路線は永井の反英米的な東亜新秩序路線への敗北を余儀なくされた。

民政党外交は、浜口以来の親英米路線と中野・永井の反英米路線(俵は反英)というヤヌス的性格であった。立憲政治の完成(イギリスの議会政治)という究極目的(そのための政党改良)が外交政策対立による党分裂の抑止力となった結果[1]、民政党は政党としての形態を保持することができたと言えるだろう。立憲政治の完成という民政党の使命は、対外態度の極端な差異を超えて多くの人材を党に集中させることで二大政党制の早期確立に成功したが、外交政策の振幅の大きさに党が振りまわされる結果ともなったのである。

終節　政党改良の戦後史的意義

これまで見てきたように、浜口以後の民政党政治家たち(中野・富田・町田)による政党改良が政党政治の衰退を促進させた側面もあった。だが、戦前において途上であった政党改良が戦後政治の基盤を築く役割をはたした側面も改めて着目されるべきであろう。

民政党解党から五年後の一九四五年八月一五日、日本は敗戦に直面した。敗戦直後、衆議院最大勢力だった日本進歩党(総裁は町田)の政綱には民政党の政綱の第一であり、協力内閣運動期の中野と富田の行動基準であった議院内閣制論が掲げられた。議院内閣制論は日本国憲法によって制度化された。戦後の「政権交代なき議院内閣制」は、奇しくも中野と富田の政治構想と一致していた。

戦後政治の基本的枠組みを構築した政治家は、かつて町田とともに日中戦争の長期化に抵抗した吉田茂であった。公職追放を経て戦前政党政治家は政界に復帰し、一九五五年体制という新たな政治システムを構築していく[2]。そして自民党の初代総裁に就任した人物は、宇垣新党運動に関与していた鳩山一郎であった。富田の単一保守政党構想は、自民党という単一保守政党の結党をもって結実した。

保守合同以来の三〇年間において自民党政務調査会の機能は飛躍的に高まるが[3]、戦前期において町田が努力し、日中戦争によって頓挫させられた政務調査会の強化が五〇年を経て結実したとみなすことができる。町田の理念は、現在の日本政治におけるマニフェストの源流とも言える。

一九三〇年代の民政党政治家たちの政党改良は、戦後以降の日本政治を育んだ豊饒な政治遺産であったのである。

（1）　永井の場合、植民地議会を含めての「議会中心主義」を志向していたため、解党直前まで民政党に残ることができたのではないか。民政党の政綱第一項の放棄が永井脱党を決定づけたように思われる。植民地議会改革のための憲法改正であったとも考えられるが、永井のさらなる考察については今後の課題としたい。

（2）　公職追放直前において、かつての富田の同志の鳩山一郎は「保守主義民主政党の大同団結を提唱」した（前掲・伊藤「「自由主義者」鳩山一郎」七九頁）。太平洋戦争期における鳩山の同交会の分析は今後の課題である。

（3）　佐藤誠三郎・松崎哲久編『自民党政権』中央公論社、一九八六年、二四六頁。

あとがき

本書は、北海道大学大学院文学研究科に提出し二〇〇八年度の博士論文として承認された「立憲民政党と政党政治」を大幅に加筆修正したものである。

筆者は北海道大学大学院文学研究科修士課程一年時から民政党に着目してきた。二〇〇三年当時の筆者の問題関心は「戦前日本の政党政治は、なぜ短期間で崩壊したのか？」であり、問題解決の一手段として戦前政党政治の絶頂期とされる民政党内閣の崩壊過程を改めて検討する必要があると考えるに至った。執筆過程において、他大学から取り寄せた史料が中野正剛『転換日本の動向』（千倉書房、一九三二年）であった。筆者は中野が言う「党外人」という言葉に着目し、民政党内閣崩壊の重要な要因として党の構造問題――国民から選出されてきた多くの衆議院議員の意思が民政党の政策決定に反映されていない――ことに視点をあてた。修士論文ではこの視角から、浜口雄幸総裁狙撃事件以後の民政党の内紛と協力内閣運動を検討した。修論を基盤とした「政権担当期における立憲民政党」『日本歴史』（七二六）二〇〇八年は、本書の第一章の原型である。二〇〇五年の博士課程進学直後から筆者は民政党の全時代に研究対象を拡大し、本書の第二章の原型となった「挙国一致内閣期における立憲民政党」『史学雑誌』（一一七―六）二〇〇八年、第三章の原型となった「立憲民政党の解党」『ヒストリア』（二一五）二〇〇九年を執筆し、きわめて不十分ながらも政権陥落から解党までの民政党を論じる一方で、富田幸次郎の視角から当該期の宇垣新党運動についても考察を試みた。二〇〇八年にはこれまでの研究論文を纏める形で博士論文を完成させた。

当初、筆者は博士論文を著書として発表しようとした。だが、すぐに思いなおしたのは修士時代からの問題関心へのひとつの解答として博士論文の内容があまりに不十分であり、さらに「日本の政党政治は、戦後においてなぜ短期間で復活したのか」という新たな問題関心が生じたためである。これまで研究対象としてきた中野や富田の政治行動は戦前において失敗に終わったが、戦後政治において大きな意義をもったのではないか、彼らは戦後に開花した政党政治の種を蒔く役割を担ったのではないかという疑問が生じた。戦前政党政治の崩壊過程に戦後政党政治の萌芽をみようという視角を加えて、博士論文の本格的な修正をおこなっていた筆者は、戦前最後の政党指導者だった町田忠治に着目するようになった。町田が民政党総裁として国民本位の政策中心政党を志向していたこと、浜口総裁以来の国際協調の観点から日中戦争の長期化・拡大に抵抗したことが決して多くはない町田の史料から判明し、中野や富田だけではなく、町田の主体性にも着目する必要性を感じたからである。よって、本書の第三章の大部分が書き下ろしとなっている。また、二〇一一年から北海道の諸大学(札幌医科大学、千歳科学技術大学、札幌大学、二〇一二年からは北海道大学を含む)で非常勤講師として日本史の講義をおこなう機会にめぐまれたことは、筆者の執筆作業を助けた。

博士論文から本書の完成に至るまでの期間は日本の政党政治にとって激動の時期であった。二〇〇九年の衆議院総選挙における民主党への政権交代、二〇一一年の東日本大震災、二〇一二年の衆議院総選挙における民主党の敗北、自由民主党の復権と枚挙にいとまが無い。今日、日本の二大政党制の意義が改めて問い直されており、改めて二大政党制を経験した昭和政治史、特に戦前の二大政党に関する関心が各方面においてここ一年で飛躍的に増大しているように思われる。筆者が二〇〇三年に民政党に着目してから一〇年、このような日本政治の転換期に曲がりなりにも一冊の学術書として出版できることは、きわめて喜ばしい。他方で、民政党研究としての本書は未解決の課題を山積みさせている。第一に、民政党の政策(経済政策・社会政策・植民政策)、第二に民政党と地方政治との関係、第三に民政党の選挙対策についての検討である。第一の点、第二の点と関連しているが、現在の筆者は、従来の研究においてほとんど着目されてこなかった北海道を中心に戦前の政党政治(政友会も含む)の考察をおこなっている。北海道の貴重史料(例えば、北海道大学附属図書館北方資料室、同大学大学文書館、北海道立文書館所蔵)から北海道拓殖政策と北海道選出代議士との関係を検討することで、戦前政党政治の新たな側面を明らかにしたいと考えている。民政党政治家の戦後に関する検討も今後の課題である。

ひとまず、筆者が本書を完成させることができたのは研究だけではなく、日常に至るまで温かく見守ってくださった大学院時代からの指導教員の川口暁弘先生(北海道大学)のご尽力によるところが大きい。筆者が大学院に進学する以前からお世話になり、入学後は修士論文・博士論文を御指導頂き、卒業後は本書の出版を強く推奨して頂いた川口先生に深く感謝を申し上げる。また、修士論文・博士論文の主査を務めて頂き、本書の出版過程でもお世話になった白木沢旭児先生(北海道大学)、博士論文の副査を務めて頂いた権錫永先生(北海道大学)、『日本歴史』の拙稿と本書の作成において適切なご助言をくださるとともに、様々な形でお世話になった季武嘉也先生(創価大学)、北大ご在職中に学会等でお世話になり、民政党と反英運動という着想のヒントを筆者に与えてくださった松浦正孝先生(立教大学)、二〇〇九年四月の内務省研究会で筆者の報告のコメンテーターを務めてくださった清水唯一朗先生(慶應義塾大学)に御礼申し上げる。本書の校正に大変御世話になった北海道大学出版会の滝口倫子氏にも感謝を申し上げる。最後に、いつも筆者を励ましてくれる父の敏と母の和子、学問的刺激を与えてくれる弟の将文(北海道大学大学院文学研究科博士課程)に感謝の意を表する。

二〇一三年五月　ようやく桜が満開となった札幌にて

井上敬介

人名索引

あ　行

か　行

さ　行

た　行

な　行

は　行

ま　行

や 行

ら 行

わ 行

井 上 敬 介（いのうえ　けいすけ）

1978 年　北海道に生まれる
2009 年　北海道大学大学院文学研究科博士課程修了。博士（文学）
2011 年から現在まで札幌医科大学・札幌大学・千歳科学技術大学非常勤講師
2012 年から現在まで北海道大学非常勤講師
主要論文
「政権担当期における立憲民政党」『日本歴史』(726) 2008 年
「挙国一致内閣期における立憲民政党」『史学雑誌』(117-6) 2008 年など

北海道大学大学院文学研究科　研究叢書 24
立憲民政党と政党改良
—— 戦前二大政党制の崩壊

2013 年 8 月 30 日　第 1 刷発行

著　　者　　井 上 敬 介
発 行 者　　櫻 井 義 秀

発 行 所　北海道大学出版会
札幌市北区北 9 条西 8 丁目　北海道大学構内（〒060-0809）
Tel. 011 (747) 2308・Fax. 011 (736) 8605・http://www.hup.gr.jp/

アイワード/石田製本

ISBN978-4-8329-6787-8